Friedrich Prinz
Böhmen

FRIEDRICH PRINZ

Böhmen im mittelalterlichen Europa

Frühzeit, Hochmittelalter, Kolonisationsepoche

VERLAG C.H.BECK MÜNCHEN

CIP-Kurztitelaufnahme der Deutschen Bibliothek

Prinz, Friedrich:
Böhmen im mittelalterlichen Europa: Frühzeit, Hochmittelalter, Kolonisationsepoche / Friedrich Prinz. – München: Beck, 1984.
ISBN 3 406 30228 9

ISBN 3 406 30228 9

Satz: C. H. Beck'sche Buchdruckerei, Nördlingen
Druck: Pera-Druck, München-Gräfelfing
Printed in Germany

Hans Schütz
zum Gedächtnis

Inhalt

Vorwort

Das Jubiläumsjahr 1978 hat in West und Ost die Aufmerksamkeit wieder auf jene Herrschergestalt gelenkt, die in besonderem Maße Glanz und Problematik der böhmischen Geschichte verkörpert: auf den Luxemburger Karl IV., Sohn einer Přemyslidin und eines Vaters, dessen Stammlande im Westen des Reiches diesseits und jenseits der deutsch-französischen Sprachgrenze lagen. Eine Flut von Veröffentlichungen über die Zeit der Luxemburger im Reich und in Böhmen ist damals erschienen. Historische Ausstellungen in Nürnberg und Prag, die aus politischen Gründen in einem offensichtlichen Spannungsverhältnis standen, markierten das Jubiläumsjahr, und eine großartige Schau der bildenden Kunst der Zeit – die epochale Parler-Ausstellung in Köln – erschloß den kulturellen Reichtum des luxemburgischen Jahrhunderts.

Jubiläen akzentuieren zwangsläufig, denn sie versammeln wie durch einen Brennspiegel das allgemeine Interesse auf ganz bestimmte Ereignisse und Gestalten. Dies hat notwendig zur Folge, daß benachbarte Zeiten und Figuren etwas zurücktreten und als Vorgeschichte oder Nachklang dem historischen Bewußtsein leicht entgleiten; wobei das Kontinuum des historischen Prozesses oft übersehen wird. Genau das schien dem Verfasser bei der Geschichte Böhmens bis zum Ende der Přemyslidenzeit, also bis 1306, der Fall zu sein; sie geriet in Gefahr, zur Vorgeschichte der luxemburgischen Glanzepoche abzusinken. Und doch ist und bleibt die Přemyslidenzeit der Schlüssel für das Verständnis der gesamten böhmischen Geschichte. Formten sich doch damals zwei Schicksals- und Charakterzüge dieses Landes heraus, die über Jahrhunderte hinweg dessen Geschichte maßgeblich bestimmen sollten: das Verhältnis Böhmens zum Deutschen Reich und die Ausprägung dieses zeitweise machtvollen mittelalterlichen Staatswesens als Zweivölkerland – nämlich durch die deutsche Siedlung in den Böhmischen Ländern. Da Siedlung und Rodung bereits in der ersten Hälfte des 14. Jahrhunderts zum Stillstand kamen oder gar rückläufig wurden, bildet das 13. Jahrhundert auch für die Geschichte der Deutschen in den Böhmischen Ländern einen schicksalhaften Höhepunkt.

So schien es gerechtfertigt, nach knappen Einleitungsabschnitten über die Vor- und Frühgeschichte Böhmens die Přemyslidenzeit zum Gegenstand eines Buches zu machen, das einem breiten, historisch interessierten Publikum in lesbarer Form sowohl den Forschungsstand vermitteln möchte wie auch Geschichte einfach in durchaus traditioneller Weise erzählen will. Auf eine anspruchslose Lektüre möchte der Autor mit diesen Bemerkungen allerdings nicht vorbereiten, vielmehr schien es ihm richtig, die Geschichte Böhmens bis zum Ende der Přemyslidenzeit mit weiter ausgreifenden Überlegungen zur Rolle dieses Landes im europäischen Akkulturationsprozeß zu verbinden. Wenn in einigen Kapitelüberschriften Epocheneinteilungen der deutschen Geschichte auftauchen, dann soll damit keineswegs der alte Streit um die Abhängigkeit Böhmens vom deutschen Reich des Mittelalters wieder aufgenommen werden; es geht eher um eine Orientierungshilfe für den deutschen Leser, der schließlich kein „gelernter Böhme" sein kann. Daß hier dennoch ein zentrales Problem der böhmischen Geschichte verborgen liegt, wird im Text mit genügender Deutlichkeit und hoffentlich gerecht abwägend dargelegt werden.

Schließlich mag im Schlußkapitel versucht werden, die gleichsam ideologischen Folgen der böhmischen Entwicklung sichtbar zu machen, da gerade diese wiederum im 19. und 20. Jahrhundert Geschichte gemacht haben – und leider oft auf schreckliche Weise. Denn es war unter anderem auch das ideologische, auf ein deutsch-tschechisches Konfrontationsmuster zugeschnittene Bild der mittelalterlichen Geschichte Böhmens, das dem tschechischen wie dem deutsch-böhmischen Bürgertum zu einem historisch-politischen Sonderbewußtsein verhalf, ein Bewußtsein, das nicht zuletzt zur Herausbildung zweier getrennter Volkskörper, eines tschechischen und eines deutschen, führte und damit zu einem erbitterten Nationalitätenkampf, der dann – traurig genug! – der Muster- und Modellfall für alle ähnlichen Nationalitätenkämpfe in Europa und darüber hinaus werden sollte. Ideologie – nämlich ein verzerrtes, anachronistisches Mittelalterbild – wurde somit zur Geburtshelferin eines oft extremen Nationalismus und damit selbst geschichtsmächtig; man fühlt sich dabei an die „kräftigen Wahnbilder" erinnert, die für Friedrich Nietzsche den „Nutzen und Nachteil der Historie für das Leben" ausmachten. Gerade an dieser Stelle jedoch muß jeder ernsthafte Geschichtsforscher entschieden Einspruch erheben und deutlich sagen, daß es eine wichtige Aufgabe der Geschichtswissenschaft für die Gegenwart ist, kräftige und daher gefährliche Wahnbilder zu zerstören, um jener „heiligen Nüchternheit" Geltung zu verschaffen, die auf die Dauer allein ein friedliches Zusammenleben der Völker und Rassen ermöglicht. Auf keinen Fall möchte Geschichtswissenschaft „ancilla ideologiae" – eine Magd der Ideologie – sein, und in diesem Sinne möge auch das vorliegende Buch verstanden werden. Das ist auch einer der Gründe, warum der Autor hofft, sowohl dem zum „Nachbarn" gewordenen tschechischen Volke wie auch seinen sudetendeutschen Landsleuten mehr zu erzählen als nur den Geschichtsverlauf in einem zeitweise sehr großen, zeitweise relativ kleinen Staatswesen in Mitteleuropa. Deshalb sind auch einige Darlegungen in den Schlußteil eingefügt, die aus anderem Anlaß und in anderen Zusammenhängen schon früher veröffentlicht wurden. Es schien ihm notwendig, ein Fazit aus der Geschichte Böhmens zu ziehen, mochte dabei auch hin und wieder die selbstgewählte Epochengrenze bis zur Gegenwart hin überschritten werden. Ein Stück Streben nach „Vergangenheitsbewältigung" steckt zweifellos mit in diesem Buche, auch ein Stück Heimatbewußtsein, ja sogar ein Quentchen Nostalgie und schließlich und endlich das Bestreben, meinen Landsleuten diesseits und jenseits der Böhmerwaldgrenze etwas über ihr Woher und damit auch über ihr Wohin zu sagen. Ob dies gelungen ist, muß der Leser entscheiden.

Die Widmung dieser Blätter gilt einem Manne und Politiker, der in seiner Person die besten Traditionen des Zweivölkerlandes Böhmen verkörperte: Energie aber auch Kompromißbereitschaft, Klugheit und Herzensgüte, Bescheidenheit und Sachverstand, christliche wie demokratische Vorbildlichkeit. Was Hans Schütz für seine Landsleute geleistet hat, gehört der sudetendeutschen und böhmischen Geschichte ebenso an wie der Geschichte der Bundesrepublik Deutschland.

Deisenhofen bei München, im Februar 1984 Friedrich Prinz

Geographische und ethnische Grundtatsachen

Sicherlich begründen die geographischen Voraussetzungen geschichtlichen Lebens keine strikten Kausalitäten für Verlauf und Intensität des historischen Prozesses; „Geohistorie" wäre genauso einseitig, wie es einst „Geopolitik" gewesen ist. – Aber daß die Landesnatur, daß Gebirge, Gewässer, Bodenqualität und Klima einen wichtigen Bezugsrahmen für die Entfaltung und die Besonderheiten menschlichen Lebens darstellen, steht außer Zweifel. Dies gilt auch für die Böhmischen Länder, die von zwei naturräumlichen Großeinheiten bestimmt werden. Im Westteil ist es das fast rhombische Böhmische Massiv, dessen Sockel aus sehr altem kristallinen Gestein besteht und dessen Ränder zumindest im Kartenbild die suggestive Vorstellung vom „Böhmischen Kessel" haben aufkommen lassen, obwohl diese Bergländer Böhmen nach außen niemals wirklich abgeschlossen haben. Böhmisch-Mährische Höhe, Böhmerwald, Erzgebirge und Elbsandsteingebirge, die östlich anschließende Gebirgskette der Sudeten, die mit der Schneekoppe im Riesengebirge (1603 m) alpine Maße erreicht, und schließlich Hohes und Niederes Gesenke bilden zwar verschiedentlich natürliche Grenzwälle und breite Mittelgebirgsschwellen, aber schon die prähistorischen Siedlungsgruppen und Kulturkreise zeigen in ihrer Verbreitung zur Genüge, daß die vielzitierte „Böhmische Festung" im Grunde ein von außen durchlässiges System sehr differenzierter Bodenformationen darstellt. Erst im politisch-nationalen Kalkül des 19. Jahrhunderts gewann die Landesnatur das Gewicht eines scheinbar handfesten Faktums: Als nämlich 1848 die Deutschen der Böhmischen Länder mit Plänen zur ethnischen-sprachlichen Landesteilung aufwarteten, gab ihnen der tschechische Historiker und Nationalpolitiker František Palacký zu bedenken, Böhmen sei eben seiner Natur nach ein Kessel, und einen Kessel könne man nicht teilen, ohne ihn zu zerstören. Man sieht: Ideologie vermag auch geophysikalische Sachverhalte umzudeuten und politisch zugespitzt in die Debatte zu bringen ...

Der naturräumlichen Großeinheit Böhmen-Mähren schließt sich im Osten das Gebirgssystem der Karpaten, an dem die Tschechoslowakei durch die Teilrepublik Slowakei Anteil hat, an. Drei Gebirgsbögen, die dem Osten des Landes eine auch historisch bedeutsame „Kammerung" aufprägen, sind charakteristisch: der äußere Bogen der Weißen Karpaten und der Westbeskiden, dann die Kernzone der Kleinen Karpaten, der

Kleinen Tatra und der Hohen Tatra aus kristallinen und mesozonischen Schichtgesteinen, die mit der Gerlsdorfer Spitze die Höhe von 2663 m erreicht und sich in der Großen Tatra, der Niederen Tatra und im Slowakischen Erzgebirge fortsetzt. Südlich schließt sich eine vulkanische Randzone an, die zum ungarischen Donautiefland überleitet. Für die Slowakei wie für das im Südteil besonders fruchtbare Mähren ist somit eine auch historisch und kulturell wirksame Öffnung nach Süden kennzeichnend. Beide geographischen Großlandschaften, das Böhmische Massiv wie die Westkarpaten, berühren sich im Senkungsraum Mährens, einer Landschaft, die sich gleichermaßen nach Norden und Süden öffnet und im Marchtal ihre natürliche Achse besitzt. Weil Mähren auch naturräumlich ein offenes Land ist und ohne ausgeprägte geographische Grenze über Niederösterreich und die Westslowakei mit dem Karpatenbecken zusammenhängt, besaß es schon früh wichtige kulturelle Verbindungen mit dem Südosten, der Balkanhalbinsel und darüber hinaus mit der Ägäis und dem Orient, ebenso aber auch über die Mährische Pforte nach Norden in die ostdeutsch-polnische Tiefebene hinein.

Die Verschiedenartigkeit der beiden geographischen Großräume der Tschechoslowakei wird noch durch die Lage im Bereich der europäischen Großwasserscheide unterstrichen, denn Böhmen, also der Nordwesten, ist mit seinem gleichsam zentralisierenden Flußsystem von Elbe, Eger, Moldau und Iser zur Nordsee hin orientiert, während der Südosten des Staatsgebietes mit March, Waag, Gran und Hernád über die Donau seine Wasser dem Schwarzen Meer zuführt. Wieder nimmt Mähren hier eine Sonderstellung ein, da es zwar im Süden durch die March an den Donauraum gebunden ist, aber mit der Oder durch die Mährische Pforte als einziger Landesteil auch in den Ostseebereich eine breite Verkehrsbrücke schlägt. Man hat verschiedentlich hervorgehoben, daß die böhmischen Grenzen zumeist auch Wasserscheiden darstellen und daß Prag als eines der ältesten Herrschaftszentren Europas etwa im Mittelpunkt dieses zentrierenden Flußsystems entstand. Überbetonen sollte man diesen „geopolitischen" Aspekt jedoch nicht, da nachweislich im Laufe der Geschichte viele politische Zentren eher gegen die geographischen Gegebenheiten entstanden sind denn als Folge derselben. Auch das oft zitierte Beispiel Paris stimmt in dieser Form nicht, da das Pariser Becken bis ins Hochmittelalter hinein weder siedlungsmäßig noch agrartechnisch und wirtschaftlich führend oder gar ein politisch-herrschaftlicher Innovationsraum gewesen ist.

Wichtiger erscheint die Tatsache, daß das mittel- und nordböhmische Flachland beiderseits der oberen Elbe mit seinen Kreide-, Mergel- und Lößböden zu den landwirtschaftlich ertragreichsten Gebieten Mitteleuropas gehört, während West- und Südböhmen mit seinen Hügel- und Bergländern weniger fruchtbar und bis zum heutigen Tage von großen Waldungen bedeckt ist. Klimatisch gehören Böhmen und Mähren in den Bereich des ozeanischen Klimas mit relativ milden Wintern, gemäßigten Sommern und reichlichen Niederschlägen, während in der Slowakei kontinentales Klima vorherrscht, das durch kalte Winter und geringere Niederschlagsmengen gekennzeichnet ist.

Für das historische Gewicht der Böhmischen Länder wie der Slowakei war und ist der Reichtum an Bodenschätzen bedeutsam, besonders an Silber und Gold, aber auch an Eisen, Zinn und Uran. Mit der Braunkohlenförderung der Erzgebirgsbecken von Brüx und Falkenau steht die Tschechoslowakei an vierter Stelle der Welterzeugung, beim Steinkohleabbau im Ostrau-Karwiner Revier und im Kladno nimmt sie die elfte Stelle ein, bei der Magnesitgewinnung dürfte sie den dritten Platz in der Weltproduktion behaupten; Kaolin und Quarzsand bilden die Grundlage für die traditionelle Keramik- und Glasindustrie.

Das gesamte Staatsgebiet umfaßt 127869 qkm, davon entfallen auf die tschechische Teilrepublik 78860 qkm, auf die slowakische hingegen 49009 qkm, mit anderen Worten: Der westliche Teilstaat entspricht größenmäßig etwa der Bundesrepublik Österreich (83850 qkm) oder dem Freistaat Bayern (70550 qkm), während die Slowakei um ein beträchtliches größer ist als Baden-Württemberg (35750 qkm). War die Tschechoslowakische Republik bis 1938 ein Nationalitätenstaat mit 43% Tschechen, 22% Slowaken, 23% Deutschen, 5% Madyaren, 4% Juden, 3% Ukrainern und einer kleineren polnischen Minderheit von etwa 100000 Einwohnern, so hat sich infolge des Zweiten Weltkrieges, vor allem durch die Massenvernichtung der jüdischen Bevölkerung unter der nationalsozialistischen Gewaltherrschaft, die Abtretung der Karpatoukraine und besonders durch die Zwangsaussiedlung der Sudetendeutschen 1945/46 das Nationalitätenspektrum wesentlich verändert. Mit 65% Tschechen und 29% Slowaken sowie einer madyarischen Minorität von mehr als einer halben Million scheinen sich die Nationalitätenprobleme verringert zu haben, wenn auch nicht zu übersehen ist, daß sich seit der Föderalisierung des Gesamtstaates von 1968/69 ein neues mährisches Sonderbewußtsein zu regen beginnt. Die relative Ausgewogenheit von Industrie und Landwirtschaft, ein positives Erbe des 19. und frühen 20. Jahrhunderts, ist eher für Böhmen und Mähren charakteristisch, wohingegen die Slowakei trotz großer Investitionen noch einen industriellen Nachholbedarf hat. Viele, wenn auch nicht alle Probleme des tschechisch-slowakischen Verhältnisses liegen in der jeweils andersartigen historischen Entwicklung der beiden Teilrepubliken begründet, doch steht zu hoffen, daß sich mit der rapide wachsenden horizontalen Mobilität der modernen Industriegesellschaft manche Spannungen von selbst auflösen werden. Der natürliche Reichtum des Landes, seine jahrhundertelange Einbettung in und seine kulturelle Verknüpfung mit dem deutschen Siedlungsgebiet, seine Lage an der Nordflanke des Donauraumes und damit die engen Beziehungen weit in den Südosten hinein, dies alles sind Faktoren, die eine geschichtliche Darstellung der Böhmischen Länder stets im Auge behalten muß; allerdings nicht im Sinne von Zwangsläufigkeiten, denn nach wie vor gilt für den Ablauf der Geschichte, daß der Mensch das Maß aller Dinge bleibt, jenes Wesen, das auch gegen Klima und Ungunst der natürlichen Verhältnisse Neues und Bleibendes zu schaffen vermag.

Vor- und Frühgeschichte

Böhmen und Mähren waren seit der Altsteinzeit (Altpaläolithikum) von Jägern und Sammlern bewohnt, die am Ende dieser langen Periode (etwa 5 000 vor unserer Zeitrechnung) zu zeitweiliger Seßhaftigkeit übergingen. Geschützte Wohnplätze und Höhlen haben uns Funde an Skeletten, Steingeräten und Materialien aus Holz und Knochen erhalten, nach deren Klassifizierung man bereits gewisse Kulturgruppen zu unterscheiden vermag. Es darf heute als sicher angenommen werden, daß Böhmen spätestens seit der Wärmeperiode zwischen der zweiten und dritten Vereisung Jagdgebiet altsteinzeitlicher Menschen gewesen ist, doch war dieser Raum möglicherweise in der Rißeiszeit wieder menschenleer. In Mähren stammen entsprechende Funde erst aus der letzten Zwischeneiszeit (Riß-Würm-Interglazial); sie gehören zu einer Fundgruppe im gesamten Karpatenraum, dem Szeletien, deren Kultur bis nach Böhmen ausstrahlt. Die Beziehungen zu westlichen Kulturgruppen wie dem Aurignacien sind noch nicht eindeutig geklärt.

Erst mit der Jungsteinzeit (4500–2300 v. Chr.) wird die Hinterlassenschaft menschlichen Lebens reichhaltiger, vor allem tritt jetzt Mähren mit den Fundplätzen Unter-Wisternitz (Dolní Věstonice), Pollau (Pavlov) und Předmostí bei Prerau (Přerov) in den Vordergrund. Zahlreiche Geräte aus Knochen und Feuerstein, ferner Menschen- und Tierplastiken aus gebranntem Ton und Ritzzeichnungen haben sich erhalten; letztere weisen auf die entscheidende Rolle der Jagd nach dem Mammut, dem Ren und dem Wildpferd hin. Aus der Häufung der Funde in den südmährischen Lößgebieten hat man auf einen frühen Ackerbau schließen wollen, doch erklärt sich dies wohl eher durch das Vorkommen großer Tierherden auf den fruchtbaren Steppenböden. Die erhaltenen Geweihhacken dürften nicht der Bodenbearbeitung gedient haben, sondern können auch beim Hüttenbau, bei Fallgruben und zum Ausgraben von Wurzeln verwendet worden sein. Die Hütten der südmährischen Gravettien-Fundplätze waren Gruben für eine größere Menschenzahl, die mit Überbauten aus Holz, Knochen oder Häuten einen wetterfesten Schutz erhielten. Relativ starke Fundschichten lassen auf ein gewisses Maß von Seßhaftigkeit schließen oder auf mehrfache Benutzung während der Jagdzeiten.

Die Mittlere Steinzeit Böhmens und Mährens ist trotz zahlreicher Funde in den letzten Jahrzehnten noch wenig erforscht. Ihre Kultur von

Jägern, Sammlern und Fischern, die sich teilweise mit der Kulturstufe des jungsteinzeitlichen Bauerntums überschneidet, findet sich gut ausgeprägt in Südböhmen (Wottawa-Zivilisation). Ob westeuropäische Einflüsse vorherrschen oder autochthone Entwicklungen vorliegen, ist unklar. Weitere Fundlandschaften sind Nordwestböhmen und Nordostböhmen, ferner das Elbtal; westeuropäische Komponenten sind hier wie in Südmähren feststellbar, wohingegen Nordmähren eher nach Ostmitteleuropa (Swidério-Tardenoisien) orientiert war.

Wie überall in Europa ist auch auf dem Gebiete der heutigen Tschechoslowakischen Republik der Beginn der Jungsteinzeit von einem grundlegenden Wandel der Lebensformen gekennzeichnet. An die Stelle des Jagens, Fischens und Sammelns tritt die planmäßige Zucht von Kulturpflanzen und Haustieren. Die Menschen können jetzt seßhaft werden, feste Siedlungen entstehen, neue Techniken der Verarbeitung von Holz und Pflanzenfasern werden entwickelt, und parallel dazu entfaltet sich auch eine neuartige Vorstellungswelt. Über Kleinasien und die Balkanhalbinsel erreichen diese neuen Lebens- und Wirtschaftsformen die Böhmischen Länder und den Karpatenraum. Von Böhmen und Mähren aus verbreitet sich die neolithische Bauern- und Tierzüchterkultur donauaufwärts nach Süddeutschland, über die Mittelgebirgsschwellen nach Mittel-, West- und Norddeutschland und durch die Mährische Pforte bis in die ostmitteleuropäische Tiefebene. Der große Trend der Kulturentwicklung geht also in dieser wichtigen Phase der Menschheitsentwicklung von Südosten nach Nordwesten. Von den zwei großen neolithischen Kulturformationen: Kleinviehzucht in Verbindung mit Anbau von Knollenpflanzen und Großviehzucht mit Getreideanbau findet sich in den Böhmischen Ländern nur die letztere Kombination. Sie war vorderasiatischer Herkunft; die Landesbewohner kannten Weizen und Gerste und züchteten Schaf, Ziege, Rind und Schwein als Haustiere. Auch die Keramik und die Steingeräte weisen in den Orient. Die Endphase der Jungsteinzeit (3000–2300 v. Chr.), die von der tschechischen Forschung als Äneolithikum abgetrennt wird, fällt zum Teil mit der Kupferzeit Südosteuropas und der balkanischen Frühbronzezeit zusammen.

Die früheste Neubildung eines genuinen Formenkreises in Böhmen und Mähren war die bandkeramische Kultur, die auch nach Süd-, Mittel- und Westdeutschland ausstrahlte. Unklar bleibt, ob es sich bei der relativ raschen Ausbreitung der Bandkeramik um eine große Wanderungsbewegung aus dem Balkanraum handelt oder, was wahrscheinlicher ist, um einen Akkulturationsvorgang, d. h. um die Übernahme einer neuen Wirtschafts- und Kulturform durch autochthone mittelsteinzeitliche Wildbeuter. Andererseits entsprechen die Kulturpflanzen und Haustiere der mitteleuropäischen Bandkeramiker durchaus denen der balkanischen und vorderasiatischen Kulturgruppen, was wiederum auf Kolonisationsvorgänge hindeutet. Da die Vorgeschichtsforschung in zunehmendem Maße skeptisch gegenüber der Gleichsetzung von formalen Ähnlichkeiten der Hinterlassenschaft mit Kulturkreisen geworden ist, dürfte es aber schwerfallen, weitreichende Zusammenhänge und Abhängigkeiten zuverlässig zu rekonstruieren.

Genaueres wissen wir hingegen durch neuere Grabungen in Bylany bei Kolín über das bandkeramische Siedlungswesen. Es gab damals geschlossene Dörfer mit rechteckigen Pfostenhäusern bis zu 45 m Länge, die innen unterteilt waren, mehrere Feuerstellen besaßen und offenbar Wohnstätten einer gegliederten Großfamilie waren. Die relative Gleichförmigkeit dieser Langhäuser läßt auf soziale Homogenität der Dorfbewohner, aber auch auf eine einheitliche Leitung der Siedlergruppe schließen. Die Wohnplätze wurden alle acht bis elf Jahre gewechselt, doch kehrte nach mehreren Besiedlungsphasen die Bewohnerschaft wieder an die früheren Plätze oder in deren Nähe zurück; in Bylany konnte man zwölf solcher Besiedlungsphasen feststellen. Es dürfte sich also um ein Wanderbauerntum handeln, das wegen temporärer Erschöpfung des Bodens zum Wechsel gezwungen war. Doch besteht auch die Möglichkeit, daß andere Gruppen die verlassenen Wohnplätze der ursprünglichen Dorfgemeinschaften eingenommen haben. Der extensive Ackerbau muß vielfältig gewesen sein; es läßt sich der Anbau von Erbsen, Linsen, Lein, Gerste, Emmer, Einkorn, Zwergweizen und wohl auch Hirse erschließen. Die Siedlungsdichte richtete sich eindeutig nach den Bodenbonitäten, d.h. in Böhmen sind vor allem die lößreichen Gebiete nördlich der Beraun und der Sazawa reich an Funden, in Mähren die Flußebenen von Thaya, March und Waag. Die Hügelländer und Mittelgebirge sind offenbar noch weitgehend unbesiedelt geblieben.

Kulturelle Einflüsse des Balkanraumes manifestieren sich in der Stichbandkeramik der Lengyel-Kultur, die sich durch mehrfarbige Musterung der Tongefäße auszeichnet, sowie in einer mit ihr eng verwandten Gruppe, die nach dem schlesischen Fundort Jordansmühl (Jordanów) benannt ist. In beiden Fällen gehen die südöstlichen Einflüsse von Mähren aus nach Böhmen, aber auch in den weiteren mittel- und ostdeutschen Bereich hinein. Mit dem Spätneolithikum (Äneolithikum) findet auch das Kupfer vom Karpatenraum aus als erstes Metall in Böhmen und Mähren Eingang. Die auslaufende Jungsteinzeit bringt dann eine gewisse Vereinheitlichung der Formenkreise. Hier ist es vor allem die sogenannte Trichterbecherkultur, die als eine Neubildung anzusehen ist; ihre Schwerpunkte lagen in Mähren, Böhmen, Südpolen, Schlesien und Mitteldeutschland. Starke Einflüsse der Badener Kultur (Baden bei Wien) lassen vermuten, daß ihr Entstehungsgebiet Mähren war. Die Siedlungen der Trichterbecherkultur wechselten offenbar nicht mehr so oft wie die Wohnplätze der Bandkeramiker, es treten jetzt Höhensiedlungen auf, gleichzeitig ist eine stärkere soziale Differenzierung feststellbar. Anstelle der Großhäuser finden sich kleinere Rechteckbauten für Kleinfamilien. Feldgraswirtschaft und damit verbunden Viehwirtschaft waren wohl die vorherrschenden agrarischen Nutzungsformen. Neben und teilweise vor der Trichterbecherkultur existierte die bereits erwähnte Badener Kultur, deren Zentrum im Karpatenraum und in Jugoslawien lag und die auch in Mähren und Böhmen feststellbar ist. Böhmische Fundgruppen, die auf Zusammenhänge mit der Münchshöfener und der Rössener Kultur Bayerns hinweisen, seien hier wenigstens erwähnt, ebenso die Řivnáč-Kultur Mittel- und Nordwestböhmens; letztere ist trotz deutlicher Verbindungen zum Balkan autochthon. Charakteristisch sind für sie neben unbefestigten Flachsiedlungen vor allem befestigte Höhensiedlungen. Der Řivnáč-Kultur Böhmens entspricht in Mähren weitgehend die Jaispitzer Kultur (Jaispitz-Jevišovice B).

Gegenüber diesen stark vom Südosten, vom Balkan und Vorderen Orient beeinflußten Gruppen tritt mit der schnurkeramischen Kultur ein neuer Formenkreis in Böhmen auf, der in weiten Teilen Ost-, Mittel- und Nordeuropas beheimatet ist, dessen Ursprung aber in Südrußland liegen dürfte. Seine Träger sind vor allem Schafzüchter, die bereits die Streitaxt kennen. Wenn sich die Schnurkeramiker auf die seit der Jungsteinzeit ackerbaulich genutzten fruchtbaren Böden Mittel- und Nordwestböhmens konzentrierten, dann läßt das die Annahme zu, daß diese von Osten eingewanderten Viehzüchter die einheimischen Ackerbauern unterworfen haben und schließlich mit ihnen verschmolzen sind. Fremden Ursprungs ist auch die am Ende der Jungsteinzeit auftretende Glockenbecherkultur, für die westeuropäisch-spanische Herkunft angenommen wird. Neben Süd- und Mitteleuropa erreichte sie auch, ohne erkennbare Vorformen, Böhmen und Mähren und breitete sich rasch aus. In ihrer Lebensform sind die Glockenbecherleute schwer zu fassen, man denkt an wandernde Erzsucher, Handwerker oder Kaufleute, ja man hat sie sogar mit den Zigeunern verglichen. Doch läßt sich ihre Kultur nur über einige Generationen hin feststellen, scheint also ephemeren Charakters gewesen zu sein. In der ethnischen Zuweisung neolithischer Bevölkerungen ist man heute vorsichtig geworden. Frühere Meinungen, wonach die Bandkeramiker, die Trichterbecherleute und vor allem die Menschen des schnurkeramischen Kulturkreises bereits „Urindogermanen“ gewesen seien, lassen sich weder exakt beweisen noch schlüssig widerlegen. Hier bleibt man mehr oder weniger auf Analogieschlüsse angewiesen, die davon ausgehen, daß seit dem späten 3. Jahrtausend im Bereich der vorderasiatischen Hochkulturen ebenfalls Indogermanen auftauchen und daher in Mitteleuropa mit vergleichbaren Vorgängen zu rechnen ist.

Um 1800 vor unserer Zeitrechnung breitet sich, vom Karpatengebiet mit seinen Kupferlagerstätten ausgehend, auch in den Böhmischen Ländern die Technologie der Bronzezeit aus. Sie ist gekennzeichnet durch eine Metallegierung, die dem Kupfer durch Zusatz von etwa einem Zehntel Zinn größere Härte verleiht. Eine einheimische Goldgewinnung ist seit dieser Zeit ebenfalls anzunehmen. Mit der Aunjetitzer Kultur, die sich vor allem in den fruchtbaren Ebenen Mittel- und Nordwestböhmens findet, aber auch in Nordost- und Ostböhmen sowie im südlichen und mittleren Mähren auftritt, fassen wir die früheste bronzezeitliche Phase einer Zivilisation, die weitgehend von der Landwirtschaft und einem bereits hochentwickelten Metallhandwerk für Werkzeuge, Waffen und Schmuck geprägt ist. Während sich in Mähren und Südböhmen die Aunjetitzer Kultur kontinuierlich unter dem Einfluß der slowakischen Mad'arovce-Kultur zur Wieterschau-(Věteřov-)Kultur weiterentwickelt, läßt sich im übrigen Böhmen ein deutlicher Abbruch feststellen, den man wohl zu Recht mit einem mitteleuropäischen „Unruhehorizont" ursächlich in Verbindung bringt; er manifestiert sich in zahlreichen Hortfunden und befestigten Höhensiedlungen. Weniger wahrscheinlich ist es, daß die Neuerschließung konkurrierender Erzgebiete in anderen Landschaften das Ende der Aunjetitzer Kultur herbeigeführt haben soll.

Bei der mährischen Wieterschau-Gruppe, deren Blütezeit um 1500 v. Chr. anzusetzen ist, lassen sich erstmalig stärkere gesellschaftliche Differenzierungen erkennen. Wir haben es hier mit Ackerbauern zu tun, die den Hakenpflug verwendeten und deren Tongefäße und Knochengeräte unverkennbar mykenische Ziermuster zeigen. Mykenische Vorbilder dürften auch in der mit Steinwällen befestigten Höhensiedlung von Cezavy bei Blučina vorliegen, da sich innerhalb dieser Siedlung eine besonders befestigte „Akropolis" befand, die als Wohnsitz einer herrschenden Familie zu deuten ist. Die Wieterschau-Kultur leitet bereits von der frühen zur mittleren Bronzezeit über (1500–1200 v. Chr.), deren Charakteristikum die Hügelgräber waren. Hier lassen sich zwei Gruppen unterscheiden, von denen die eine, die mitteldanubische Gruppe der Hügelgräberkultur, Mähren, Niederösterreich und das nördliche Böhmen umfaßt, während sich die oberpfälzisch-südwestböhmische Gruppe von der oberen Donau bis Böhmen südlich von Beraun und Sazawa erstreckt. Für die letztere nimmt man ein Übergewicht der Viehzüchter an, durch die erstmalig die großen Waldgebiete Süd- und Südwestböhmens stärker besiedelt bzw. als Weideland genutzt worden sind.

Abgelöst wird die Hügelgräberkultur um 1200 v. Chr. von der Urnenfelderkultur der jüngeren und jüngsten Bronzezeit, in der sich neue Formen der Keramik, der Waffen, Geräte und des Schmuckes durchsetzen. Die Toten werden jetzt nicht mehr erdbestattet, sondern verbrannt, ihre Knochenreste in Urnen beigesetzt. Man unterscheidet eine Anzahl von Kulturgruppen (Velaticer, Lausitzer, Knoviser, Milavečer Gruppe) in unserem Raum, wobei letztlich noch offen bleiben muß, ob die Ausbreitung der Totenverbrennung in der Urnenfelderzeit, die eindeutig östlicher Herkunft ist, mehr durch Einwanderung, durch Kultureinflüsse oder durch ein kompliziertes Gemisch beider Formen zustandegekommen ist. Der Karpatenraum spielt jedenfalls als Ausstrahlungszentrum eine große Rolle. Süd- und Mittelmähren (Velaticer Kultur), die Slowakei, Österreich und Nordwestungarn sind früh in den Einflußbereich dieser letzten großen, vom Ackerbau bestimmten Kulturphase der Bronzezeit (ab 13. Jh. v. Chr.) geraten, die wiederum „Unruhehorizonte" mit zahlreichen Hortfunden aufweist. Verstärkter Burgenbau läßt auf die Herausbildung einer starken Oberschicht schließen, daneben bringt eine deutliche Klimaverschlechterung auch Entsiedlungsvorgänge und Bevölkerungsverschiebungen mit sich. Teile des Egerer Beckens, des west- und südböhmischen Hügellandes und der bergigen Randzone Ostböhmens scheinen damals wenigstens teilweise von ihren Bewohnern wieder verlassen worden zu sein. Wenn man auch die bronzezeitlichen Kulturgruppen ethnisch als indogermanisch bezeichnen darf, bleibt es doch hypothetisch, bestimmte archäologische Kreise mit schriftlich bezeugten Völkerschaften, etwa den Illyrern, den „Urslawen" oder den Venetern gleichzusetzen; dies ist erst in der nachfolgenden Eisenzeit mit einiger Vorsicht möglich. Handelt es sich in den vorausgegangenen Epochen, deren relative und absolute Chronologie oft noch schwankend ist, ausschließlich um archäologisch faßbare Kulturformen, die zum größeren Teil noch aus Relikten der jeweiligen Grabkulte, zum kleineren Teil aus siedlungsarchäologischen Analysen erschlossen worden sind, so tritt seit der Eisenzeit (8. Jh.–ca. 450 v. Chr.) vor allem mit der weiträumig faßbaren Kulturwelt der Kelten in viel stärkerem, ja entscheidendem Maße als bisher Art und Struktur der Siedlung in den Lichtkegel unserer Erkenntnismöglichkeiten. Nun finden wir, parallel zur Mittelmeerwelt und ihr teilweise zugeordnet, stadtähnliche Lebensformen, auffällige gesellschaftsstrukturelle Unterschiede, organisierten Fernhandel und sogar schon etwas wie eine exportorientierte Massenproduktion von Keramik und Metallgegenständen. Mit anderen Worten: Es handelt sich hier um

Verhältnisse, die von den oft unsicheren Gruppenkriterien der Grabfunde weitgehend frei sind und die man mit einiger Sicherheit aufgrund der Nachbarschaft und der Kommunikation mit den schriftlichen Hochkulturen der Mittelmeerwelt und deren Nachrichten erfassen und nach Umfang und Zusammenhängen erkennen kann. Dies gilt zwar noch in geringerem Maße für die Hallstattzeit als erstem Abschnitt der Eisenzeit, dafür aber in höherem Grade für die nachfolgende keltische Latène-Kultur, die chronologisch von der Mitte des 5. vorchristlichen Jahrhunderts bis etwa um die Zeitenwende reicht.

In der Hallstattkultur, bei der sich Einflüsse aus Italien, Südost- und Osteuropa vereinigen, werden Waffen und Geräte aus Eisen hergestellt, d. h. aus jenem Metall, das seit der zweiten Hälfte des 2. Jahrtausends im Orient bekannt ist und dessen Gewinnung und Bearbeitung in den folgenden Jahrhunderten auch auf Europa übergegriffen hat; doch behält die Bronze als Werkstoff für Schmuck noch ihre Bedeutung. Von den beiden Großgruppen der Hallstattzeit, einer westlichen, zu der Süddeutschland, die Schweiz und Ostfrankreich gehören, und einer östlichen, der Österreich, Westungarn und Slowenien zuzurechnen sind, erstreckt sich die letztere auch auf Böhmen und Mähren. Teile Süd- und Westböhmens sind aber westlich orientiert, dies übrigens schon seit dem Ende der Jungsteinzeit und der Bronzezeit. Man sieht daran, wie stark die Böhmischen Länder im Verbund der allgemeinen Kulturentwicklung standen, wie durchlässig die Grenzgebirge waren und wie wenig daher dieser Raum letztlich von geographischen Barrieren bestimmt worden ist. Hauptzeugnis der Hallstattzeit ist in Südmähren die Horákover Kultur, eine Randgruppe des östlichen Formenkreises mit Brand- und Körpergräbern in teilweise reich ausgestatteten großen Grabkammern. Enge Beziehungen zu Niederösterreich hat die Nikolsburger-(Mikulov-)Gruppe, während Nordmähren und Nordostböhmen der Platenitzer Kultur zugeordnet sind, die teilweise noch ältere, bronzezeitliche Formen, wie die Bestattung in großen Urnengräberfeldern, beibehalten hat. Einflüsse des östlichen wie des westlichen Formenkreises der Hallstattkultur zeigt in Mittel- und Nordwestböhmen die aus der Knoviser Kultur entstandene Bylaner Gruppe, der sich auch die Lausitzer Kultur Nordböhmens (Fundort Libochowan bei Leitmeritz) assimiliert. Allen hallstattzeitlichen Formen gemeinsam ist die immer stärkere Ausprägung einer reichen führenden Oberschicht im Fundmaterial; es gibt fürstliche Wagengräber und Befestigungen (Burgwälle), die offensichtlich von adelsähnlichen Familien beherrscht wurden, von denen auch das flache Land sowie die umfangreichen Wehrbauten politisch organisiert worden sind.

Noch deutlicher äußert sich die Abschichtung sozialer Spitzengruppen in der Latènezeit seit der Mitte des 5. vorchristlichen Jahrhunderts. Dies geschah anfangs vor allem unter dem Einfluß der mittelmeerischen Hochkulturen der Griechen und Etrusker, deren Importwaren auch im böhmisch-mährischen Bereich feststellbar sind. In den reichen „Fürstengräbern" Ostfrankreichs und Süddeutschlands, d. h. in den Zentren der keltischen Kultur, bildet sich der charakteristische Latènestil aus, dessen figürliche und pflanzliche Motive die älteren geometrischen Formen der Hallstattzeit ablösen. Glaswaren treten nunmehr in größerem Umfang auf, ebenso italisch beeinflußte Fibeln; die Verwendung der Drehscheibe für Töpfereiwaren läßt auf serienmäßige, gewerbliche Fertigung schließen. Die Tatsache, daß diese wichtige Neuerung schon seit dem Ende des 4. Jahrtausends in den orientalischen Hochkulturen bekannt gewesen ist, aber erst jetzt nördlich der Alpen Eingang fand, mag davor warnen, Ausmaß und Intensität der Akkulturation in diesen Zeiträumen zu überschätzen. Die Kelten als Träger der Latènekultur, die wiederum aus dem westlichen Hallstattkreis entstanden ist, tauchen jetzt erstmalig in der schriftlichen Überlieferung auf: Herodot kennt sie ebenso wie Hekataios von Milet. Aus ihrem Ursprungsgebiet nördlich der Westalpen (Ostfrankreich, Schweiz, Süddeutschland) setzen sie seit dem Beginn des 4. vorchristlichen Jahrhunderts zu großen Wanderungen an, die sich in Italien bereits im vollen Lichte der Geschichte vollziehen, die aber auch weit ins übrige Frankreich, nach Spanien und Britannien, auf die Balkanhalbinsel, in den unteren Donauraum, ja sogar bis nach Kleinasien ausgreifen. Mit einer starken Akkulturation autochthoner Gruppen durch die keltische Zivilisation ist im Rheingebiet ebenso zu rechnen wie in Böhmen und Mähren, doch kann man für unseren Raum auch unmittelbar keltische Einwanderung annehmen. Hier machen sich auch östliche skythische Einflüsse bemerkbar, die von einer Kulturgruppe in der Slowakei ausgehen, jedoch nicht dominant werden. Reiche Fürstengräber, die der frühen Latènestufe A in Süddeutschland und Ostfrankreich entsprechen, finden sich in Süd- und Westböhmen. Italischer Import, Schmuck, etruskische Schnabelkannen und zweirädrige Wagen sind für diese Bestattungen kennzeichnend. Umstritten bleibt, ob diese materiellen Güter durch Kultur- und Handelsverbindungen ins Land kamen und daher Statussymbole der einheimischen Oberschicht gewesen sind oder ob man es mit einer neuen, eingewanderten Oberschicht keltischen Ursprungs zu tun hat. Die darauffolgende Zeitstufe Latène B und C (3. und 2. vorchristliches Jh.) tritt vor allem in Böhmen nördlich der Beraun und Sazawa und in Mähren im Marchgebiet und nördlich der Thaya auf. Keltische Einwanderung, nicht nur Akkulturation, ist hier als sicher anzunehmen. Die starke Konzentration auf die fruchtbaren Böden spricht für intensiven Ackerbau mit Schweinezucht in den Latène-Gruppen B und C (Flächengräbergruppe). Ob die große Funddichte südlich des Erzgebirgskammes auf Ausbeutung der dortigen Bodenschätze deutet, bleibt noch ungewiß. Daß wir es in der Latènezeit Böhmens und Mährens zumindest teilweise mit ethnischen Überschichtungsvorgängen zu tun haben, geht schon daraus hervor, daß in bestimmten Bereichen die ältere Hallstattkultur mit ihrer Bevölkerung ungebrochen fortlebt; sie wird erst im 2. und 1. vorchristlichen Jahrhundert von keltischen Formen assimiliert. So scheint es in der Spätlatènezeit zu einem weitgehenden Ausgleich der kulturellen Formen und Strukturen in den Böhmischen Ländern gekommen zu sein. Ebenso läßt sich das starke Zurücktreten der Grabfunde auf eine generelle Änderung des Grabritus in der keltischen Welt zurückführen, und auch das Übergewicht der siedlungsarchäologischen Befunde ist in diesem Sinne deutbar. Kennzeichnend für diese Epoche ist das Auftreten zahlreicher oppida, befestigter Höhensiedlungen stadtähnlichen Charakters mit einem reich entwickelten Handwerk, kultischen Mittelpunkten und einer teilweisen nichtagrarischen Bevölkerung. Es waren dies Siedlungsagglomerationen, wie sie uns Julius Caesar in seinem „Gallischen Krieg" sehr anschaulich beschrieben hat. Ringmauern aus Holz und Steinen, oft mehrere hintereinander, sowie Tore schützten die Bevölkerung. Über die Art der Besiedlung dieser Anlagen im böhmisch-mährischen Raum und der Slowakei ist man mangels planmäßiger Grabungen jedoch noch im unklaren. Anders als in Südwesteuropa herrschen in unserem Raum kleinere Oppida vor, die zumeist unter 100 ha Fläche liegen, nur das Oppidum von Závist bei Zbraslav südlich Prag erreicht 170 ha. Unklar ist auch, ob es sich in allen Fällen um Dauersiedlungen oder eher um Fluchtburgen gehandelt hat. Vielleicht ist eine Kombination beider Formen am ehesten anzunehmen, denn einige Oppida haben im Inneren noch einen besonders stark befestigten Kern, eine Art „Akropolis", vermutlich Sitz eines Herrn, der sowohl die Siedlung wie das offene Umland beherrschte. Der Burgenbau, seit dem Ende der Jungsteinzeit feststellbar, hat zu dieser Zeit unter dem Einfluß mittelmeerischer Stadtkultur einen Höhepunkt erreicht. Das Neue an dieser vom Wandel der Sozialstruktur bedingten Lebensform ist die Größe der befestigten Siedlungen und die Anwesenheit einer Bevölkerung, die weit über den Anhang eines Herrenhofs hinausging, darunter zahlreiche Handwerker und Händler, die in eigenen Vierteln wohnten, also wohl herrschaftlich fest organisiert waren. Für Böhmen sind neben Závist der Hradischt bei Stradonitz (Stradonice) an der Beraun zu nennen, ferner die Anlagen von Hrazany an der mittleren Moldau, südlich davon Nevězice und das relativ kleine südböhmische Oppidum Třísov, in Ostböhmen Lhotice und eine befestigte Siedlung bei Kolín, die nur aus Streufunden erschlossen werden kann. In Mähren finden sich die Oppida Staré Stradisko nordöstlich Brünn (Brno) und Hostýn am Ostrand der fruchtbaren Hanna-Ebene.

Im Bereich der Technik ist ein großer Aufschwung erkennbar: An die Stelle der älteren Reibemühle tritt die Drehmühle; Pflugschare, Sicheln, Hacken, Beile, Sägen, Messer, Scheren, Zangen, Hämmer, Meißel und Bohrer werden in speziellen Werkstätten nunmehr serienweise hergestellt und wohl auch handelsmäßig vertrieben. Umgekehrt führt man bestimmte Rohstoffe und Materialien über große Entfernungen ein, so etwa Graphit für die Töpferwerkstätten, Bronze und anderes; d. h. es entwickelt sich ein berufsmäßiger Karawanenhandel auf einem Netz von festen Verkehrswegen mit Straßenstationen, aber auch die Wasserwege werden benutzt. Seit dem 2. Jahrhundert v. Chr. prägen die Kelten selbst Münzen, nachdem sie zuvor griechisches und makedonisches Geld verwendet hatten. Während Böhmen vorwiegend Goldmünzen aus eigener südböhmischer Metallgewinnung hat, treten in Mähren neben die Goldstücke häufig Silbermünzen, letztere finden sich besonders gehäuft im Karpatenraum. Da es noch kein übergreifendes Münzsystem gibt, wird das Edelmetall zumeist nach dem Gewicht mit Feinwaagen gemessen, die sich in der archäologischen Hinterlassenschaft häufig gefunden haben. Die Tatsache, daß sich die keltische Oppida-Zivilisation vor allem in Südböhmen findet, wird mit dem Reichtum dieses Raumes an Gold, Eisenerz und Graphit erklärt, doch könnte auch der Druck der seit dem 2. Jahrhundert v. Chr. in Nordböhmen einwandernden Germanen (Bodenbacher Kultur) dabei eine Rolle spielen.

Die relative Homogenität der Latènekultur erlaubt es bis zu einem gewissen Grade, von den durch Schriftquellen und reichere archäologische Hinterlassenschaft besser bekannten westlichen Bereichen der keltischen Welt auch auf Religion und Lebensgewohnheiten der Kelten in den Böhmischen Ländern zu schließen. Im Kultischen finden sich auch in Böhmen Ebenbilder als Symbole einer Fruchtbarkeitsgottheit, ebenso phallische Darstellungen, ferner tritt das Rad als Zeichen des Himmelsgottes Taranis auf Münzen und Schmuckstücken auf. Die Kultstätte von Libenice bei Kolín, eine rechteckige Anlage mit Wall und Graben (80 × 20 m), eingetieftem ovalen Sakralbau und einer vielleicht astronomisch eingerichteten Steinstele samt Opfergrube mit Tier- und Menschenknochen, enthält ein reich ausgestattetes Frauengrab; sie ist gewaltsam zerstört worden. In der Art ihrer Anlage und in zahlreichen Einzelheiten hat sie Ähnlichkeit mit den oberbayerischen Keltenschanzen von Holzhausen und Deisenhofen. Dies gilt auch für die spätlaténezeitliche

Viereckschanze von Mšecké Žehrovice, die eine Fläche von 200 × 105 m bedeckte und durch Innenwälle gedrittelt war, eine Kultstätte, in der man den Kopf eines Götterbildes aus Tonschiefer gefunden hat. Opfercharakter besitzt schließlich ein älterer Fund von Dux (Duchcov), wo in einer heißen Quelle ein Bronzekessel mit etwa zweitausend Schmuckstücken entdeckt worden ist.

Eisenzeitlich und dem 2. vorchristlichen Jahrhundert angehörend ist die sogenannte Bodenbacher Gruppe (Podmokly), die sich deutlich von der keltischen Kultur der Latènezeit unterscheidet und mit ihren Formen nach Mitteldeutschland weist. Diese nordböhmische Gruppe, die sich in der jüngeren Kobiler-(Kobyly-)Gruppe fortsetzt, gehört eindeutig zur mitteldeutschen Jastorf-Kultur, ist also germanischen Ursprungs und durch Einwanderung vom Norden her nach Böhmen gekommen. Da ein eng verwandter Formenkreis aus der zweiten Hälfte des 1. Jahrhunderts, die Plaňaner oder auch Kostomlater Gruppe, einerseits mit der Kobiler Gruppe verschmilzt und andererseits bis nach Südböhmen ausgreift, stellt sich für die Böhmischen Länder am Vorabend der Berührung dieses Raumes mit der römischen Hochkultur das Problem des Verhältnisses zwischen Kelten und Germanen. Für die Bodenbacher Gruppe und deren Derivate hat man neuerdings sehr starke keltische Einflüsse der südlich angrenzenden, höher entwickelten Latènekultur ermittelt, dennoch bleibt der germanische Grundcharakter dieser nordböhmischen Funde unbestreitbar. Auch hier, wie in vorgeschichtlicher und später in historischer Zeit, erweist sich die hohe Durchlässigkeit der Grenzgebirge – in diesem Falle des Erzgebirges und des Elbsandsteingebirges – für Wanderbewegungen, aber auch für Akkulturation im engeren Sinne. Ob die Kobiler Gruppe, die zeitlich auf die Bodenbacher folgt, lediglich deren Fortsetzung bildet, oder ob wir es hier eher mit einem neuen germanischen Einwanderungsschub zu tun haben, bleibt noch zu klären. Für letzteres spräche die Tatsache, daß sich die jeweiligen Gräberfelder im allgemeinen fast nie decken oder benachbart sind. Um die Mitte des 1. vorchristlichen Jahrhunderts erfährt jedenfalls das germanische Element eine merkliche Verstärkung, feststellbar an der Keramik und den Trachtenbestandteilen des Plaňaner Typs, der ins mitteldeutsche Saalegebiet weist und den man als hermundurisch oder gar markomannisch angesprochen hat. Grundsätzlich jedoch ist es sehr fraglich, ob die archäologisch erfaßbaren Formenkreise mit namentlich bekannten germanischen Stämmen gleichgesetzt werden können. Bei den Markomannen ist dies bislang jedenfalls nicht eindeutig geglückt. Ihre Einwanderung aus Süddeutschland kann man fundmäßig nicht identifizieren; es dürfte sich auch bei der Reichsgründung des Markomannenkönigs Marbod vor allem um einen politisch-militärischen Vorgang gehandelt haben, bei dem eine zahlenmäßig relativ kleine markomannische Gruppe die schon vorher eingewanderten Germanen und die Reste der keltischen Bojer zu einem neuen Stamme vereinigte. Wenn Tacitus in seiner ,,Germania" (Kap. 42) zu berichten weiß, daß die Markomannen kurz vor Christi Geburt das Gebiet der Bojer besetzten, dann liegt es nahe, die mittel- und nordwestböhmische Flachgräbergruppe mit dem Gebiet der Bojer gleichzusetzen. Doch dürften die Bojer eine Phase der Expansion erlebt haben, die sie einerseits über Südböhmen bis an die Donau führte, wo sie Boiodurum (Passau) gegründet haben, und andererseits bis Italien und in das Karpatenbecken (Pannonien). Man sieht, daß trotz des Anwachsens schriftlicher Nachrichten, die wir bei Julius Caesar, Tacitus, Strabo, Ptolemaios und Velleius Paterculus finden, hinsichtlich einer ethnischen Bestimmung von Bodenfunden vieles noch im Dunkeln bleibt. Aufgrund der neuen Erkenntnisse der Ethnosoziologie neigt man heute dazu, relativ kleinen ethnischen Gruppen, die zumeist kultisch eng verbunden sind, einen großen Einfluß auf die Stammes- und Reichsbildungen dieser und der folgenden Völkerwanderungsepoche einzuräumen. Für das Gewicht der Markomannen in Böhmen bedeutet dies, daß um die Zeitenwende eine kulturell ziemlich homogene Kultur vorwiegend germanischen Charakters Böhmen geprägt hat, die jedoch eine deutliche keltische Komponente donauländischer und ostalpiner Herkunft besaß.

In Mähren ergeben sich bemerkenswerte Parallelen, obwohl hier die archäologische Hinterlassenschaft germanischer Herkunft sehr spärlich ist und erst um Christi Geburt intensiver wird, d. h. zu einem Zeitpunkt, als germanische Einwanderer zusammen mit keltischer autochthoner Bevölkerung politisch zum Quadenstamm zusammengewachsen waren. Das Fundmaterial der Eingewanderten läßt Beziehungen zur Przeworsker Kultur Schlesiens und Kleinpolens (Krakau, Sandomir, Lublin) erkennen, die bis in die ältere Kaiserzeit weiterlaufen und wiederum die Bedeutung der Mährischen Pforte als eines alten Kulturweges bestätigen.

Mit dem Heranrücken des Imperium Romanum an die Grenzen unseres Raumes und den zahlreichen militärischen Ausgriffen dieser Weltmacht in die Länder östlich des Rheins und nördlich der Donau ergibt sich seit der Zeitenwende eine weitaus klarere Situation. Von nun an wird durch die Funde römischer Importwaren die Chronologie wesentlich durchsichtiger. Aber auch schriftliche Quellen römischer Herkunft beleuchten jetzt die Geschehnisse in den Böhmischen Ländern: Die machtvollen politisch-strategischen Interessen der Tiberstadt beginnen auf Böhmen und Mähren einzuwirken.

Die Römerzeit

Die Markomannen, ein Glied des suebischen Stammesverbandes, treten das erstemal ins Rampenlicht geschriebener Geschichte, als sie zusammen mit anderen Germanenstämmen unter Ariovists Führung Gallien angreifen und 58 v. Chr. von Julius Caesar geschlagen werden. In der Folgezeit finden wir sie in Süddeutschland zwischen Main, Böhmerwald und Donau, wo sie 9 v. Chr. neuerdings von römischen Legionen unter Drusus bedrängt wurden, bis Marbod, einer der Anführer der Markomannen, der früher im römischen Heer gedient hatte, seine Stammesgenossen zur Abwanderung in das Land der Bojer nach Mittel- und Nordwestböhmen veranlaßte. Vermutlich haben sich damals noch andere germanische Gruppen an der Landnahme beteiligt, etwa die Hermunduren, Quaden und Marsingen. Aber auch die einheimische keltische Zivilisation mit ihrem hochentwickelten Handwerk wirkte in Marbods Reichsgründung weiter fort. Diesem „Neustamm" der Markomannen, der in mancher Beziehung als relativ großräumige Herrschaftsbildung an die ebenfalls aus „Wanderlawinen" entstandenen Großstämme der Völkerwanderungsepoche erinnert, gliederten sich große Nachbarstämme an, so die Langobarden und die Semnonen an der unteren Elbe, die Lugier in Schlesien und die schon erwähnten mitteldeutschen Hermunduren, Marsingen und die mit den Markomannen nach Mähren gekommenen Quaden. Marbods Macht, die sich nach römischen Quellen auf siebzigtausend Fußkämpfer und viertausend Berittene stützen konnte, wurde von Rom als akute Bedrohung empfunden, so daß 6 n. Chr. nicht weniger als zwölf Legionen zum Angriff gegen den Markomannenbund eingesetzt werden sollten. Doch ein Aufstand in Pannonien zwang die Römer zum Abbruch des Unternehmens. Marbod konnte in dieser Situation ein Friedensbündnis mit Kaiser Tiberius schließen, das ihm Sicherheit gab, ihn aber gleichzeitig mit der anderen großen germanischen Föderation, den Cheruskern unter Arminius, in Konflikt brachte, die damals in den Jahren 9 und 14 bis 16 offensiv gegen die Römer vorgingen. In der zwischen Arminius und Marbod entbrennenden Schlacht, die uns Tacitus in seinen „Annalen" geschildert hat, kam es aber zu keiner klaren Entscheidung, Marbod zog sich jedoch nach Böhmen zurück. Langobarden und Semnonen waren schon vorher zu den Cheruskern übergegangen, und ein Hilfsgesuch des Markomannenkönigs wurde von Tiberius abschlägig beschieden, weil sich die Markomannen bei den Kämpfen der Römer gegen Arminius neutral verhalten hatten. Die Folge war ein rascher Zerfall des Stammesbundes. Katwalda, ein markomannischer Adeliger, griff Marbod mit römischer Unterstützung an, die markomannischen Häuptlinge stellten sich auf seine Seite und erstürmten die Königsstadt und das benachbarte Kastell; dabei wurde reiche Beute gemacht. Man fand die hier gehorteten Schätze der Sueben. Die römischen Hilfstruppen trafen auf Händler aus ihren eigenen Provinzen, die, wie Tacitus kritisch vermerkt, ,,der freie Handelsverkehr und das Verlangen, reich zu werden, ihrer Heimat untreu gemacht und zur Ansiedlung in Feindesland veranlaßt hatte". Der besiegte Marbod mußte sich auf römisches Gebiet begeben, erhielt in Ravenna einen Wohnsitz und lebte dort noch achtzehn Jahre. Mit leiser Verachtung bemerkt dazu der große römische Historiker: ,,Sein Ruhm litt sehr unter der übergroßen Liebe, mit der er am Leben hing". Aber auch Katwalda wurde zwei Jahre später mit römischer Hilfe vom Hermundurenfürsten Vibilius gestürzt und interniert. Schließlich setzten die Römer den Quaden Vannius als willfährigen König ein. Wo das Herrschaftszentrum Marbods gelegen hat, ist ungewiß; die Annahme, daß es in Stradonitz (Stradonice) bei Beraun zu suchen sei, hängt insofern völlig in der Luft, als dort bislang nur wenige kaiserzeitliche Funde zutage gekommen sind. Ebenso unsicher ist allerdings die These, es sei in Dobřichov bei Kolín zu suchen; immerhin hat man aber dort reiche Gräber aus dem 1. nachchristlichen Jahrhundert gefunden, die auf einen wichtigen Herrschaftsmittelpunkt schließen lassen.

Wirtschaftlich müssen die Böhmischen Länder damals eine bedeutende Rolle gespielt haben. Dies beweist sowohl der fundmäßig gesicherte starke römische Import, der auch durch die Anwesenheit römischer Händler im Markomannenreich belegt wird, wie auch die Verbreitung keltisch-markomannischer Metallwaren im germanischen Bereich. Andererseits stellt die Marbodzeit eine Zäsur in der Entwicklung dar, ja, man hat mit Rücksicht auf das Auslaufen einiger Zweige des Handwerks und wegen des Verkümmerns alter Handelsverbindungen sogar von einem Zusammenbruch des spätlatènezeitlichen Wirtschaftsgefüges gesprochen. Hinzu kommt das deutliche Abklingen der Oppida-Zivilisation. Es verschwinden sowohl die auf der Töpferscheibe gefertigten Tonwaren wie die Glas- und Emailverarbeitung; die verbleibenden Handwerke verlagern sich aus den alten Siedlungszentren der Oppida auf die Dörfer oder werden nurmehr durch Wanderhandwerker weiterbetrieben. Von nun an beschränkt sich die Metallgewinnung auf das Eisen. Die eigene Münzprägung war schon im 1. vorchristlichen Jahrhundert ausgelaufen und durch den Umlauf römischer Münzen teilweise ersetzt worden. Dörfer,

Weiler und Einzelhöfe sind charakteristisch für diese agrarwirtschaftlich bestimmte Gesellschaft, auch die Oberschicht ist landsässig. Die älteren keltischen Befestigungen und Oppida dürften nur noch gelegentlich als Fluchtburgen benutzt worden sein, wie diejenigen bei Marbods Herrschersitz.

Die Abhänigkeit des Markomannenreiches vom Imperium blieb, trotz gelegentlicher Angriffe auf römisches Gebiet, auch nach dem großen Einfall in Pannonien 97 n. Chr. erhalten. Nach den Bodenfunden scheint im Südosten eine Ausweitung des markomannischen Herrschaftsbereichs bis ans linke Donauufer in Niederösterreich stattgefunden zu haben. Aus der zunehmenden Beigabenarmut der Gräberfelder hat man auf ein allgemeines Absinken des Kulturniveaus geschlossen oder zumindest auf eine Schwergewichtsverlagerung von Handel und Gewerbe nach Westen in die aufblühenden römischen Rheinprovinzen mit ihren Exportindustrien. Zwingend sind solche Schlüsse nicht, da sie vielleicht auf Forschungslükken beruhen; auch können kultisch bedingte Veränderungen im Grabritus den Reichtum an Beigaben verschwinden haben lassen. Auffällig sind für die beiden ersten nachchristlichen Jahrhunderte besonders reich ausgestattete „Fürstengräber", die vor allem hochwertiges römisches Importgut enthalten. Man hat sie als Adelsgräber einer gleichsam „international" verflochtenen germanischen Oberschicht gedeutet, da sie nach Anlage und Inventar relativ einheitlich im gesamten germanischen Bereich auftreten. Jedoch ist neuerdings angezweifelt worden, ob die Merkmale für reiche „Fürstengräber" – nämlich Körperbestattung, Lage abseits der Urnenfriedhöfe und Waffenlosigkeit – stichhaltig sind und nicht eher in Zusammenhang mit besonderen religiösen Vorstellungen gesehen werden müssen, also nur sehr bedingt als Beweisstücke für eine sozial abgeschichtete und politisch führende Gruppe gelten können.

Parallel dazu und offenbar in enger Verbindung mit den Markomannen bauten die Quaden, die man mit den bei Caesar erwähnten „Suebi" Südwestdeutschlands gleichsetzt, in Niederösterreich, Mähren und in der Südwestslowakei ihren Herrschaftsbereich auf. Der quadische König Vannius, den die Römer über die dort angesiedelten Anhänger Marbods und Katwaldas eingesetzt hatten, stand in enger Klientelschaft zu Rom, ebenso seine Neffen und Nachfolger Wangio und Sido. Quaden kämpften 68/69 im römischen Bürgerkrieg auf seiten Vespasians, und in den Jahren 89, 92 und 97 hören wir von quadischen, markomannischen und sarmatischen Invasionen in den Provinzen; doch wurde die römische Oberhoheit wieder hergestellt und durch Stützpunkte gesichert. Dazu gehörten Brückenköpfe am linken Donauufer ebenso wie befestigte Villen in der Slowakei, in Niederösterreich und in Südmähren (Muschau –

Mušov). Mit dem Winterkrieg von 166/67 kam es zu einer neuerlichen schweren Konfrontation zwischen Rom und den Markomannen-Quaden. Sie wurde wahrscheinlich hervorgerufen durch den Abzug römischer Truppen für den Partherkrieg, vielleicht aber auch durch das Auftauchen und den Druck neuer germanischer Großgruppen, wie der Goten, die den gesamten germanischen Siedlungsbereich in Bewegung brachten, die Langobarden und Hermunduren zum Eintritt in den Kampf gegen das Imperium bewogen und schließlich auch nichtgermanische Völker zum Angriff gegen den Donaulimes veranlaßten. Zwar gelang eine rasche Abwehr des ersten Ansturms; Rom konnte einen neuen willfährigen König einsetzen. Aber nun verlagerten sich die Kämpfe nach Dakien, und als 169 im römischen Heer die Pest ausbrach, stießen Markomannen und Quaden bis nach Italien vor. Kaiser Marc Aurel schlug sie zurück und ging 172 zur Offensive über. Zuerst unterwarf er die Quaden, dann in der Nähe der Donau die Markomannen, die eine Grenzzone nördlich des Stromes abtreten mußten. Schon 173 zog der Kaiser erneut gegen das Kerngebiet der Quaden in der Slowakei, zwang sie zur Auslieferung des römerfeindlichen Königs Ariogaesus und zur Wiederaufnahme des früheren Königs Furtius. An der Donaugrenze entstanden in Lorch und Regensburg zwei neue Legionslager. Dennoch kam es 177 zu neuen Einbrüchen der Markomannen und Quaden. Marc Aurel schlug sie 179 endgültig, eine neue römische Provinz Marcomannia sollte die politisch-militärische Integration vollenden – da brachte der Tod des siegreichen Kaisers eine Wende. Sein Nachfolger Commodus gewährte beiden Germanenvölkern einen vorteilhaften Frieden, sie hatten Abgaben zu entrichten und Hilfstruppen zu stellen, die Quaden dreizehntausend Mann, die Markomannen etwas weniger. Daraus hat man eine Volksstärke von jeweils hunderttausend bzw. neunzigtausend Personen erschließen wollen, doch bleiben solche Schätzungen sehr unsicher.

Im 3. und 4. Jahrhundert sind verschiedentlich Kämpfe der Römer gegen die Markomannen erwähnt. Nach der letzten großen Auseinandersetzung von 395 wurden Teile des Volkes in Oberpannonien und Ufernoricum angesiedelt, die ersteren gerieten in der ersten Hälfte des 5. Jahrhunderts unter hunnische Oberhoheit, von den böhmischen Markomannen jedoch fehlen seither Nachrichten. Auch die Quaden in Mähren und in der Slowakei und die mit ihnen oft verbündeten Jazygen in der Donau-Theiß-Tiefebene wurden im 3. und 4. Jahrhundert immer wieder in Kämpfe mit dem Imperium verwickelt. Nach der diocletianischen Reichsreform tritt für Jahrzehnte Ruhe ein, erst 357/58 hören wir von neuen quadisch-sarmatischen Angriffen auf die römischen Provinzen. Rom erneuerte die Grenzbefestigungen nördlich der Donau und in der

Slowakei (z. B. das Kastell in Milanovce), löste damit aber heftige Gegenangriffe aus, denen Kaiser Valentinian I. 375 ein Ende bereitete. Auch bei den Quaden scheint der Einbruch der Hunnen das Ende ihrer Macht herbeigeführt zu haben, jedenfalls weiß der spätrömische Historiker Ammianus Marcellinus um 390 zu berichten, daß die Quaden kaum noch gefürchtet seien. Nach der Befreiung von den Hunnen in der Schlacht von Nedao 453 traten Quaden-Sueben als Gegner der pannonischen Ostgoten noch einmal hervor, gerieten aber später erst unter herulische, dann langobardische Oberherrschaft. Ob sie schließlich in den Langobarden aufgegangen sind oder gar an der Entstehung des bajuwarischen Stammes mitbeteiligt waren, ist ungewiß; jedenfalls nehmen seit dem ausgehenden 4. und frühen 5. Jahrhundert die den Quaden zuzuschreibenden Bodenfunde merklich ab, ebenso hören viele Siedlungen in diesem Zeitraum auf, wie die Friedhöfe von Kostelec und Šaratice zeigen. Man nimmt an, daß ein Teil der Quaden unter der Bezeichnung Sueben zusammen mit Wandalen und Alanen am Beginn des 5. Jahrhunderts nach Gallien und später nach Spanien gezogen ist, doch müssen nach dem archäologischen Befund auch Teile der Bevölkerung in Mähren und in der Slowakei verblieben sein.

Völkerwanderung und slawische Landnahme

Damit sind wir bei jenem hochkomplexen Vorgang, den man als Völkerwanderung zu bezeichnen pflegt und der die ethnische Landkarte und politische Struktur Europas und des Mittelmeerraumes in immer neuen Anläufen grundlegend verändert hat, ohne daß ein genereller Abbruch der römischen Kulturtraditionen und Lebensformen in jenen Gebieten erfolgt wäre, die einst dem Imperium Romanum angehört hatten. Die Frage nach Bruch oder Kontinuität stellt sich allerdings in jenen Räumen, die lediglich Vorfeld und Einflußraum der römischen Weltzivilisation gewesen sind, auf andere und weniger spektakuläre Weise. Es ist vor allem die starke horizontale Mobilität in diesen Durchzugsgebieten, zu denen auch die Böhmischen Länder gehören, ein Phänomen, das beim Fehlen exakter und ausführlicher historiographischer Nachrichten im Wanderungsjahrhundert umso schwieriger zu beobachten ist, als diese oft hektische Mobilität meistens nur geringe archäologische Spuren hinterlassen hat. Der Süden und Westen scheint auf die germanischen Völkerschaften Mittel- und Ostmitteleuropas eine ungeheure Sogwirkung ausgeübt zu haben, wobei die Einbrüche der Hunnen zwar viele Bewegungen auslösten, ohne daß man jedoch damit den Gesamtvorgang erklären könnte.

Mit der Völkerwanderungszeit werden auch für den böhmisch-mährischen Bereich wie für die Lande im Karpatenbogen die schriftlichen Nachrichten wieder spärlicher, so daß es oft schwierig ist, zuverlässige Aussagen über Verbleib, Abwanderung oder Neusiedlung von Stämmen, Stammesteilen und Völkerschaften zu machen. Ähnlich wie an der benachbarten mittleren Donau, die durch die Lebensbeschreibung des heiligen Severin von Noricum während eines Teiles des 5. Jahrhunderts im hellen Lichtkegel dieser äußerst lebendigen, faktenreichen Quelle erscheint, ist jene Epoche auch in den Böhmischen Ländern durch einen raschen Wechsel der Bevölkerungen, durch vorübergehende Durchzüge ganzer „Wanderlawinen“ und die politisch-herrschaftliche Integration älterer Stammesteile gekennzeichnet. Bekanntlich gab die Westwanderung der Hunnen seit dem Ende des 4. Jahrhunderts und ihre weitausgreifende Herrschaftsbildung im Karpatenbecken während des 5. Jahrhunderts wesentliche Anstöße für Ausmaß und Richtung der Völkerwanderung insgesamt. So zeigt sich auch in unserem Raum in der archäologisch faßbaren Hinterlassenschaft mit künstlicher Schädeldeformation, charakteristischen Metallspiegeln und Reitersäbeln, vielleicht auch mit den dreiflügeligen Pfeilspitzen und „pontischer" Keramik ein deutlicher hunnischer Einfluß. Daneben läßt sich aber auch elbgermanische und nordseegermanische Keramik feststellen, etwa in den Kriegsgräbern von Mohleis (Smolín) und Holásky am Rande von Brünn. Kompliziert wird die Fundsituation noch dadurch, daß auch der Import aus den östlichen Provinzen des römischen Imperiums andauerte, wie Funde von Žuráň östlich Brünn und Znaim (Znojmo) beweisen. Der Grabhügel auf dem Žuráň inmitten eines dicht von Langobarden besiedelten Gebietes, eine steinerne Anlage von 40 m Durchmesser und 2 m Höhe, enthielt zwei Gräber mit mächtigen Holzkammern, beide jedoch ausgeraubt, umgeben von fünf Pferdebestattungen. Das Frauengrab enthielt Reste golddurchwirkten Gewebes, eine Goldzwinge, ferner Keramik und Glaswaren pontischer oder donauländischer Herkunft und eine wohl in Syrien entstandene Elfenbeinpyxis mit christlichen Darstellungen. Umfang und Ausstattung dieser Anlage, sowie sie rekonstruierbar ist, lassen sich nur mit schwedischen Königsgräbern derselben Zeit vergleichen, so daß man die Grablege einem Langobardenkönig (Cleph oder Godehoc) zugeschrieben hat; doch kann sie auch einem Herulerkönig gehören, da dieses Germanenvolk um 500 die aus dem nördlichen Elbegebiet stammenden Langobarden beherrschte. Wann die Langobarden nach Mähren einwanderten, ist umstritten, die frühe Datierung, nämlich Ende des 4. Jahrhunderts, ist neuerdings mit gewichtigen Argumenten wieder in Frage gestellt worden. Fest steht nur, daß 488 die Rugier, die nach dem Zerfall des Hunnenreiches nördlich der Donau in Niederösterreich saßen, von Odoakar geschlagen worden sind, daß sie mit den Ostgoten 489 nach Italien zogen und daß die offenbar schon in benachbarten Räumen – also in Mähren – siedelnden Langobarden ins ehemalige Rugierland einrückten. Ab 500 entsprechen jedenfalls die Grabfunde des nördlichen Niederösterreich den weiterlaufenden Gräberfeldern Mährens, was wohl als langobardische Herrschaftserweiterung nach Südwesten zu deuten ist. Die langobardischen Grabfunde von Blučina und Žuráň bei Brünn lassen schließlich auch die große Rolle von Königtum und adelsähnlicher Oberschicht erkennen. Da es sich aber gerade im Falle der Langobarden um eine Art „Wanderlawine" gehandelt hat, die sogar nichtindogermanische Gruppen umfaßte, ist äußerste Vorsicht bei der ethnischen Zuweisung archäologischer Überreste geboten. Die langobardischen Siedlungszentren Mährens liegen meist im fruchtbaren Flachland, es handelte sich also um eine vorwiegend Ackerbau treibende Bevölkerung mit Landhandwerk, wie die Goldschmiedegräber von Brünn (Brno) und Prysdorf in

Niederösterreich beweisen. Die quadisch-suebische Restbevölkerung scheint ebenso wie andere kleinere Gruppen germanischer und nichtgermanischer Herkunft mit den Langobarden verschmolzen zu sein. Offen bleibt, wie das Ausgreifen der im 5. Jahrhundert im gallofränkischen Westen entstandenen sogenannten Reihengräberzivilisation nach Mitteleuropa, vor allem das Auftreten eines „östlich-merowingischen Reihengräberkreises" in Thüringen, Böhmen und bei den Langobarden Mährens und des Donauraums zu interpretieren sei. Die frühere Annahme, man habe es mit Auswirkungen der fränkisch-merowingischen Reichsgründung zu tun, läßt sich wohl kaum halten. Dieser östlich-merowingische Kulturkreis zerfiel um die Mitte des 6. Jahrhunderts mit der Unterwerfung der Thüringer durch die Franken und mit der Abwanderung der Langobarden aus dem Donauraum nach Italien unter König Alboin im Jahre 568.

Durch einige schriftliche Nachrichten läßt sich die Geschichte der Langobarden bis zu deren Abzug einigermaßen rekonstruieren. Als nach dem Zusammenbruch des Hunnenreiches die Heruler aus Südrußland an die mittlere Donau zogen, unterwarfen sie auch die Langobarden, denen es erst 508 unter ihrem König Tato gelang, die herulische Oberherrschaft abzuschütteln. Tatos Neffe Wacho († 540), der seinen Oheim um Land und Leben brachte, betrieb wie Theoderich der Große eine geschickte Heiratspolitik. Er selbst war zuerst mit einer thüringischen Königstochter, Radegunde, der späteren Gattin des Frankenkönigs Chlothar I., dann mit einer gepidischen Prinzessin verheiratet. Zwei seiner Töchter vermählte er mit den fränkischen Thronfolgern und späteren Königen Theudebert I. (534–548) und Theudebald I. (548–555). Als er um 526/27 Pannonien besetzte und dann nach seinem Tode auch Teile Binnennorikums um Pettau und Cilli und die westpannonische Teilprovinz Savia zwischen Save und Drau 547/58 unter langobardische Herrschaft gerieten, dürfte diese Verlagerung der politischen Schwerpunkte nach Südosten mit einer weitgehenden Räumung Mährens und des nördlichen Niederösterreich verbunden gewesen sein. Jedenfalls werden dort seit der Mitte des 6. Jahrhunderts die langobardischen Bodenfunde spärlich, wenn auch dieser Raum politisch bis 568, d.h. bis zum endgültigen Abzug der Langobarden nach Oberitalien, noch in der Hand des Langobardenkönigs verblieb.

Während die Langobardenherrschaft im Donauraum als wichtiger Teilbereich und als Objekt oströmischer großer Politik besonders unter Kaiser Justinian I. (527–565) relativ klar erkennbar ist, bleiben die Verhältnisse in Böhmen vielfach dunkel. Die Bodenfunde der Völkerwanderungszeit sind nicht sehr zahlreich. Hunnische Einflüße lassen sich im

5. Jahrhundert ziemlich deutlich erkennen; aus reichen Grabausstattungen hat man geschlossen, daß die führende Schicht der Bevölkerung Böhmens – wohl durch Teilnahme an Beutezügen – am hunnischen Reichtum teilhatte. Was die Stammeszugehörigkeit der Landesbewohner in dieser Zeit anbelangt, so ist anzunehmen, daß ein Teil der markomannischen Bevölkerung noch in Böhmen weiterlebte; hinzu kamen Einwanderer aus dem mittleren Norddeutschland. Zu einer politisch-herrschaftlichen Zusammenfassung des Raumes scheint es nach dem Verschwinden des Markomannen-Namens im ausgehenden 4. Jahrhundert nicht gekommen zu sein. Hundert Jahre später gehört Böhmen zum östlich-merowingischen Reihengräberkreis, dessen Charakteristika größere Friedhöfe und westöstlich ausgerichtete Flachgräber mit Beigaben sind. Böhmen dürfte damals starke kulturelle und vielleicht auch herrschaftliche Verbindungen zum Thüringerreich und zum Langobardenreich besessen haben. Für ein politisches Eigenleben fehlen uns Nachrichten. Ebenso ist unklar, ob die Bewohner Böhmens in der ersten Hälfte des 6. Jahrhunderts einen eigenen Stammesnamen besaßen. Die Auffassung, daß das Land damals zum Langobardenreich gehört habe, stützt sich lediglich auf die Nachricht des „Codex Gothanus 2“ vom Beginn des 9. Jahrhunderts, wonach damals, d.h. zur Zeit Karls des Großen, in Böhmen noch Reste von Wachos Königspalast zu sehen gewesen seien. Archäologisch entspricht die „böhmische Gruppe“ den Merkmalen anderer germanischer Siedlungen. Es finden sich ebenerdige Pfostenhäuser, die zusammen mit eingetieften Grubenhütten Gehöfte und Gehöftgruppen bildeten. Die schon in prähistorischer Zeit bevorzugten fruchtbaren Flachlandgebiete Mittel- und Nordwestböhmens waren auch in germanischer Zeit am dichtesten besiedelt. Im Laufe des 6. Jahrhunderts brechen die germanischen Funde in Böhmen ab. Man hat das Aufhören der meisten böhmischen Reihengräberfelder mit dem Abzug der Langobarden nach Pannonien 526/27 in Verbindung gebracht bzw. mit der Zerschlagung des Thüringerreiches durch die Franken im Jahre 531. Danach wären Teile der Bevölkerung nach Bayern gezogen, wo sie den Grundstock für die bajuwarische Stammesbildung abgegeben hätten. Gestützt wird die Bayern-Hypothese durch die Tatsache, daß dem Abbrechen der Reihengräberfriedhöfe in Böhmen in der Mitte des 6. Jahrhunderts ziemlich genau der Beginn der Reihengräberzivilisation in Altbayern entspricht. Ein sicheres Indiz für eine Auswanderung markomannisch-langobardischer Bevölkerungsteile aus Böhmen nach Bayern ist es freilich nicht, denn es kann ebenso gut möglich sein, daß sich die „böhmische Gruppe“ 568 der letzten großen langobardischen „Wanderlawine“ nach Oberitalien angeschlossen hat.

Wie dem auch sei, fest steht, daß nur geringe germanische Bevölkerungsreste in den Böhmischen Ländern zurückgeblieben waren, als die Slawen in diesen Raum einrückten. Das Auftreten slawischer Völker fällt in eine der umstrittensten und dunkelsten Epochen der europäischen Zivilisation, in die Zeit des Überganges von der Spätantike zum Frühmittelalter, und viele schwierige Fragen nach der ethnischen Umgliederung eines Großraumes, die wir in Frankreich, den Rheinlanden und südlich der Donau immerhin noch mit Hilfe spärlicher Schriftquellen untersuchen können, müssen östlich des Rheins und erst recht östlich von Saale und Elbe fast ausschließlich durch archäologische Befunde und manchmal durch Analogieschlüsse aus west- und südeuropäischen Landschaften mühsam aufgehellt werden. In besonderem Maße gilt dies für das Problem des Auftretens der Slawen, vor allem für die Frage, ob wir es hier vornehmlich mit einem Entstehungsprozeß im Lande selbst zu tun haben oder ob es eine zahlenmäßig starke slawische Einwanderung aus den Gebieten nördlich und östlich des Karpatenbogens gegeben hat. Die westliche Analogie wären hier die wohl überwiegend germanischen Laeten, die sich im römischen Reichsverband seit den ersten nachchristlichen Jahrhunderten angesiedelt hatten und die dann, nach dem Zusammenbruch des machtvollen Überbaues der Reichsverwaltung im 5. Jahrhundert, als germanisches Substrat Nordostgalliens stärker in den Vordergrund traten und wesentlich die ethnisch-sprachliche Umpolung zum Germanischen bewirkten. Ähnliches hat man auch für die Westslawen als Unterschicht germanischer Völker annehmen wollen, die dann, nach der West- oder Südwanderung der Germanen, als selbstständiges Ethnikum ins Licht der Geschichte traten. Wahrscheinlicher, und durch die archäologische Hinterlassenschaft des sogenannten „Prager Typs“ gestützt, ist jedoch die Einwanderung slawischer Völkerschaften in die entstehende breite mitteleuropäische Pufferzone zwischen dem neuen fränkischen Großreich des Westens und der sich konsolidierenden und erneut im Mittelmeerraum und auf die Balkanhalbinsel ausgreifenden Macht des Oströmischen Reiches. Ähnlich wie es einen komplizierten ursächlichen Zusammenhang zwischen der Westexpansion der hunnischen Herrschaft und der germanischen Wanderbewegung des 5. und 6. Jahrhunderts gibt, war es wohl der Druck der mongolischen Awaren und anderer asiatischer Reitervölker, der Slawen und Anten – West-und Ostslawen – zum Einzug in eine offenbar bevölkerungsmäßig stark verdünnte mitteleuropäische Zone zwischen Ostsee und Adria zwang. Slawische Verbände übernahmen seit dem 6. Jahrhundert als Limitantruppen den Grenzschutz für Byzanz an der unteren Donau, schoben sich dann weiter nach Westen und drangen nach 572/79 bis Binnennoricum vor, wo ihnen 591 der Bayernherzog Tassilo I. mit einem Heer erfolgreich entgegentrat. Jedoch schon 595 siegten die Slawen nach dem Bericht des langobardischen Schriftstellers Paulus Diaconus mit Hilfe eines awarischen Chakan über die Bajuwaren, 610 besiegten sie Garibald II., den Sohn Herzog Tassilos, bei Aguntum (Dölsach bei Lienz), konnten aber bald darauf von den Bayern geschlagen werden. Ihr Vorrücken kam im Pustertal und im gesamten Ostalpenbereich damit entgültig zum Stehen.

Wesentlich anonymer vollzog sich die Westbewegung slawischer Völkerschaften weiter nördlich und nordwestlich, wo sie zum Beginn des 7. Jahrhunderts die Elbe und die thüringische Saale erreichten und die Böhmischen Länder besiedelten. Wie schon in prähistorischer Zeit lagen auch jetzt die Siedlungsschwerpunkte in den offenen Ländereien an der Elbe, an der mittleren und unteren Eger, der unteren Moldau, an March und Thaya, also im wesentlichen in fruchtbarem Altsiedelland, wozu auch der Raum um die spätere Landeshauptstadt Prag gehörte. Die großen Waldgebiete Südböhmens wurden erst allmählich und in wesentlich geringerem Maße erschlossen als Nord- und Westböhmen. Bei der Landnahme spielten auch die zum Teil uralten Handelsstraßen eine gewichtige Rolle, die Böhmen durchquerten und sich im Prager Raum bündelten. Es ist also kein Zufall, daß dort, wo wichtige Handelswege die böhmischen Grenzgebirge durchquerten, auch die slawische Besiedlung besonders weit vorgedrungen ist: so bei Tachau und Taus (Domažlice) an der oberpfälzischen Grenze, bei Kulm im Erzgebirge, bei Nachod in Nordböhmen und bei Weitra in Oberösterreich, wo die alten Salzstraßen von der Donau heraufkamen und nach Soběslau, Krumau und Netolitz weiterführten. Die Prager „Verkehrsspinne" legte also schon die Grundlagen für die spätere politische Bedeutung des přemyslidischen Herrschaftszentrums.

Die siedlungs- und verkehrsgeographische Situation Mährens war zwar weniger auf Zentralisation angelegt als diejenige Böhmens, doch besaß das alte Durchgangsland mit seinen fruchtbaren Fluß- und Beckenlandschaften eine deutliche Nord-Süd-Achse, die durch die alte Bernsteinstraße der Marchebene bestimmt wurde und die im Norden durch die ebenfalls schon seit vorgeschichtlicher Zeit bedeutsame Mährische Pforte den Donauraum mit Osteuropa und dem weiteren Ostseeraum verband. Man nimmt aufgrund der Überlieferung germanischer Berg- und Flußnamen an, daß sich verbliebene germanische Volksteile den slawischen Einwanderern in Böhmen assimilierten. Ob hingegen die Awaren für die Stammesbildung in den Böhmischen Ländern eine wesentliche Rolle gespielt haben, muß dahingestellt bleiben. Seltsamerweise besitzen die slawischen Völker, anders als die Germanen, keine historischen Wandersagen; zumindest hat sich nichts dergleichen erhalten, wenn man nicht in einer Nachricht des Cosmas von Prag den Rest einer Wandersage erblicken will: Ihm zufolge ließen sich lange nach der Zerstreuung der Menschheit in der Sintflut die Böhmen auf dem Berge Řip, dem Georgsberg zwischen Raudnitz (Roudnice) und Mělník, unter ihrem Ältesten „Bohemus" nieder. Nach ihm, so führt Cosmas am Anfang des 12. Jahrhunderts seine gelehrte Ursprungssage weiter, sei dann auch das Land „Bohemia" genannt worden; es sei fruchtbar aber menschenleer gewesen. So sehr auch der Prager Domdechant und erste Historiker Böhmens Elemente antiker Sage und Mythologie in seine Darstellung mischt, von der Herkunft der Tschechen erfahren wir nichts, selbst die Ankunft am Berge Řip wird mit einem gewissen Vorbehalt des Chronisten berichtet. Am Beginn des 14. Jahrhunderts ergänzt die Reimchronik des sogenannten Dalimil Cosmas' Bericht vom „Goldenen Zeitalter" Böhmens durch die zweifelhafte Nachricht, daß die ursprüngliche Heimat des Bohemus-Čech Kroatien gewesen sei, das er wegen eines Mordes mit seinen Brüdern und zahlreichem Gesinde habe verlassen müssen.

Handfester, wenn auch keineswegs eindeutiger, als solche historisierenden Ursprungssagen sind die Aussagen der Archäologie über die slawische Wanderung. Auch hier hat man lange Zeit versucht, wegen des Fehlens jeglicher Nachricht über eine slawische Einwanderung einheimische Wurzeln in prähistorischer Zeit zu suchen, etwa die Lausitzer Kultur der mittleren und jüngeren Bronzezeit oder die römerzeitliche „Przeworsker Kultur". Diese Versuche haben jedoch nicht überzeugen können; die kaiserzeitlichen Bewohner Böhmens und Mährens und diejenigen der Völkerwanderungsepoche sind wohl überwiegend germanischer Herkunft. Erst im 6. Jahrhundert tritt mit der bereits erwähnten Keramik des „Prager Typs" – hohen eiförmigen Gefäßen ohne Verzierung mit geradem und ausladendem Rand –, die sich in Brandgräbern und Siedlungen Böhmens und Mährens findet, etwas Neues auf, wofür es keine Vorformen zu geben scheint. Ebenso auffällig ist, daß die Germanen in den Böhmischen Ländern wie anderswo seit dem 5./6. Jahrhundert Reihengräberbestattung mit reichen Beigaben kannten, wohingegen in der darauffolgenden Epoche ausschließlich Brandgräber und Urnen des Prager Typs üblich werden und anstelle der rechteckigen Pfostenbauten der germanischen Epoche nunmehr eingetiefte quadratische Blockbauten ohne Pfosten auftreten. Die Änderung der Bestattungssitte ist gewiß allein noch kein durchschlagendes Indiz für einen ethnischen Wandel; in dieser Hinsicht ist die Archäologie in den letzten Jahren wesentlich vorsichtiger in ihren Aussagen geworden. Jedoch das Zusammentreffen verschiedener Veränderungen – der Bestattungsriten und Siedlungsformen – sowie die Tatsache, daß noch Jahrhunderte später und bereits im Lichte zahlreicher schriftlicher Quellen der slawische Siedlungsbereich durch sehr ähnliche archäologische Befunde charakterisiert ist und daß dieselben Formen bereits im 4. und 5. Jahrhundert in Ostpolen, im Nordwesten der Ukraine und im Süden Weißrußlands, also in den vermutlichen Ursprungsgebieten und Kernräumen der Slawen zu finden sind, läßt es als sicher erscheinen, daß die Slawen in die Böhmischen Länder von Osten her eingewandert sind. Wahrscheinlich kamen sie durch die Mährische Pforte, jene alte Völkerschleuse, in die fruchtbaren Gebiete Mittel- und Südmährens, aber auch Einzug aus dem Karpatenbecken ist nicht ausgeschlossen. Von Mähren aus dürften die Slawen dann weiter nach Westungarn, Österreich, Jugoslawien und vor allem nach Böhmen vorgerückt sein. Wenn in Priesen (Březno) bei Laun (Louny) eine frühslawische Siedlung unmittelbar an eine germanische Siedlung des 6. Jahrhunderts anschließt und allmählich in dieselbe hineingewachsen ist, dann darf man annehmen, daß hier wie andernorts eine germanische Restbevölkerung allmählich von den Zuwanderern absorbiert worden ist. Die verschiedentlich aufgetauchte Meinung, die Böhmischen Länder hätten bis ins Mittelalter hinein eine kontinuierliche germanische Besiedlung gehabt, wird durch solche Assimilationsvorgänge auf keinen Fall gestützt. Seit dem 7. Jahrhundert verraten auch die Bodenfunde die große Rolle der Awaren im Karpatenraum und in den Ländern nördlich der Donau. Mit den Awaren offenbar verbündete Slawen bildeten eine zweite Siedlungswelle in der Slowakei, in Niederösterreich und Mähren, deren archäologische Hinterlassenschaft sich deutlich vom älteren „Prager Typ" unterscheidet, nomadische Elemente und Traditionen provinzialrömischer Herkunft aufweist und ihrerseits die Keramik des „Prager Typs" abwandelt.

Die Slawen waren vornehmlich Ackerbauern, bei denen seit der Begegnung mit den Awaren auch die Haltung von Büffeln und Steppenpferden, also Nomadenviehzucht, eine gewisse Rolle spielte, ebenso aber auch Jagd, Fischfang und Imkerei. An Handwerken findet sich neben der Töpferei die Weberei, die Lederherstellung und das Schmiedehandwerk. Umstritten ist der Einfluß provinzialrömischer Techniken beim Ackerbau, etwa bei besseren Formen der Pflugschar oder der Sichel; es könnte sich auch um eigenständige Weiterentwicklungen handeln oder aber um Übernahmen aus dem germanischen Bereich. Über die Gesellschaftsstruktur der Slawen vor und nach der Wanderungsepoche läßt sich wenig Zuverlässiges sagen. Wie bei den Germanen der Wanderungszeit scheint bereits eine gewisse soziale Differenzierung eingetreten zu sein, nämlich die Herausbildung einer politisch führenden Oberschicht; doch ist es fraglich, ob dieser eher herrschaftlichen Organisation eine genossenschaftlich-patriarchalische, als „urslawisch" zu bezeichnende „Sippengemeinde" (rodova občina) vorangegangen ist. Ebenso umstritten bleibt es, ob in den antikisierenden Ursprungssagen, die Cosmas im ersten Buch seiner Chronik mit kritischer Distanz als „fabulöses Erzählen der Greise" charakterisiert, ein historischer Kern über die matriarchalische Organisation der frühen Slawen enthalten sei. Dies gilt vor allem für den Bericht über die drei Töchter Croccos, des Sohns von Bohemus-Čech, nämlich Kazi, Tetka und Libussa, und über den Mägdekrieg, der im Anschluß an die Gründung Prags durch Libussa erzählt wird. Obwohl unabhängig von dieser Erzählung des Cosmas von Prag kaum Spuren solcher Legendentradition festzustellen sind, bleiben Ursprung und Realitätsgehalt des Sagenzyklus um Libussa und Přemysl den Pflüger, den legendären Ahnherrn des böhmischen Fürstenhauses, bis heute kontrovers.

Lediglich in der Wenzels- und Ludmilla-Legende des Mönches Christian, die Ende des 10. Jahrhunderts in der Umgebung des heiligen Adalbert-Vojtěch entstand, finden sich knappe Hinweise auf die später von Cosmas tradierten altböhmischen Ursprungssagen, hier allerdings ohne die deutliche mutterrechtliche Komponente, die Cosmas festgehalten hat. Neuerdings hat man gemeint, der Kristallisationskern der Libussa-Sage sei Widerspiegelung einer zeitgenössischen Gestalt, nämlich der Markgräfin Mathilde von Tuszien, einer der ersten großen Frauengestalten der mittelalterlichen Welt im Zeitalter des Investiturstreits. Wie dem auch sei, für ein historisch beglaubigtes Geschichtsbewußtsein des Landes und der Dynastie spielten Cosmas' Ursprungssagen erst im späteren Mittelalter eine große Rolle, ja in Wenzel Hankas berüchtigten Handschriftenfälschungen von Königinhof und Grünberg wirkte dieser Sagenstoff in romantisierendem Gewande unmittelbar auf das nationale Wiedererwachen des tschechischen Volkes am Beginn des 19. Jahrhunderts ein. Mit anderen Worten: die Wirkungsgeschichte der Libussa-Sage ist historisch bedeutsamer und kulturell gewichtiger, als es ihr fragwürdiger geschichtlicher Kern für die slawische Frühzeit Böhmens gewesen sein kann. Immerhin, als märchenhafter Vexierspiegel einer verschütteten Vergangenheit oder als Baustein eines retrospektiv wachsenden tschechischen Selbstverständnisses im Mittelalter verdient diese bunte Sagenwelt, die in den Opern Smetanas und in der biederen Historienmalerei eines Josef Mánes ästhetisch verfremdet fröhliche Urständ feierte, unser Interesse.

Wagen wir also eine knappe Inhaltsangabe, gewissermaßen als nostalgischen Schluß eines frühgeschichtlichen Kapitels, dem es wahrlich nicht an unvermeidlicher wissenschaftlicher Hypothetik mangelt – der modern-rationalistischen Variante vergangener Mythenbildung. Auch der skeptische Historiker und aufgeklärte Zeitgenosse sollte dabei nicht vergessen, daß jene Sagenwelt offenbar noch zu Cosmas' Zeiten durch die böhmische Gesellschaft geisterte. Zumindest dies geht aus dem gelehrten, distanzierten, fast frührationalistisch dargebotenen Bericht des Domdechanten von St. Veit unzweifelhaft hervor, wenn er dem „fabulösen Erzählen der Greise" dennoch eine stattliche Anzahl von Blättern wertvollen Pergaments einzuräumen für gut befunden hatte. Auch der schon erwähnte Christian aus der Umgebung des heiligen Adalbert († 997) bringt in seinem Werk über die Anfänge des Christentums in Böhmen, dessen Kernstücke die Wenzels- und Ludmilla-Legende sind, Bruchstükke literarischer Sagentradition. Danach hätten die im Norden, in kalter, unwirtlicher Umgebung wohnenden und dem Götzendienst ergebenen Tschechen lange ohne Gesetz, ohne Fürsten und ohne Burgstätten gelebt. Von der Pest heimgesucht, wandten sie sich angeblich an eine Wahrsagerin um Rat, deren Name aber nicht genannt wird. Nachdem sie diesen Rat erhalten hatten, erbauten die Tschechen Prag, fanden einen weitblikkenden und hochweisen Mann namens Přemysl, dessen Arbeit Pflügen war, wählten ihn zu ihrem Fürsten und gaben ihm jene jungfräuliche Wahrsagerin zur Gattin. Der Kern der Libussa-Tradition scheint hier unverkennbar auf, wie ihn uns etwa hundertzwanzig Jahre später Cosmas von Prag in erweiterter Form darbietet. Da ist Libussa die Enkelin des Urvaters Bohemus-Čech und Tochter Croccos-Kroks, Schwester der heilkundigen Kazi und der Zauberin Tetka, während sie selbst, keusch, beliebt und geachtet, die Richterin und Wahrsagerin ihres Volkes ist. Als sie einen Streit zwischen zwei Männern entscheidet, schmäht der Unterlegene sie als Frau, die zwar sehr lange Haare, aber einen kurzen Verstand habe, und beklagt das bittere Los der Böhmen, die sich zu ihrer Schande von einer Frau regieren ließen. Vergeblich warnt nun die Seherin ihr Volk vor der strengen, ja grausamen Herrschaft eines Fürstenmannes – Cosmas formte ihre Rede nach dem Vorbild der Warnung des Propheten Samuel vor der Erwählung Sauls zum König von Israel –, die Tschechen drängten die Fürstin dennoch zu einer Entscheidung. So gibt Libussa den Abgesandten ihres Volkes ihr Pferd als Wegweiser, und wirklich führt sie das mantische Tier in das Dorf Staditz (Stadice) bei Bilin, wo sie Přemysl beim Pflügen seines Feldes finden. Sozialpsychologisch aufschlußreich ist die ergänzende Nachricht in der Reimchronik des Dalimil, wonach später König Wenzel I. mit Absicht die tschechischen Bewohner dieses Ortes vertrieben und denselben an Deutsche gegeben habe, weil er sich der niedrigen Herkunft seiner Familie geschämt habe. Wie dem auch sei, die Abgesandten der Fürstin brachten den Pflüger zum Sitz Libussas und vermählten sie mit ihm, wodurch Přemysl zum Ahnherrn jener Dynastie wurde, die zu Cosmas' Zeiten regierte und als Bündnispartner des deutschen Kaisers im Investiturstreit einen großen politischen Aufschwung nahm. Přemysl und Libussa gaben ihrem Volke gemeinsam Gesetze, die zu Cosmas' Zeiten noch in Geltung gewesen sein sollen. Gleichzeitig markiert aber Přemysls und Libussas Doppelherschaft das Ende des mythischen „Goldenen Zeitalters" und den Beginn eines „Zeitalters geregelter gesellschaftlicher Beziehungen".

Obwohl geringe Herkunft schon bei Herrschern der altorientalischen Hochkultur eine Rolle gespielt hatte und obwohl auch im Bereich der römischen Staatsmythologie Gestalten wie Cincinnatus und Curtius als Vorbilder bekannt waren, kann der Chronist und Prager Domdechant doch nicht sein Erstaunen über die niedrige Herkunft des Ahnherrn der Přemysliden verhehlen; er berichtet in diesem Zusammenhang auch über die Bastschuhe und die bäuerliche Tasche, die Přemysl zum Andenken an seine Abstammung mitgenommen haben soll und die noch zu Cosmas' Zeiten in der fürstlichen Schatzkammer auf dem Prager Vyšehrad aufbewahrt wurden. Libussa hatte Přemysl in einer nicht näher bezeichneten Burg empfangen, Prag jedoch gründete sie von einem kleineren Herrschaftszentrum (villa) aus, das von deren künftigem Fürstensitz 30 Stadien (6 km) entfernt gewesen sei. Der Ortsname Prag wird dabei etymologisch von dem tschechischen Wort für Türschwelle – práh – abgeleitet. Nach dem Bericht über die Gründung Prags folgt bei Cosmas die Erzählung vom Mägdekrieg, d. h. von jenen amazonenhaften Jungfrauen, die „ohne Joch" aufwuchsen, Krieg und Sport betrieben, Männertracht trugen und unweit von Prag die Burgstätte Devín erbauten, der gegenüber sich die Männer auf dem Vyšehrad einnisteten. Zwischen den beiden Geschlechtern gab es bald Krieg, bald Frieden, und im letzteren Falle fanden gemeinsame Gelage und dreitägige Spiele statt. In der Nacht nach einem solchen Spiel blies einer der Jünglinge auf dem Horn, die goldene Venus lockte mit dem Sistrum, einem Lärminstrument des Isiskultes, und dann trug jeder der Männer eine Jungfrau fort; in der Frühe wurde dann die Burg in Brand gesteckt. Diese erotisch-mythologische Schilderung schließt Cosmas mit dem Bemerken, daß seit jener Zeit, nach Libussas Tod „unsere Frauen in der Gewalt der Männer sind". Dem gesamten Bericht aus dem Umkreis Libussas fehlt es nicht an derben Ausdrücken und lasziven Charakteristiken. Wenig delikat und ohne jede Rücksicht auf die herrschende Dynastie bemerkt der Prager Domdechant zum Tode Přemysls, er wolle über ihn und sieben andere Fürsten nichts schreiben, weil niemand etwas aufgezeichnet habe und weil sie dem Bauch und Schlaf ergeben, ungebildet und ungelehrt, dem Vieh ähnlich gewesen seien. – Man sieht, Mythologie und Burleske schließen einander nicht aus, und der hohe Prager Geistliche, der wohl wie alle seine Standesgenossen unter den harten Zölibatsforderungen der gregorianischen Kirchenreform stand, verschmähte es nicht, seiner erotischen Phantasie wenigstens für die graue Vorzeit freien Lauf zu lassen.

Böhmen und Mähren im Frühmittelalter

Das Vordringen der Slawen nach Mitteleuropa und damit auch ins alte Boiohaemum hatte sich bis zum 8. Jahrhundert in mehreren Etappen vollzogen. Schließlich erreichten sie im Westen die untere Elbe, die Aller, die untere Saale und obere Fulda, den Main und die Altmühl, also zum Teil jene Räume, für die der heilige Bonifatius 744 das Kloster Fulda als Missionszentrum gegründet hatte. Man nimmt heute an, daß sich für einen längeren Zeitraum ein Nebeneinander westgermanischer und slawischer Siedlungen ergab. Das gilt selbst für die bereits deutlich erkennbare Siedlungskonzentration im Prager Becken (Prag-Podbaba), wo sich zwischen sechs bis sieben slawischen Siedlungen vom „Prager Typ" immer noch eine Thüringersiedlung feststellen läßt, die wohl als Schutz für die Moldaufurt diente und teils kaufmännischen, teils militärischen Charakter hatte. Noch typischer für dieses Nebeneinander verschiedenartig strukturierter Siedlungszentren ist die Tatsache, daß bald darauf am anderen Moldauufer (na Zámkách bei Bohnice) einer der ältesten slawischen Burgwälle entstand, ein Zeichen dafür, daß schon seit dem 7. Jahrhundert die nach ihrem Bestattungsritus ursprünglich relativ homogene, gentilizische slawische Gesellschaft sich rasch zu differenzieren begann und eine politisch-militärische Oberschicht ausbildete. Da durchwegs Feuerbestattung üblich war, muß die slawische Gesellschaft Böhmens zumindest bis ins 9. Jahrhundert hinein vom Christentum unberührt geblieben sein. Über die wirtschaftlichen Verhältnisse in der Frühzeit der böhmischen Slawen gibt der Hortfund von Lety bei Řevnice einige Auskunft, der bei einer alten Furt über die Beraun westlich Prag entdeckt wurde. Er enthält landwirtschaftliche Geräte wie Pflugscharen, Sensen und Sicheln, ferner Werkzeuge wie Äxte, Schafscheren, Locheisen, Nägel sowie zwei Bronzekessel und zwei Teller, die als Behälter und Deckel des Fundes dienten und die einen hohen Stand der Metallverarbeitung beweisen. Eine Erweiterung des Siedlungsraumes ist seit dem 7. Jahrhundert anzunehmen, vor allem durch planmäßige Viehweide in den Buchenwäldern; diese bewirkte wohl ein Vordringen des lichteren Eichenwaldes. Pollenanalytische Untersuchungen lassen jedenfalls einen Wandel im Pflanzen- und Baumbestand Böhmens erkennen.

Die seit dem 7./8. Jahrhundert entstehenden zahlreichen Burgwälle Böhmens und Mährens – Kennzeichen einer präfeudalen Epoche – wird man mit den awarischen Invasionen in Mitteleuropa in Verbindung bringen müssen, aber auch mit den Verteidigungskriegen gegen die fränkische Großreichsbildung im Westen. Die Awaren, ein asiatisches Nomadenvolk, unterwarfen in den von ihnen eroberten Gebieten die bäuerliche Bevölkerung. Böhmen war vom awarischen Herrschaftszentrum im Karpatenraum weiter entfernt als Mähren, das für die nomadischen Reiterheere, die den Sperriegel der Wiener und Preßburger Pforte durch die Festung Theben lange Zeit kontrollierten, gut zu erreichen war. Jedoch gibt es auch für eine awaro-slawische Symbiose archäologische wie schriftliche Zeugnisse. Die wichtigste fränkische Quelle für das dunkle 7. Jahrhundert, die Chronik des sogenannten Fredegar, berichtet uns, daß die Slawen die Angriffsspitze der awarischen Heere bildeten. Die Awaren sollen in der Reserve gewartet haben, um entweder einen unentschiedenen Kampf zu entscheiden oder um einen slawischen Sieg zum Beutemachen zu benutzen. Fredegar schildert anschließend, wie die Awaren sich die Frauen der Slawen gewaltsam aneigneten und wie sie harte Tribute erpreßten, so lange, bis sich gerade die Söhne der von den Awaren vergewaltigten Frauen gegen die awarische Oberherrschaft erhoben.

In dieser Situation, d. h. 623/24, erscheint die erste, historisch zuverlässig bezeugte Gestalt der slawischen Frühgeschichte Böhmens, der Franke Samo, auf der Bildfläche, ein Mann, der vermutlich Fernhändler war. Wenn ihn Fredegar als ,,natione Francus" bezeichnet, dann muß es sich nicht unbedingt um einen germanischen Franken gehandelt haben, denn im 7. Jahrhundert war die Bezeichnung ,,Francus" keine ethnische Charakterisierung mehr, sondern bereits ein politisch-staatlicher Begriff. Wenn man die weitere Angabe Fredegars hinzunimmt, daß Samo ,,de pago Senonago" kam, was wohl mit ,,aus dem Gebiet von Sens" zu übersetzen ist, dann kann es sich auch um einen Franken gallorömischer Abkunft gehandelt haben. Wie dem auch sei, Samo trat an die Spitze des slawischen Widerstandes, die Awaren wurden von ihm mehrfach geschlagen, er selbst erlangte eine königsgleiche Stellung. Zwölf slawische Frauen soll er während seiner 35jährigen Regierungszeit gehabt haben und von ihnen zweiundzwanzig Söhne und fünfzehn Töchter; man sieht, sein ,,Engagement" hatte sich gelohnt. Aber sicher war seine Königsherrschaft, eine durch Schriftquellen erhellte Episode der böhmischen Frühgeschichte, durchaus nicht, denn auch der fränkische Westen bedrohte ihn. Gerade unter dem letzten großen Merowingerkönig Dagobert I. (629–639), der das Frankenreich kraftvoll neu organisierte und vor allem die Gebiete östlich des Rheins, Alemannien, Bayern und Thüringen, seiner Herrschaft wieder fest einfügte, kam es zum Krieg mit dem Samo-Reich, der durch einen slawischen Überfall auf fränkische Kaufleute ausgelöst wurde. König Dagobert plante einen konzentrischen Angriff, an dem vom Süden und Westen her sowohl ein langobardisches wie ein alemannisches Heer beteiligt waren. Während Langobarden und Alemannen jedoch siegreich blieben und viele Slawen als Gefangene wegführten, scheiterte das fränkische Heer trotz dreimaligen Angriffs vor der Hauptfestung Samos, „Wogastisburc", und mußte sich mit schweren Verlusten zurückziehen. Daraufhin fielen die Slawen in Thüringen und in benachbarten fränkischen Gebieten verheerend ein, während der Sorbenfürst Derwan, bislang Verbündeter der Franken, sich nunmehr auf Samos Seite schlug. Ein interessantes Detail vom Beginn der Auseinandersetzung sei hier nicht übergangen, nämlich der Hochmut des fränkischen Abgesandten Sicharius, der Samo offenbar zum Abbruch der Verhandlungen mit dem Merowingerkönig veranlaßt hat. Dagoberts Emissär verlangte nämlich die Unterwerfung des slawischen Herrschers, weil es unmöglich sei, daß Christen und Diener Gottes mit Hunden Freundschaft schlössen, worauf Samo gereizt erwiderte: „Wenn ihr Diener Gottes seid und wir Gottes Hunde und ihr dauernd gegen Gott handelt, dann haben wir auch das Recht, euch durch Bisse zu verletzen." Man glaubt, hier bereits etwas von jenem allzuoft christlich kaschierten Hochmut des Westens gegenüber östlichen Völkern zu verspüren, ein leidiger Mißton, der auch in späteren Jahrhunderten immer wieder zu hören sein sollte, bis hin zu der pseudowissenschaftlichen Hypothese vom westöstlichen „Kulturgefälle", die noch immer durch manche Bücher geistert.

„Wogastisburc" war also der Ort des fränkischen Scheiterns beim weiteren politisch-militärischen Ausgriff nach Osten; aber wo lag dieses „castrum", dieser starke Burgwall? Man hat ihn in der Gegend von Taus (Domažlice) gesucht, aber für dieses Gebiet ist erst im 10. Jahrhundert Besiedlung bezeugt. Wahrscheinlicher ist die Lokalisierung auf dem Burgberg bei Kaaden (Kadaň), der einen imposanten Burgwall aus der Hallstattzeit, aber auch Spuren slawischer Siedlung aufweist. Ebenso gibt es in der unmittelbaren Nachbarschaft den alten slawischen Burgwall „Burgstadt" (Hradec). Schließlich glaubt man, „Wogastisburc" auch im Obermaingebiet gefunden zu haben, wo bei Staffelstein ein großer hallstattzeitlicher und später slawischer Burgwall gesichert ist. Für diese Identifikation kann zwar angeführt werden, daß in der Nähe später die deutsche Rodungssiedlung Wugasterode entstand, doch spricht dagegen wiederum die Tatsache, daß in diesem Raum bislang slawische Funde fehlen. Gelöst ist dieses Problem ebensowenig wie die Frage nach Ausdehnung und Schwerpunkt von Samos Herrschaftsbildung. Das Gebiet der Mainwenden, Kärnten, Mähren und die Westslowakei sind hier genannt worden, doch dürfte die Beziehung zum Sorbenfürsten Derwan und der Angriff Dagoberts I. vom Westen her eine Lokalisierung in den Böhmischen Ländern nahelegen. Das schließt nicht aus, daß zeitweilig auch andere vorgelagerte Gebiete zum Samo-Reich gehört haben oder unter dessen Vorherrschaft standen. Die Karantanen unter ihrem Fürsten Walluch gehörten aber nicht zu diesem Einflußbereich. Ungelöst bleibt auch die Frage nach dem weiteren Einfluß der Awaren nach Samos Tod (um 660). Er war auf jeden Fall in Mähren stärker als in Böhmen. Gewisse typische Bronzebeschläge, die man als awaro-slawisch bezeichnet, konzentrieren sich vor allem in der Südslowakei und in Südmähren, nach Böhmen dürften sie eher vereinzelt als Importgut gelangt sein. Awaroslawische Metallarbeiten finden sich in Böhmen bei Beraun, bei Libice, bei den Burgwällen von Šárka und von Dojetřice an der Sazawa, mehrfach bei Prag und unmittelbar unterhalb der inneren Prager Burgstätte, d. h. im allgemeinen an Orten, die an alten Handelswegen lagen. Für eine awarische Dauerherrschaft sagen sie daher nichts aus. Hinzu kommt, daß sich in der zweiten Hälfte des 7. Jahrhunderts die Awaren ebenso wie Byzanz gegen die kraftvollen Vorstöße der Kroaten, Serben und Bulgaren zur Wehr setzen mußten. Im Westen blieben die Slawen des böhmischen Raumes und der vorgelagerten Gebiete so gut wie unbehelligt, bis es gegen Ende des 8. Jahrhunderts mit den Awarenkriegen Karls des Großen wieder zu einer intensiven Berührung kam, die sowohl einschneidende politische wie religiöse Folgen haben sollte. Von deutscher Seite wird angenommen, daß erst in dieser Epoche, d. h. zwischen 660 und 788 mit einer nachhaltigen slawischen Besiedlung Oberfrankens, der Oberpfalz, von Randzonen Niederbayerns und Österreichs nördlich der Donau zu rechnen ist, während die tschechische Forschung im allgemeinen davon ausgeht, daß diese Gebiete schon seit dem 6. Jahrhundert, wenn auch in verschiedenen Etappen, von der slawischen Einwanderung erfaßt worden sind. Erst eine genauere Chronologie der Bodenfunde wird hier endgültig Klarheit schaffen können.

Wertvolle Aufschlüsse hat in den letzten Jahrzehnten die Archäologie aber für jene entscheidende Differenzierung der Gesellschaft in präfeudaler und feudaler Zeit erbracht, wie sie uns vor allem in den zahlreichen Burgwällen des böhmisch-mährischen Bereiches entgegentritt, Befestigungsanlagen von teilweise beträchtlichen Ausmaßen, die besonders für die Epoche vom 7./8. Jahrhundert bis zum 10./11. Jahrhundert charakteristisch sind. Burgwälle zeigen insofern eine soziale Differenzierung an, als sie auf einen höheren Grad von politischer und Arbeitsorganisation hinweisen, der es ermöglicht, größere Menschenmengen für eine vorgeplante Arbeit an einem Ort einzusetzen und zu lenken. Das bedeutet zugleich eine stärker herrschaftliche Organisation eines weiteren Umlandes, womit strukturelle Grundvoraussetzungen für den Feudalismus im weitesten Sinne, also für Formen der Herrschaft über Land und Leute, gegeben sind. Ob diese Ausgliederung einer mächtigen Oberschicht unter awarischem oder eher fränkischem Einfluß erfolgte, ob man es dabei mit einem autochthonen, gewissermaßen zwangsläufigen Vorgang zu tun hat oder am ehesten mit einer Verbindung beider Komponenten, kann hier nicht näher erörtert werden. Wichtig ist der Entwicklungstrend an sich, der allmählich zu einer Untergliederung des jeweils umwallten Areals führt, und zwar in der Form, daß es sowohl zu einer Trennung in Vorburg und innere Burg kommt als auch zum Bau von Hochburgen (Akropolen) im inneren Teil bereits bestehender Burgwälle. In Böhmen wie in Mähren finden wir seit dem 9. Jahrhundert Kernburgen als Sitz des Burgherrn und seines Gefolges, und zwar deutlich von der Vorburg getrennt, in der Handwerker, Händler und wohl auch die vom Burgherrn abhängigen Leute saßen; d. h. die Burg war militärisches Zentrum, Verwaltungs- und Herrschaftsmittelpunkt eines bestimmten Bereichs, aber auch Produktions- und Handelsort. Daß sie in Notzeiten als Fluchtburg für die Bevölkerung des flachen Landes diente, ist anzunehmen, vor allem für die größeren Burgwälle; ebenso können sie auch kultische Mittelpunkte gewesen sein, so im Falle von Alt-Kouřim, dessen Weiher „Libuše" wohl Teil eines Heiligtums gewesen ist. Das Christentum scheint hier wie anderswo unmittelbar angeknüpft zu haben, denn in historischer Zeit finden sich die ersten Kirchen ja ebenfalls im Burgbereich, etwa auf der Prager Burg oder in Levý Hradec und Libice. Einige Burgwälle entstanden bereits in awaro-slawischer Zeit, so in Prag-Šárka, Libice und auf den Prachover Felsen, die Mehrzahl jedoch wurde seit dem 9. Jahrhundert erbaut. Am ältesten sind wohl solche am Rande von Hochebenen wie in Klučov, Mužský-Hrada, Tetschen (Děčín)-Quaderberg, Přivory oder Svákov bei Soběslav, letzterer eine mächtige Befestigung von Wallmauern mit Umgang. In Südböhmen herrschen runde oder ovale Burgwälle auf Berggipfeln vor, die oft mehrfach umwallt (Březnice, Hradiště bei Březina, Katovice und Sousedovice) oder auf Landzungen angelegt sind, wie in Slomeč und Litoradlice. Im Nordwesten und im westlichen Teil Mittelböhmens finden sich als häufigste Form Spornburgwälle oberhalb von Tälergabelungen, beispielsweise in Levý Hradec und Libušin, wo sich komplizierte Anlagen mit mehreren Vorburgen erhalten haben, aber auch einfachere Burgwälle wie in Lštění.

Von der späteren Entwicklung her gesehen sind die Burgwälle an und westlich der unteren Moldau, also im Ausgangsgebiet der Přemysliden, von besonderer Bedeutung. Das alte Herrschaftszentrum war hier Levý Hradec, wo schon in der zweiten Hälfte des 9. Jahrhunderts, als unter dem Fürsten Bořiwoj das Christentum Eingang fand, eine der heiligen Jungfrau geweihte Rundkirche erbaut wurde. Noch im 9. Jahrhundert jedoch erfolgte die Verlegung des Herrschaftssitzes nach Prag, dessen Dimensionen bereits die Macht des tschechischen Herzogs erkennen lassen. Er baute eine große Burg mit zwei Vorburgen, in der bald mehrere Kirchen und andere Steingebäude entstanden. Solche Machtentfaltung konnte nur auf Kosten der anderen slawischen Teilstämme Böhmens gehen. Dies läßt sich an der Burganlage von Libice erkennen, dem Herrschaftszentrum der mit den Přemysliden rivalisierenden Slawnikiden, deren letzter und berühmtester Sproß der Heilige und Märtyrer Adalbert-Vojtěch war. Am Anfang des 9. Jahrhunderts erbaut und verschiedentlich erweitert, erhielt Libice 950 eine romanische Kirche und prachtvolle Wohngebäude, die 995, beim Endkampf der beiden fürstlichen Familien, zerstört wurden. Vorgänge dieser Art blieben nicht vereinzelt, denn je mehr sich die přemyslidische Herrschaft in Böhmen ausdehnte und festigte, konkurrierende Fürsten entmachtet oder ausgerottet wurden, desto rascher verschwanden die großen Burganlagen, da sie ja weitgehend Ausdruck regionaler Eigenständigkeit waren. Was dann seit der Mitte des 10. Jahrhunderts neu an Burgen entstand, waren Verwaltungszentren jener Adels- und Ministerialenschicht, die vom přemyslidischen Herrscher abhängig blieb. Es waren durchwegs kleinere Befestigungen, die verschiedentlich auf dem Areal der zerstörten oder verlassenen Großanlagen errichtet wurden.

Auf ähnliche Weise scheinen im Zuge ihres politisch-herrschaftlichen Ausgriffs die Přemysliden im Gebiet der Zlitschanen vorgegangen zu sein. Die schon im 8. Jahrhundert entstandene Burganlage von Klučov, der bislang ältesten untersuchten Burg, fiel um 900 der Zerstörung anheim. Im selben Raum liegt Alt-Kouřim, wahrscheinlich der Vorort der Zlitschanen, eine Mitte des 9. Jahrhunderts entstandene, dreifach umwallte große Befestigung mit „Akropolis“ und zwei riesigen Vorburgen, die sich durch einen 90 m langen Hallenbau in Holz auszeichnete und deren mit reichen Beigaben ausgestattetes Gräberfeld den hohen technischen Standard des Gold- und Silberschmiedehandwerks erweist. Überdies hatte das Fürstentum der Zlitschanen im östlichen Mittelböhmen enge kultische und wohl auch politische Beziehungen zum Großmährischen Reich – ein reiches, in Kolín gefundenes Doppelgrab deutet in seinem vielfältigen Inventar auf solche Verbindungen hin. Neben Schmucksachen byzantinisch-großmährischer Herkunft finden sich aber auch fränkisch-karolingischer Import und rheinische Glasware. Verbindungen zum Großmährischen Reich lassen sich auch im charwatischen Nordostböhmen, etwa im Hügelgräberfeld in den Prachover Felsen feststellen, ebenso im westlichen Mittelböhmen in den Gräberfeldern von Budeč, Levý Hradec und Prag (Königliche Reitschule), wohingegen Südböhmen nach dem heutigen Forschungsstande fast völlig von mährischen Einflüssen freigeblieben sein dürfte. Immerhin zeigen die zahlreichen Importfunde rege Handelsbeziehungen nicht nur nach Mähren und dem weiteren Südosten sowie über Regensburg und die Elbelinie zum Frankenreich, sondern auch nach Polen und Rußland. Erste Anzeichen von Geldwirtschaft sind erkennbar, und seit der zweiten Hälfte des 10. Jahrhunderts treten neben die fränkisch-deutschen und arabischen Münzen Eigenprägungen der Přemysliden und Slawnikiden. Daneben finden sich in Horten zerteilte Silberbarren, das sogenannte Hacksilber, eine Vorform geldwirtschaftlichen Verkehrs. Böhmische Handelsgüter dieser Epoche sind vornehmlich Sklaven, Pelze, Honig, Pferde und Sättel. Das Silber- und Goldschmiedehandwerk, im 9. Jahrhundert anfangs noch unter starkem mährischen Einfluß, erreichte bald eine beträchtliche technisch-künstlerische Qualität, ebenso wurde Glas und gedrehte Keramik produziert.

Über die Stammesstruktur Böhmens sind kaum genauere Aussagen möglich. Die Nachricht der Fuldaer Annalen zum Jahre 845, daß auf Anordnung des ostfränkischen Königs Ludwig des Deutschen vierzehn Herzöge (duces) der Böhmen getauft wurden, läßt einerseits erkennen, daß in fränkischen Augen Böhmen offenbar als ethnische Einheit galt, andererseits zeigt diese Notiz, daß man um diese Zeit noch mit einem mehr oder weniger gleichberechtigten Nebeneinander slawischer Regionalfürsten zu rechnen hat. Man hat immer wieder versucht, aufgrund von Unterschieden im Burgenbau, in Grabriten und in der Keramik sowie im Hinblick auf die Tatsache, daß arabisch-jüdische Quellen und der sogenannte „Bayerische Geograph" des 9. Jahrhunderts mehrere Volksnamen für Böhmen kennen, bestimmte Stammesgebiete zu lokalisieren. Ebenso hat man Rückschlüsse aus der späteren Kirchenorganisation des Mittelalters, aus anthropologischen Fakten, aus Dialektgrenzen und Ortsnamen gezogen, ist jedoch bislang zu keinen sicheren Ergebnissen gekommen. Folgende Lokalisierungen glaubt man dabei feststellen zu können. Der ursprüngliche Wohnsitz des später namengebenden „Staatsvolks" der Tschechen war das nordwestliche Mittelböhmen, östlich davon siedelten die Zlitschanen, die Pssouane, Liutomerici und Dacana entlang der Elbe von der Isermündung bis zum Durchbruch des Flusses im Elbsandsteingebirge. Die von dem angelsächsischen König Alfred um 900 verfaßte Orosiusbearbeitung nennt die Charwaten (Kroaten); sie saßen im unteren und mittleren Isergebiet und im restlichen Nordostböhmen mit dem Glatzer Becken. Von der Egermündung bis zum Oberlauf der Mies siedelten die Lutschanen, an der oberen Eger die Seltschanen, und in Südböhmen soll der Stamm der Dudleber beheimatet gewesen sein. Wie gesagt, sicher sind diese Lokalisierungen keineswegs. Hinzu kommt, daß nach den heutigen Erkenntnissen der Ethnosoziologie der Begriff des „Stammes“ keineswegs etwas in sich Geschlossenes oder gar ein genau abgrenzbares Ethnicum bedeutet. Gerade für das 9. und 10. Jahrhundert war in den Böhmischen Ländern der Repräsentant des Stammes eine fürstliche Familie mit ihrem Gefolge, die von ihren Burgwällen aus das flache Land mit einer oft recht unterschiedlichen Bevölkerung beherrschte und von deren Abgaben ebenso lebte wie der Regionaladel des benachbarten Frankenreiches von seinen Hintersassen und Unfreien. „Stamm“ ist somit bestenfalls ein politischer Begriff und Ausdruck eines regionalen Herrschaftsaufbaus. Ob und in welcher Weise ältere „volkliche“, gentilizische Substrate in dieser präfeudalen Herrschaftsorganisation fortdauerten, läßt sich schwer sagen. Befestigte Zentren regionaler politischer Herrschaft sind jedenfalls mit den „civitates“ gemeint, die der bereits erwähnte „Bayerische Geograph“ des 9. Jahrhunderts aus Regensburg oder Salzburg den Böhmen und Mährern zuschreibt. Ihm zufolge hatten die Böhmen fünfzehn „civitates“, die Mährer elf. An anderer Stelle dieses schwierigen und teilweise verworrenen Textes sind den Mährern dreißig „civitates“, d.h. befestigte Siedlungen größeren Umfangs, zugeordnet, während das neben Böhmen gesondert genannte Prager Gebiet (Fraganeo) sogar vierzig „civitates“ umfaßt haben soll. Diese Sonderstellung des Prager Bereichs wird etwa hundert Jahre danach durch den berühmten Reisebericht des jüdischen Händlers Ibrāhīm Ibn Ja'kub bestätigt, der bei seiner Aufzählung der Herrschaftsbereiche Herzog Boleslaws I. (929/35–967/72) getrennt Prag (Fraga), Böhmen und Krakau aufführt. Ob die zweimalige Nennung der Mährer beim „Bayerischen Geographen“ auf eine Unterscheidung zwischen den Bewohnern des Großmährischen Reiches und den Mährern in Pannonien deutet oder ob eher eine politische Trennung zwischen den ersteren und den Mährern unter unmittelbarer fränkischer Herrschaft gemeint ist, bleibt unklar.

Die historische Entwicklung hat es jedenfalls mit sich gebracht, daß Mähren früher und nachhaltiger ins volle Licht der Geschichte getreten ist als Böhmen. Es spielte nach der Niederwerfung der Awaren durch Karl den Großen 790/91 im 9. Jahrhundert die Rolle einer weitgehend selbständigen Macht zwischen Byzanz und dem Frankenreich, eine Rolle, die erst mit dem Ungarneinfall und der damit verbundenen Vernichtung des bayerischen Heeres bei Preßburg im Jahre 907 ein jähes Ende fand. Seit der zweiten Hälfte des 8. Jahrhunderts und im 9. Jahrhundert waren Böhmen und Mähren die nächsten Nachbarn zuerst des agilolfingischen Bayern und dann des ostfränkischen Reiches, wobei diese Nachbarschaft anfangs durch die gemeinsame Abwehr der wiederum erstarkten Awaren bestimmt wurde. Unmittelbar nach der Absetzung Herzog Tassilos III. im Jahre 788 erschien Karl der Große in Regensburg, „ordnete die Grenzen und Marken Bayerns, wie sie sicher sein könnten gegen die ... Awaren", und wehrte awarische Angriffe ab, die nach dem Bericht der Reichsannalen, also einer fränkischen offiziösen Quelle, von diesem Volk zur Unterstützung des gestürzten Bayernherzogs in Italien, auf dem Ybbsfeld und nördlich der Donau begonnen worden waren. Karl ging dann 791 offensiv gegen die Awaren vor und besetzte das Land bis zur Raab, doch kam es in den folgenden Jahren bis 802/03 zu neuen schweren Kämpfen, wobei auch fränkische Truppen aus Sachsen und Friesland Böhmen durchquerten und in die Kämpfe eingriffen. Die Awarenherrschaft fiel dann 803 den konzentrischen Angriffen von Franken und Bulgaren zum Opfer; 805 bat noch ein awarischer, christlich gewordener Häuptling den Kaiser in Aachen, ihm zwischen Savaria und Carnuntum, d.h. zwischen Steinamanger und Petronell, sichere Wohnsitze zu überlassen. Nach 826 werden die Awaren in den Quellen nicht mehr genannt. Mit der Einrichtung einer Ostmark unter der Leitung eines Präfekten hatte Karl die Verhältnisse im Donauraum konsolidiert, gleichzeitig errichtete er an der Ostgrenze Bayerns ein System abhängiger slawischer Herrschaften. Im Zuge dieser offensiven Politik ließ Karl der Große 805 drei Heeresabteilungen in Böhmen einrücken, von denen eine seinem Sohn Karl unterstand, eine andere von den Grafen Audulf und Werinher befehligt wurde, während die dritte aus Sachsen bestand. Dabei wurde die Canburg nördlich von Prag belagert und das Elbtal verwüstet, offenbar ohne nachhaltigen Erfolg, denn bereits 806 unternahmen die Franken einen neuerlichen Feldzug nach Böhmen, der dann schließlich zur Abhängigkeit des Landes vom Frankenherrscher führte. Seit dieser Zeit, so weiß noch Cosmas von Prag am Beginn des 12. Jahrhunderts zu berichten, hatten die Böhmen einen jährlichen Tribut von hundertzwanzig Ochsen und 500 Mark Silber zu leisten. In dieselbe Zeit fällt das karolingische Waffenembargo des Diedenhofener Capitulare (805) gegenüber den Slawen. Abgesandte der „Behaimi" erscheinen dann auf den Reichsversammlungen von Frankfurt (812), Paderborn (815) und Diedenhofen (831). In der „Ordinatio imperii" von 817, dem Reichsteilungsgesetz Kaiser Ludwigs des Frommen, erhielt Ludwig der Deutsche Bayern, „die Karantanen, Böhmen, Awaren und Slawen, die im Osten Bayerns wohnen". Bayern erscheint hier als Zentrum eines eigenen kleinen Imperiums, dem auch Böhmen und andere slawische Herrschaftsgebiete angegliedert waren. Allerdings darf man dabei nicht an eine feste, dauernde und gleichsam „staatsrechtlich" gesicherte Abhängigkeit denken, sondern an eine von den konkreten Ereignissen jeweils modifizierte Beziehung, denn als Ludwig der Deutsche 840 von seinem Vater militärisch hart bedrängt wurde, konnte er sich den Rückzug durch böhmisches Gebiet nur mit reichen Geschenken erkaufen. Fünf Jahre später, als seine Herrschaft wieder konsolidiert war, kam es dann zu jener bereits erwähnten Taufe von vierzehn böhmischen Großen, wahrscheinlich in Regensburg, der Hauptstadt des ostfränkischen Reiches.

Die weiteren Beziehungen des Reiches Ludwigs des Deutschen zu Böhmen hingen meist vom Stand der kriegerischen Auseinandersetzungen mit dem Großmährischen Reich ab, das sich zunehmend zum Gegenspieler des Karolingerreiches im Donau-Marchraum entfaltete. In den dreißiger Jahren des 9. Jahrhunderts, als die letzten Reste awarischer Herrschaft beseitigt waren, hatte sich in Mähren ein starkes, eigenständiges politisches Zentrum unter dem „Herzog der Mährer" (dux Maravorum) Mojmir gebildet, das schon 836 über die eigenen Grenzen hinausgriff. In diesem Jahr vertrieb der Mährerfürst den im slowakischen Neutra gebietenden Fürsten Pribina, der zu den Franken floh. Eine zeitgenössische Quelle weiß zu berichten, daß Erzbischof Adalram von Salzburg an Pribinas Herrschersitz Neutra eine Kirche geweiht hatte. Spätestens im fränkischen Exil wurde auch Pribina Christ. Ludwig der Deutsche machte ihn zum Fürsten von Unterpannonien, d. h. im Raum südlich der Donau, etwa von Pettau bis Belgrad und nördlich bis zum Bakonywald; die neue Residenz entstand in der Nähe des Plattensees in Moosburg-Zalavár. Pribina hatte zwar ein neues Fürstentum erhalten, aber die Tatsache, daß Mojmir den alten bedeutenden Handelsplatz Neutra am Kreuzungspunkt wichtiger Straßen behaupten konnte, zeigt seine Macht. Das Wirken der bayerisch-salzburgischen Mission in Mähren beweist zwar starken fränkischen Einfluß, der überdies durch die Bodenfunde im Großmährischen Reich bestätigt wird, doch verstand es der Mährerfürst, sich von einer unmittelbaren Abhängigkeit von Ludwig dem Deutschen freizuhalten. Erst nach seinem Tode 846 fiel der ostfränkische König in Mähren ein, um „Ordnung zu schaffen und die Verhältnisse zu regeln", wie die Jahrbücher des Klosters Fulda treuherzig berichten, ein Gemeinplatz und Vorwand, mit dem auch in späteren Jahrhunderten immer wieder Großmächte versuchen sollten, in Ostmitteleuropa ihr Spiel zu spielen. Ludwig setzte in Mähren den offenbar gefügigen Neffen Mojmirs, Rastislav, ein und kehrte mit seinem Heer durch Böhmen zurück, dies allerdings, wie uns erzählt wird, „mit großer Schwierigkeit und mit großen Heeresverlusten", die den Franken von den Böhmen beigebracht wurden. Innere Zwistigkeiten im Heerlager sollen der Grund für diese

Niederlage gewesen sein. Auf jeden Fall war es seit diesen Ereignissen nicht mehr möglich, Mähren wie die slawischen Fürstentümer unter Karl dem Großen als reine Tributärherrschaften und als bloßes Objekt der Politik zu behandeln, denn auch Rastislav strebte nach Unabhängigkeit. Ostfränkische Verhandlungen mit den Bulgaren, die als natürliche Gegner der Mährer galten, scheiterten; die Bulgaren zogen 853 sogar mit Rastislav gegen Ludwig den Deutschen. Dieser verheerte zwar das Land, konnte aber Rastislavs Hauptfestung nicht erobern; ob es sich bei dieser Burg um Theben bei Preßburg handelt, kann nicht mit Sicherheit gesagt werden, doch spricht vieles dafür. In diesen und in den folgenden Jahren fällt auf, daß fränkische Niederlagen in Mähren fast immer Angriffe der Böhmen gegen das Reich auslösten, eine Tatsache, die wohl kaum anders zu erklären ist als durch enge politische Bindungen einiger böhmischer Fürstentümer an Großmähren. Im Jahre 854 zettelte der bayerische Ostmarkpräfekt Radbod, offenbar in Verbindung mit Rastislav, gegen König Ludwig einen Aufstand an, der zwar niedergeworfen wurde, aber weitreichende Wirkungen bei den slawischen Nachbarn zeitigte. Im folgenden Jahr 855 unternahm Graf Ernst, der Präfekt Bayerns, der schon 840 einen unglücklichen Feldzug gegen die Böhmen geführt hatte, einen neuerlichen Zug gegen dieses Land, während König Ludwig wenig erfolgreich gegen Rastislav kämpfte; letzterer verfolgte sogar das fränkische Heer auf dem Rückzug und plünderte an der Donau in bayerischem Gebiet. Im Jahr darauf zog Ludwig mit Erfolg gegen Sorben und Daleminzier, die ihm Geiseln stellen und Tribut zahlen mußten, und ließ sich in Böhmen ,,von einigen ihrer Herzöge huldigen". Namen werden dabei keine genannt, vielleicht kann man daraus schließen, daß die Přemysliden damals noch nicht die führende Rolle im Lande spielten. Im nächsten Jahr (857) eroberte ein bayerisches Heer unter Bischof Otgar von Eichstätt und Pfalzgraf Rudolt in Böhmen ,,die seit vielen Jahren abgefallene Stadt (civitas) des Herzogs Wiztrach". Dessen Sohn Slavitag floh zu Rastislav nach Mähren. Als Nachfolger setzten die Sieger nicht kurzerhand einen der ihren ein, sondern sie holten Zistibor, den ins Sorbenreich geflohenen Bruder Slavitags, zurück, ließen ihn König Ludwig huldigen und setzten ihn zum Herzog ein. Es gab also bei den böhmischen Teilherzogtümern bereits ein dynastisches Nachfolgerecht, das auch von Gegnern respektiert wurde.

Noch 856 hat Ludwig der Deutsche die Ostmark, die ,,Marca orientalis", wie sie in diesem Jahr erstmalig genannt wird, seinem Sohn Karlmann verliehen, zweifellos in der Hoffnung, weitere Aufstände und Konspirationen mit den angrenzenden slawischen Fürsten künftig zu verhindern. Wenn er dabei jedoch die Ostmarkpräfektur um Karantanien-

Kärnten verkleinerte, so legte er damit wiederum den Grund für ein schweres Zerwürfnis mit seinem Sohn, denn Karlmann, auf Vergrößerung seines Machtbereichs bedacht, verband sich 858 mit dem Mährerfürsten Rastislav und zog 861 mit diesem gemeinsam gegen seinen Vater Ludwig. Dafür ließ Karlmann Rastislav freie Hand gegenüber dem Fürstentum Pribinas in Unterpannonien. Auf Betreiben des Mährerfürsten wurde dort Pribina durch seinen Sohn Kocel ersetzt, der von nun an politisch eng mit Mähren zusammenging. Dies zeigt sich unter anderem in den weitgespannten Plänen Rastislavs, eine eigene mährische, vom Frankenreich unabhängige Kirchenorganisation aufzubauen. Wenn man sich vor Augen hält, daß im Frühmittelalter Kult und Religion der Kitt archaischer Staatlichkeit waren, kann man die Tragweite des Vorhabens ermessen, sich mit Hilfe von Byzanz vom bayerisch-fränkischen Einfluß und seinem bereits existierenden Missionsnetz zu emanzipieren. Wie eng Politik und Mission miteinander verbunden und aufeinander bezogen waren, läßt sich ebenso an der neuen Konstellation ablesen, die 862 eintrat, als Ludwig der Deutsche sich neuerdings mit den Bulgaren verband, seinen Sohn Karlmann unterwarf und dessen Verbündeten Rastislav in seiner Festung Dowina zur Kapitulation zwang. Der Mährerfürst verbündete sich aber darauf mit Byzanz gegen die Bulgaren, deren Niederlage 864 dem Großmährischen Reich Entlastung im Südosten brachte. Kirchenpolitische Konsequenzen blieben nicht aus. Rastislav hatte sich ursprünglich an Papst Nikolaus I. (858–867) gewandt, um Priester aus Rom zu erhalten, die ohne fremde Oberaufsicht die mährische Kirche organisieren sollten. Der Papst zögerte jedoch in diesem Falle, denn Mähren und die Slowakei galten als fränkische Einflußsphäre und wurden vom bayerischen Episkopat als Missionsgebiet der Erzdiözese Salzburg betrachtet. Byzanz als die andere weltliche Großmacht im Südosten war zu diesem Zeitpunkt für das Großmährische Reich weit weniger gefährlich als das unmittelbar benachbarte Frankenreich, außerdem war es der große Verbündete bei der Abwehr der Bulgaren. Rastislavs Ansuchen, byzantinische Geistliche und Lehrer nach Mähren zu schicken, wurde von Kaiser Michael III. stattgegeben. Der Kaiser scheint es jedoch nicht darauf angelegt zu haben, in Konflikt mit dem Frankenreich zu geraten, denn er sandte dem Mährerfürsten damals keinen eigenen Bischof, wie dies zur Einrichtung einer mährischen Kirchenprovinz erforderlich gewesen wäre, sondern lediglich zwei aus Thessalonike stammende Brüder, Konstantin-Kyrillos und Methodios, die schon verschiedentlich in kaiserlichem Auftrag bei Barbarenvölkern gewirkt hatten und der slawischen Sprache mächtig waren; dies geschah 863/64. Die beiden Brüder nahmen für ihre missionarische Arbeit einige ihrer Werke mit, so ein slawisches

Evangeliar, fertigten in Mähren selbst mit Hilfe ihres neu entwickelten glagolitischen Alphabets weitere Übersetzungen liturgischer Texte und der Evangelien an und verfaßten überdies ein kurzes slawisches Rechtsbuch nach byzantinischem Vorbild.

Spannungen zwischen den byzantino-slawischen Missionaren und den bereits in Mähren tätigen bayerischen Klerikern konnten nicht ausbleiben, und da um diese Zeit Rastislavs Ziel, vom Frankenreich sowohl politisch wie kirchlich möglichst unabhängig zu sein, mit der Absicht Papst Nikolaus' I. übereinstimmte, eine eigene, nur Rom unterstellte slawische Kirchenprovinz zu schaffen, kam es neuerdings zu Kontakten mit dem Papsttum. Konstantin-Kyrillos und Methodios reisten 867 über Moosburg-Zalavár und Venedig, wo sie eine Einladung des Papstes erhielten, nach Rom. In Unterpannonien hatten sie noch zuvor unter dem Fürsten Kocel, Pribinas Sohn, die slawische Liturgie eingeführt. Dies entsprach der politischen Konstellation, denn Kocel stand auf Rastislavs Seite und hatte dem Wirken der fränkischen Priester in seinem Lande ein Ende bereitet. Papst Hadrian II. (867–872), der Nachfolger des inzwischen verstorbenen Nikolaus, anerkannte die slawische Liturgie und ernannte 868 in der Bulle „Gloria in excelsis Deo" Methodios zum päpstlichen Legaten für die slawischen Länder. Nach Verhandlungen mit Kocel weihte Hadrian II. Methodios – Konstantin-Kyrillos war inzwischen verstorben – zum Erzbischof einer mährisch-pannonischen Kirchenprovinz, die der Kurie unmittelbar unterstellt sein sollte. Die päpstliche Entscheidung wurde den Fürsten dieses neuen Erzbistums, Rastislav, dessen Neffen Swatopluk und Kocel, mitgeteilt. Der sich anbahnende politische Wandel schien die kirchliche Neuordnung zu begünstigen, denn 869 widerstand Rastislav einem fränkisch-bayerischen Heer in seiner offenbar fortifikatorisch neuartigen Festung, und auch die Böhmen fielen damals in Bayern ein. Im folgenden Jahr aber zeichnete sich ein völliger Umschwung zugunsten der fränkischen Sache ab. Rastislavs Neffe Swatopluk, bislang vermutlich Teilfürst in Neutra, nahm seinen Onkel gefangen und lieferte ihn an Ludwig den Deutschen aus. Nach einem Sieg über die Böhmen und nach der Verhaftung Rastislavs konnte der Frankenkönig vorübergehend Mähren besetzen und durch die Grafen Wilhelm und Engelschalk verwalten lassen. Rastislav wurde in Regensburg von einer Versammlung fränkischer, bayerischer und slawischer Großer „wegen Untreue" zum Tode verurteilt, von Ludwig jedoch zu Blendung und Klosterhaft „begnadigt". Im Zusammenhang mit diesen Ereignissen war auch Erzbischof Methodios, der damals in Moosburg-Zalavár residierte, in fränkische Hand gefallen. Er wurde im Beisein des Königs vor eine bayerische Synode gestellt, weil er sich im bayerischen Missionsgebiet geistliche Jurisdiktion angemaßt hatte. Dabei mußte er sogar Schläge einstecken, ließ es selbst aber auch nicht an stolzen und herausfordernden Worten fehlen, da er sich in Übereinstimmung mit dem päpstlichen Missionsauftrag wußte. Man verurteilte ihn zu Kirchenbuße und Klosterhaft, die bis 873 währte. Offenbar war sich die bayerische Kirche unter Erzbischof Adalwin der Rechtmäßigkeit ihres Vorgehens doch nicht so sicher, denn damals, 870, entstand eine Art kirchlicher Denkschrift über „Die Bekehrung der Bayern und Kärntner", die zur Vorlage bei Ludwig dem Deutschen oder beim Papst sorgfältig ausgearbeitet war und die nachdrücklich auf die Verdienste der Salzburger Metropolitankirche bei der Ostmission unter den Slawen hinwies. Diese „Conversio Bagoariorum et Carantanorum" ist eine der wertvollsten Quellen für die Geschichte des Großmährischen Reiches und seiner Beziehungen zum Frankenreich.

Die Regelung der Dinge im fränkischen Sinne war aber nicht von Bestand. Als Karlmann 871 auf eine Verdächtigung hin den bislang frankenfreundlichen Swatopluk gefangennehmen ließ und daraufhin die Mährer glaubten, er sei bereits umgekommen, zwangen sie unter Todesdrohungen einen Verwandten desselben, den Priester Sclagamar, die Herrschaft zu übernehmen und sich an die Spitze eines Aufstandes gegen die Franken zu stellen. Die Mährer selbst betrachteten somit nur die Angehörigen einer einzigen Familie als herrschaftsberechtigt, und dies auch dann, wenn das Sippenmitglied, wie im vorliegenden Falle, als Geistlicher aller weltlichen Herrschaft entsagt hatte – wiederum ein Beweis für die Konsolidierung fürstlicher Herrschaft in Mitteleuropa. Der mährische Widerstand vertrieb die fränkische Besatzung und Swatopluk, der offenbar alle Beschuldigungen entkräften konnte, kehrte mit königlichen Geschenken geehrt und an der Spitze eines Heeres in sein Reich zurück, um Sclagamar zu bekämpfen. Vor der Festung Theben wechselte er aber überraschend die Front, stellte sich an die Spitze der Aufstandsbewegung und schlug 871 und 872 vernichtend bayerische Heere. Hingegen wurden in Böhmen fünf Stammesfürsten von fränkischen Truppen besiegt. Swatopluk war nunmehr selbständiger Mährerfürst wie vor ihm Rastislav; die bayerischen und fränkischen Priester mußten sein Land verlassen, da die westliche Mission ja gleichsam die ideologische Seite der politisch-militärischen Unterwerfung und Abhängigkeit gewesen war. In dieser Situation schaltete sich wiederum der Papst ein und forderte nachdrücklich die Freilassung des Erzbischofs Methodios. Dem wurde stattgegeben, und der „Slawenapostel" konnte nach Mähren zurückkehren, wo ihm Swatopluk „alle Kirchen auf den Burgen Mährens" übertrug, ein Zeichen dafür, daß die Christianisierung sich noch weitgehend auf die Oberschicht und die Herrschaftszentren beschränkt haben muß. In der Königspfalz Forchheim kam es dann 874 zum Friedensschluß mit Swatopluks Gesandten, die für ihren Herrn einen Treueid schworen und jährliche Tributzahlung versprachen. Auch Vertreter der Böhmen waren an den Verhandlungen beteiligt. Im Inneren und in seiner Politik anderen Nachbarn gegenüber behielt Swatopluk offenbar freie Hand. Ungewiß bleibt, ob erst durch dieses Übereinkommen die Lande zwischen Böhmerwald und Donau aus mährischer in bayerische Hand übergegangen sind.

In kirchlicher Hinsicht erwies sich dieser Friedensschluß aber als Ursache neuer Spannungen zwischen den wieder in Mähren tätigen bayerischen Priestern und den Anhängern Methodios'. Papst Johann VIII. hatte sich zwar schärfstens und unter Bannandrohung gegenüber dem bayerischen Episkopat für die Freilassung des mährischen Metropolitan eingesetzt, ihm andererseits aber die slawische Liturgie untersagt. Da in den folgenden Friedensjahren der fränkisch-bayerische und der mährische Adel in engere Beziehungen traten und auch Heiratsverbindungen anknüpften, schließlich der Mährerfürst Swatopluk Taufpate von Karlmanns Enkel Zwentibold (= Swatopluk) wurde, festigte sich im Lande wiederum der westkirchliche Einfluß. Umgekehrt stieß Methodios' Sittenstrenge bei Hof und Adel auf Widerstand; es kam zu Zerwürfnissen, welche die fränkische Partei 879 mit einer Anklage gegen den Erzbischof bei Swatopluk bewußt verschärfte. Der Fürst überließ Rom die Entscheidung. Dort wurde in einer Bulle an den Herrscher eindeutig zugunsten des Methodios entschieden und zugleich Swatopluk und sein Reich unter den besonderen Schutz des heiligen Petrus gestellt, sicherlich ein geschickter Schachzug Papst Johanns VIII., da dies auch politisch eine Aufwertung Mährens gegenüber dem Westen bedeutete und gleichzeitig die Unabhängigkeit der römischen Kirchenpolitik demonstrierte. Gegen ein Überhandnehmen der slawisch-byzantinischen Liturgie sicherte sich der Papst ebenfalls ab, denn er weihte Methodios' Begleiter und Vertreter, den Alemannen Wiching, als Repräsentanten der westlich-lateinischen Liturgie zum Bischof von Neutra und Suffragan des Erzbischofs von Mähren.

Die Beziehung zwischen dem Großmährischen Reich und dem Frankenreich beziehungsweise Bayern blieb in den folgenden Jahren zwar nicht störungsfrei, entbehrte aber der dramatischen Wendungen. Swatopluk nahm wohl wiederholt die Gelegenheit wahr, in die Streitigkeiten der mächtigen bayerischen Ostmarkgrafen einzugreifen; eine größere Auseinandersetzung jedoch wurde 884 durch ein Treffen Swatopluks mit Kaiser Karl III. auf dem „Mons Comianus“ an der Tulln vermieden. Als Gegenleistung für die Huldigung des Mährerfürsten und dessen Versprechen, zu Lebzeiten keinen Einfall im Frankenreich zu unternehmen, dürfte dieser damals mit Ostpannonien, dem Land zwischen Plattensee und Donau, belehnt worden sein. Jedenfalls konnte sich Swatopluk für den Rest seiner Regierungszeit der Unterwerfung slawischer Nachbarstämme zuwenden und diese politischen Ausgriffe mit missionarischen Zielen verbinden. Es ist anzunehmen, daß er vor allem seine Vorherrschaft über Böhmen, zumindest über weite Teile dieses Landes, ausdehnte und intensivierte. Hier ist eine umstrittene Stelle aus der lateinischen Fassung der Lebensbeschreibung Kyrills und Methods zu erwähnen, die ungeachtet ihrer typisch legendären Züge dennoch Reste einer echten Tradition bewahrt haben könnte. Es wird nämlich erzählt, daß König Swatopluk bei einem Festmahl den Böhmenherzog Bořiwoj unter den Tisch stecken ließ, weil er es für unpassend und verächtlich hielt, daß Christen mit einem Heiden speisten. Der heilige Methodios prophezeite jedoch, daß Bořiwoj und seine Nachkommen, wenn er sich taufen lasse, mächtiger als alle Fürsten und Könige sein würden. Auf diese Weissagung hin ließ sich der Böhmenherzog mit dreißig Leuten seines Gefolges taufen, nahm Priester mit nach Böhmen und sorgte dafür, daß auch seine Gattin, die heilige Ludmilla, mit der Mehrzahl des böhmischen Volkes die Taufe empfing. Diese plastische Erzählung, die in ihrem frommschlauen Opportunismus an das berühmte Taufversprechen des Merowingerkönigs Chlodwig inmitten der Bedrängnis der Alemannenschlacht von Zülpich erinnert, erhält sogar eine gewisse Stütze durch eine knappe Bemerkung in der Wenzelslegende des Mönches Christian vom Ende des 10. Jahrhunderts. Kein Zweifel kann darüber bestehen, daß Swatopluks königsgleiche Herrschaft, die vom byzantinischen Kaiser Konstantin Porphyrogennetos als „Großes Mähren" bezeichnet wurde, von der oberen Weichsel und Oder und von der mittleren Elbe bis weit nach Pannonien hinein reichte und daß weitere benachbarte Slawenstämme dem Mährerfürsten Gehorsam schuldeten. Die Tage dieser mährischen Großreichbildung waren allerdings damals schon gezählt...

Der Aufstieg der Přemysliden

1. Am Rande des ottonischen Königsstaates

Im Jahre 895, also bereits nach dem Tode des Mährerfürsten Swatopluk, berichten die Fuldaer Annalen folgendes denkwürdige Ereignis: „Mitte Juli wurde in Regensburg eine Reichsversammlung abgehalten; dorthin kamen aus dem Slawenlande (Sclavania) alle Herzöge der Böhmen, die Herzog Zwentibald (Swatopluk) von der Verbindung mit dem bayerischen Volk und seiner Herrschaft längst gewaltsam abgerissen hatte. Die vornehmsten von ihnen waren Spytihniew und Witizla. Die Herzöge wurden vom König (Arnulf von Kärnten) ehrenvoll empfangen und unterwarfen sich, wie es Sitte ist, durch Handschlag wiederum der königlichen Gewalt." Die Altaicher Fortsetzung der Fuldaer Jahrbücher, einer offiziösen Quelle des ostfränkischen Reiches, erzählt ebenfalls von dieser neuerlichen Unterwerfung der Böhmenfürsten und nennt als deren Feinde die Mährer. In der Tat scheint es in den folgenden Jahren zu Kämpfen zwischen Böhmen und Mährern gekommen zu sein. Noch vor dem Zusammenbruch des Swatopluk-Reiches begann somit dessen politische Auflösung, die von den siegreichen Madyaren mit dem Untergang des bayerischen Heeres vor Preßburg 907 zu einem jähen und unwiderruflichen Ende geführt worden ist. Der Regensburger Reichstag von 895 zeigt aber, daß sich seit 845, als wohl am selben Ort vierzehn böhmische Fürsten die Taufe empfingen, politisch manches in diesem Lande geändert hatte. Zwei Namen ragen nun hervor: Spytihniew und Witizla. Damit fassen wir bereits eine politische Vorrangstellung jener Fürstenfamilie, die mehr als dreihundert Jahre lang die Geschicke Böhmens und bald auch Mährens entscheidend beeinflussen und lenken sollte, der Přemysliden. Ob allerdings Witizla mit Spytihniews jüngerem Bruder Wratislaw gleichzusetzen ist, bleibt nach wie vor unsicher, ebenso, ob er überhaupt Přemyslide war. Die alten ethnischen Landschaftsverbände scheinen sich damals aufgelöst zu haben und einer übergreifenden Herrschaftsorganisation gewichen zu sein, die sich von den alten přemyslidischen Zentren Levý Hradec und von der mächtigen Erdburg in Budeč aus entwickelte, das kulturell und wirtschaftlich schon wesentlich fortgeschrittenere nördliche Mittelböhmen erfaßte und mit der Gründung der Prager Burg im Moldauknie, dem Hradschin, einen dauerhaften politisch-militärischen Mittelpunkt erhielt. Neben den Přemysliden hatten nur noch die Slawnikiden Einfluß und Gewicht, eine konkurrierende Fürstenfamilie, die von Libice (Libitz an der Cidlina) und Alt-Kouřim aus ebenfalls einen durch burgähnliche Anlagen gesicherten Machtbereich aufbauen konnten.

Die Burgen der Přemysliden und Slawnikiden waren im allgemeinen wesentlich kleiner als jene alten Burgwälle der vorausgegangenen Epoche, die ja als stammliche Mittelpunkte (civitates) relativ selbständige Zentren einer Landschaft gewesen waren. Die eigentlichen Stammessitze der beiden Fürstengeschlechter jedoch – Prag, Levý Hradec, Libušín einerseits sowie Libice und Alt-Kouřim andererseits – wurden zu mächtigen Anlagen ausgebaut mit Palast, Kirche und weitläufigen Unterkünften für das fürstliche Gefolge; die politische Konzentration schlägt sich hier sehr eindeutig im archäologisch-baugeschichtlichen Befund nieder. Alt-Kouřim erweiterte sich von 6 auf 40 ha, die Befestigungstechnik vervollkomnete sich, anstelle der älteren Palisadenkonstruktionen traten Steinmauern in Trockenbautechnik mit gezimmerten Wehrgängen oder riesige Kastenkonstruktionen. Die gewaltigen Ausmaße dieser Befestigungsanlagen lassen Rückschlüsse auf die politisch-militärische Macht der Burgherren zu, denn Bauten solcher Art waren nur mit großem Aufwand an Menschen und Material durchzuführen. Wie klar dem Mittelalter der ursächliche Zusammenhang zwischen Burgenbau und Fürstenmacht, bzw. Unterwerfung der Oberschicht unter den burgenbauenden Herrscher gewesen ist, bezeugt die bei Cosmas von Prag überlieferte Gründungsgeschichte von Alt-Bunzlau (Stará Boleslav). Boleslaw, der Brudermörder des heiligen Wenzel, rief die Großen seines Volkes in einem Wald an der Elbe zusammen ,,und eröffnete ihnen hier den Wunsch seines Herzens mit den Worten: Hier will und befehle ich, daß ihr mir eine Stadt nach römischer Art (opere romano) mit ringsherumgehender hoher Mauer erbaut." Die Großen als Vertreter des Volkes weigerten sich aber hartnäckig, und zwar mit dem Argument, sie wollten ihren Nacken lieber dem Schwert als dem unerträglichen Joche der Knechtschaft darbieten. Erst als der erzürnte Fürst den Zunächststehenden bei den Haaren ergriff und ihm ,,wie einem schwachen Mohnkopf" das Haupt vom Rumpfe trennte, gaben die ,,Volksvertreter" nach: so entstand die feste Herzogsresidenz Altbunzlau. Fortschritte im Festungswesen lassen sich heute archäologisch auch anderswo gut nachweisen. Fortifikatorisch hervorragend gebaut ist beispielsweise das Osttor in Libušín; es wurde in Trockenmauertechnik errichtet, hinter dem Tor stand ein prismatischer Mauerblock, der den Eingang selbst auf zwei gut zu kontrollierende kleinere Durchlässe beschränkte und daher besser zu verteidigen war. Ein Blick auf die Karte böhmischer Burgwälle des 9. und 10. Jahrhunderts zeigt sehr deutlich die Zusammenballung politischer Macht in den Händen von Přemysliden und Slawnikiden an der Moldau und an der oberen Elbe.

Anders als die tschechische Geschichtsforschung des 19. Jahrhunderts, die irrtümlicherweise einen Gegensatz zwischen einer westlich-germanischen Feudalgesellschaft und einer im Prinzip „demokratischen" altslawischen Gesellschaft sehen wollte – eine Vorstellung, die letztlich auf Johann Gottfried Herders utopischen Rückblick auf eine friedliche, musikalisch-poetische slawische Welt zurückgeht –, haben moderne Archäologie und Sozialgeschichte erhärtet, daß auch die Sozialstruktur Böhmens im 9. und 10. Jahrhundert bereits sehr differenziert gewesen sein muß. Wertvolle Erkenntnisse lieferte hier vor allem das Gräberfeld von Alt-Kouřim, dessen Analyse starke Ähnlichkeit mit den gleichzeitigen Fundplätzen Großmährens aufweist. Ein reiches Grab mit einem sogenannten Speer- oder Stangenschuh, der wohl ein Herrschaftsattribut war, kann als Fürstengrab angesehen werden; die Nähe des Gräberfeldes zu dem kleinen See „Libušinka" dürfte wohl heidnisch-kultische Bedeutung gehabt haben. Die älteste Marienkirche auf der Prager Burg war ursprünglich ein Mausoleum, denn die gesamte Grundfläche des 5 m langen Kirchenschiffs nahm eine gemauerte Grabkammer ein. Die Rundkirche in Levý Hradec, die man mit dem ältesten schriftlich bezeugten christlichen Kultbau Böhmens identifiziert hat, und diejenige in Budeč, die man heute in die Zeit des Přemysliden Spytihniew I. setzt, werfen die Frage nach den politisch-kulturellen Beziehungen des Landes zu Großmähren auf. Wir erwähnten bereits den legendären Bericht von der Taufe des Böhmenherzogs Bořiwoj am Hofe Swatopluks durch Erzbischof Methodios. Mögen die Umstände auch nach hagiographischer Erzählmanier ausgeschmückt sein, am Faktum der Taufe selbst ist kaum zu zweifeln; sie dürfte 869/70 erfolgt sein. Die politische Abhängigkeit böhmischer Fürsten von Swatopluk war sicherlich kein Dauerzustand, dafür spielten die alten Verbindungen zum bayerisch-fränkischen Machtbereich eine zu große Rolle. So kann es kaum verwundern, daß sich der Einfluß Großmährens archäologisch am stärksten im östlichen Mittelböhmen im Bereich des Fürstentums der Zlitschanen und seiner Burgstätte Alt-Kouřim niedergeschlagen hat. Mährischer Einfluß zeigt sich auch im nordostböhmischen Zentrum der Charwaten, nämlich in der Burganlage der Prachover Felsen, wohingegen das nach seinem Inventar rein mährische Hügelgrab von Želénky (bei Dux) in Nordwestböhmen wohl ein Sonderfall mährischer Herkunft war. Schwach oder überhaupt nicht feststellbar sind mährische Einflüsse in Südböhmen sowie im westlichen und nördlichen Zipfel des Landes; inwiefern hier die teilweise sporadische Besiedlung in Rechnung zu stellen ist, bleibe dahingestellt.

Die böhmische Goldschmiedekunst war im 9. Jahrhundert zweifellos stark von den mährischen Werkstätten abhängig, doch lassen sich bald eigene Produktionszentren ermitteln, die im 10. Jahrhundert allmählich an Bedeutung gewinnen. Ähnliches gilt auch für die Glaserzeugung und für den Schnitt von Edelsteinen. Der Handel Böhmens ging teilweise über Mähren, vor allem derjenige mit Byzanz und dem Orient, teilweise jedoch über Regensburg und elbeabwärts nach Nordeuropa. Rheinische Importware fand sich in Kolíner Grabbeigaben, und auch der sogenannte „Helm des heiligen Wenzel" dürfte aus dem Westen nach Böhmen gelangt sein. Byzantinischer Import war wohl das in Želénky gefundene Medaillon mit einer antiken Gemme des 4. Jahrhunderts. Eine eigene böhmische Münzprägung ist erst seit der zweiten Hälfte des 10. Jahrhunderts bezeugt, ihre Entstehung weist auf die damals engen politischen Beziehungen Böhmens zum Reich der Ottonen hin.

Großmähren wurde überdies für das geistige Leben Böhmens wichtig. Offenbar ging auch ein Teil des mährischen Klerus nach dem Zusammenbruch von Swatopluks Reich in die Böhmischen Länder. Wir wissen von den Priestern Kaich und Paul, die als Schüler Methods nach Böhmen kamen, und es ist anzunehmen, daß sie dort liturgische Texte anfertigten. Aus dieser Zeit stammen nämlich die sogenannten Kiewer Fragmente, frühe Denkmäler der glagolitischen Schrift, die wahrscheinlich Anfang des 10. Jahrhunderts in Böhmen nach einer mährischen Vorlage geschrieben wurden. In der ersten Jahrhunderthälfte entstand auch die erste kirchenslawische Wenzelslegende, die entweder in Böhmen selbst oder im nordostböhmischen Gebiet der Charwaten verfaßt wurde; südslawisch-kroatische Herkunft ist kaum anzunehmen. Auch eine Ludmilla-Legende muß es bereits gegeben haben, von der Reste in Prologform erhalten sind. Da aber Böhmen im Verlaufe des 10. Jahrhunderts mehr und mehr in den Einflußbereich und Verband der katholischen Kirche Bayerns und Sachsens kam, verflüchtigten sich die altkirchenslawischen Traditionen mährischer Herkunft weitgehend. Es verwundert nicht, daß Cosmas von Prag, der wichtigste mittelalterliche Chronist Böhmens und des Přemyslidenhauses, nichts mehr von dieser älteren Schicht mährischen Kirchentums weiß. Ob sich das altslawische literarische Schaffen des 11. Jahrhunderts in Prokops Klostergründung Sazawa bei Kuttenberg wirklich aus älteren großmährischen Traditionen herleitet, wie verschiedentlich angenommen worden ist, läßt sich schwer beweisen; ausgeschlossen wäre es nicht. Durch die politisch-kulturelle Umpolung Böhmens nach dem Westen ist es auch erklärlich, daß von der kirchenslawischen Literatur, die noch im 10. Jahrhundert von slawischen Priestern in den St. Clemens geweihten Burgkirchen auf Levý Hradec, auf dem Vyšehrad südlich Prag und in Altbunzlau verbreitet worden sein muß, kaum etwas auf uns gekommen ist. Hier kann man von einem frühen echten Kulturbruch sprechen, einer mittelbaren Auswirkung der Vernichtung Großmährens.

Die Anfänge der přemyslidischen Herrschaft, ihre Ausdehnung und Konsolidierung lassen sich bis ins letzte Drittel des 9. Jahrhunderts zurückverfolgen, als es dem tschechischen Stamm gelang, die Lutschanen in Nordwestböhmen, deren Hauptort vermutlich der Burgwall von Vlastislav (südwestlich Lobositz) war, zu unterwerfen. Ein weiterer politischer Ausgriff gelang durch die Heirat Bořiwojs mit Ludmilla, die dem Volk der Pssouane angehörte, einer sorbischen Gruppe an der Moldaumündung in die Elbe, über die Ludmillas Vater Slavibor herrschte. Über Bořiwojs und Ludmillas Sohn Spytihniew (ca. 895–905/15) erfahren wir einiges durch die lateinischen Lebensbeschreibungen des heiligen Wenzel aus der Feder Bischof Gumpolds von Mantua. Wir hören, daß er mit dem Eifer des Neubekehrten Kirchen zu Ehren der Gottesmutter auf der Prager Burg und des Apostelfürsten Petrus auf seinem Herrschaftssitz Budeč erbauen ließ. Nach dieser hagiographischen Quelle wurden beide Heiligtümer durch unzählige Wunder verherrlicht.

Wie sehr die přemyslidische Macht bereits gefestigt war, geht schon daraus hervor, daß Spytihniews Bruder Wratislaw ohne Schwierigkeiten in der Herrschaft nachfolgte; es muß dies zwischen 905 und 915 geschehen sein. Wratislaw (905/15–921), der auch über jene Teile Mährens herrschen konnte, die nicht unter madyarischer Botmäßigkeit standen, besiegte nach späteren ungarischen Quellen die Madyaren, konnte also seine Herzogsmacht in Mähren erweitern. Er gründete wahrscheinlich die Georgskirche auf der Prager Burg und festigte seine Stellung durch eine Heirat mit Drahomira, der Tochter eines Fürsten aus dem elbslawischen Stamme der Wilzen (Stodoraner), die zum mächtigen Liutizenbunde gehörten. Drahomira wurde die Mutter des heiligen Wenzel und seines Bruders Boleslaw. Die Heirat mit einer Wilzenfürstin beweist nicht nur die bedeutende Rolle Wratislaws in der westslawischen Welt, sondern zeigt auch politischen Weitblick, denn der Liutizenbund, dessen Blütezeit zwischen 983 und 1068 lag, vereinigte um das Kultheiligtum Rethra slawische Völker in Mecklenburg, Vorpommern und im Havelland und spielte in spätottonischer und frühsalischer Zeit eine wichtige Rolle in Mitteleuropa. Da sich zwischen dem Tode Ludwigs des Kindes 911 und König Konrads I. 918 das ostfränkische Reich in einer permanenten Krise befand, hatte Wratislaw im Westen den Rücken fast völlig frei; er taucht in fränkisch-deutschen Quellen dieser Zeit nicht einmal auf. Die erwähnten ungarischen Quellen beweisen aber die Machterweiterung Wratislaws im Südosten. Dort gibt es einen Bericht über die Eroberung des alten

Fürstensitzes Neutra (Nitra), in dem einst im 9. Jahrhundert Wiching Bischof gewesen war. Die Madyaren hatten dabei gegen Slawen und Böhmen zu kämpfen, die sich unter Führung des Herzogs der Böhmen (dux Boemorum) verteidigten. Der Burg- und Regionalherr von Neutra namens Zubur war offenbar von Wratislaw eingesetzt. Darauf deutet die Formel, er habe seine Herrschaft durch die Gnade (per gratiam) des Böhmenherrschers. Das Land zwischen Waag, Gran und Donau erscheint hier als herzogliche Unterherrschaft (ducatus), die von Böhmen aus kontrolliert und verteidigt wurde. Im Lichte dieser – allerdings späteren – ungarischen Nachrichten zeigt sich eine Verhaltensweise der frühen Přemysliden, die sich kaum vom Verhalten der bayerischen Agilolfinger des 8. Jahrhunderts unterscheidet: was man an politischer Macht gegenüber dem westlichen Großreich einbüßte, suchte man im Osten neu hinzuzugewinnen.

Genauere Nachrichten über Wratislaw sind nur sporadisch aus den hagiographischen Texten über seinen Sohn Wenzel zu gewinnen. Diese legendäre Quelle berichtet, daß Ludmilla, die Großmutter Wenzels, dessen kirchenslawische Erziehung veranlaßte, während er auf Anweisung des Vaters durch einen Priester mit dem slawischen Namen Učen in Budeč in lateinischer Liturgie unterrichtet wurde. Hier lagen schon Keime des blutigen Zwistes, der nach Wratislaws Tod 921 ausbrach und in dem offensichtlich auch die kirchenpolitischen Orientierung der beteiligten Gruppen eine beträchtliche Rolle spielte. Wenzels Mutter Drahomira übernahm damals die Regentschaft, und bald kam es wegen der Erziehung des älteren Sohnes zu Streitigkeiten mit Ludmilla. Letztere zog sich zwar auf die Burg Tetín bei Beraun westlich Prag zurück, doch endete die Auseinandersetzung erst mit der Ermordung Ludmillas am 16. Dezember 921. Drahomira gilt als Veranlasserin ihres Todes, nichtsdestoweniger nennt sie die Wenzelslegende des Erzbischofs Laurentius von Amalfi († 1049) eine „gotteswürdige" Fürstin, die den wahren Glauben beschirmte und ihrem Sohn Wenzel (Václav) einpflanzte. Die Nachbarn der Přemyslidenherrschaft gewann sie durch eine kluge Heiratspolitik. Dem jüngeren Sohn Boleslaw gab sie nach Wenzels Herrschaftsantritt das Bunzlauer Teilfürstentum, verwaltete es aber selbst, weswegen es mit dem in Prag residierenden älteren Sohn zu Unstimmigkeiten gekommen sein soll. Wenzel verjagte seine Mutter aufgrund böswilliger Einflüsterungen anderer – ein beliebter mittelalterlicher Topos, womit die Missetaten der Fürsten gemeinhin entschuldigt zu werden pflegten –, doch soll er sie bald darauf wieder reuevoll zurückgeholt haben. Nach Wratislaws Tod 921 begann sich der Westen wieder nachdrücklich in die böhmischen Angelegenheiten einzuschalten.

Von Wenzel, dem heiligen Fürsten aus přemyslidischem Stamme, wissen wir fast ausschließlich durch Legenden, die aber teilweise ins 10. Jahrhundert zurückgehen. Nur der Chronist der sächsischen Herrscherdynastie, Widukind von Corvey, meldet uns in seinem zwischen 967 und 973 geschriebenen Geschichtswerk lakonisch, König Heinrich I. habe Prag, die Burg der Böhmen (Boemiorum urbs) mit seiner gesamten Heeresmacht angegriffen und ihren König, dessen Name aber nicht genannt wird, zur Unterwerfung gezwungen. ,,Von diesem Könige" – so fährt der Corveyer Kleriker und Chronist skeptisch fort – ,,wird einiges Wunderbare berichtet, was wir jedoch lieber mit Stillschweigen übergehen wollen, da wir keine sichere Kunde davon haben. Er war aber ein Bruder des Boleslaw, der sein ganzes Leben hindurch dem Kaiser treu und gehorsam geblieben ist. Also machte der König Böhmen zinspflichtig und kehrte nach Sachsen zurück." Ob für Widukind wirklich der Mangel an ,,sicherer Kunde" der Grund war, weshalb er nichts Näheres von dem heiligmäßigen slawischen König berichtete, oder ob hier ein Mißtrauen mitschwingt, ob ein Slawe wirklich ein christlicher Wundertäter sein könne, wissen wir nicht. Es wäre aber auch möglich, daß Widukind deshalb alle Wundergeschichten über Wenzel verschwieg, weil er dessen Mörder, den königstreuen Boleslaw, schonen wollte. Über Vermutungen wird man hier kaum hinauskommen. Fest steht nur, daß Böhmen seit dem Beginn des 10. Jahrhunderts in das Spannungsfeld eines langwährenden bayerisch-sächsischen Gegensatzes geraten war, dessen Auswirkungen sich schließlich auch auf kirchlichem Gebiete zeigen sollten. Anfangs überwog noch der bayerische Einfluß in Böhmen. Nach der Legende ,,Crescente fide" und der schon erwähnten Christianlegende war Wenzel mit Bischof Tuto von Regensburg eng befreundet und hatte sich an diesen auch gewandt, als er auf der Prager Burg eine neue Kirche erbaute. Die Böhmen werden dabei geradezu als ,,parrochiani", d. h. als Angehörige der Regensburger Diözese bezeichnet. Umso mehr muß es auffallen, daß Wenzels Großkirche nicht, wie wohl ursprünglich geplant, dem Regensburger Bistumsheiligen Emmeram, sondern St. Vitus, dem Patron des niedersächsischen Großklosters Corvey geweiht wurde, wenn auch die Weihe durch Bischof Michael von Regensburg am Emmeramstage, dem 22. September, erfolgte. Dies deutet nicht nur auf einen kirchlich-kultischen Kompromiß, sondern auch auf einen politischen Wechsel, denn Kirchenpatrozinien sind ja nicht nur von kultischer Bedeutung, sondern verraten auch etwas über politische Einflußbereiche. Herzog Arnulf von Bayern, der 918 von den süddeutschen Stämmen als Gegenkönig gegen Heinrich von Sachsen aufgestellt worden war, hatte sich zwar seinem Rivalen unterworfen, jedoch nur um den Preis kirchlicher Unabhängigkeit und freier Hand im Inneren seines Herzogtums und an dessen Ostflanke. So war Arnulf, Sohn des 907 bei Preßburg gegen die Madyaren gefallenen Markgrafen Luitpold, schon 922, also am Beginn der Regierungszeit Wenzels, mit Heeresmacht nach Böhmen gezogen, ohne daß dabei von Kämpfen die Rede ist. Man darf annehmen, daß dieser Zug vornehmlich der Bekräftigung von Böhmens erneuerter Abhängigkeit vom ostfränksichen Reich galt, wie sie 895 in Regensburg durch böhmische Fürsten unter Spytihniew und Witizla erneut bekräftigt worden war. Bayerische politische Ansprüche bestanden jedenfalls schon seit Markgraf Luitpolds Zeiten, der sich ja auch „Herzog der Böhmen" (dux Boemanorum) genannt hatte. Wieviel Realität hinter diesem Titel gestanden haben mag, ist schwer zu sagen, auf jeden Fall diente dieser Anspruch Herzog Arnulf bei seinem Bestreben, in böhmischen Fragen mitzubestimmen. Im Jahre 929 unternahmen Arnulf und Heinrich I. gemeinsam einen Zug nach Böhmen, der wohl zur Erneuerung jener Tributzahlung an das Reich führte, die zuerst von Karl dem Großen eingefordert worden war. Im selben Jahr oder vielleicht auch erst 935 wurde Wenzel von seinem jüngeren Bruder Boleslaw ermordet. Man hat sogar vermutet, daß hinter dieser Familientragödie nicht etwa eine christlich-heidnische Auseinandersetzung gestanden habe, sondern ein bayerisch-sächsischer Machtkampf auf böhmischem Boden, in dem Boleslaw die sächsische Karte gespielt habe; die offenkundige Sympathie Widukinds von Corvey für Wenzels Mörder würde für diese Interpretation des Konflikts sprechen.

Es ist nun fast aussichtslos und müßig, unter dem Schutt hagiographischer Topoi das politische oder gar persönliche Profil Wenzels auch nur in groben Umrissen erkennen zu wollen, und herzlich naiv ist die neuerlich geäußerte Auffassung zu nennen, die Größe seines Skeletts gäbe ein Argument für herrscherliche Kraft und Energie ab. Man muß kein Historiker sein, um den physisch kleinen Napoleon als Gegenbeispiel anzuführen. Ebenso fragwürdig ist es, aus den widersprüchlichen Versionen seines Todes vor der Kirche Boleslaws in Altbunzlau Wenzels Charakterzüge erkennen zu wollen: Legendentexte sollte man nicht quellenkritisch überfordern. Ob die lateinischen Texte ihn als einen nach dem Martyrium dürstenden Heiligen schildern, die slawischen jedoch als Herrscher, der in eine tückisch gestellte Falle geriet, ob die einen schreiben, Wenzel habe sich, das Martyrium suchend, nicht gewehrt, während der andere Traditionsstrang mit dramatischen Einzelheiten aufwartet – Wenzel soll sich gewehrt, den mörderischen Bruder zuerst niedergestoßen und dann vergeblich Zuflucht im geheiligten Asylraum der Kirche St. Cosmas und Damian gesucht haben, zu deren Weihe er angeblich von seinem Bruder Boleslaw nach Altbunzlau eingeladen worden war –, dies alles mag für die spätere Tradition des ersten böhmischen Landespatrons von Bedeutung sein. Für die Biographie gibt es kaum mehr her als Vermutungen. Am ehesten könnte man noch an das Verdikt von Wenzels Mutter Drahomira glauben, er sei „von den Priestern verdorben und wie ein Mönch" gewesen, da wir es hier mit einem negativen Echo vom Leben eines heiligmäßig lebenden Mannes zu tun haben, und ein solches Echo widerspricht so sehr aller hagiographischen Tradition, daß man hier einen echten Kern vermuten darf: nämlich Wenzels asketische Neigungen und die Kritik, die sie am Hofe auslösten. Seine tiefe Religiosität bezeugt uns ja hinreichend die vielstimmige Legendentradition über Wenzel, die ohne sein nach christlichen Wertvorstellungen außerordentliches Leben sicherlich nie entstanden wäre. Aufschlußreicher für die Erwartungen, die eine sich langsam verchristlichende Welt einem Herrscher entgegenbrachte, sind Wenzels väterliche Fürsorge für sein Gefolge und seine richterliche Milde: Er soll sogar befohlen haben, alle Galgen in seinem Herzogtum zu zerstören; nach seinem Tode soll er als Heiliger auf wunderbare Weise die Befreiung schuldlos wie schuldig Eingekerkerter bewirkt haben. Drei Jahre nach der Ermordung wurde sein Leichnam von Altbunzlau auf die Prager Burg überführt; als Translationsdatum gilt der 4. März. Cosmas überliefert uns ein seltsames, aber typisch mittelalterliches Motiv für diese Überführung. Weil nämlich am Grabe Wenzels in Boleslaws eigener Kirche zu Altbunzlau unzählige Wunder geschahen, befahl der Herzog, den Leichnam heimlich nach Prag in die Veitskirche zu bringen, „damit, wenn Gott dort zu Ehren seines Heiligen Wunder wirke, diese nicht den Verdiensten seines Bruders, sondern jenen des heiligen Vitus zugeschrieben würden"; fürwahr eine schlaufromme Überlegung, echt mittelalterlich und, so ist man fast versucht zu meinen, auch ein bißchen „böhmisch-katholisch" ... Boleslaws Rechnung ging allerdings nicht auf. Bereits Widukind von Corvey wußte von Wenzels Heiligkeit; der heilige Adalbert-Vojtěch, 983 bis 997 Bischof von Prag, galt nach seiner Vita als besonderer Verehrer des böhmischen Märtyrerfürsten, und Prag selbst wird nach dieser Quelle bereits als „civitas sancta", als „heilige Stadt", bezeichnet, offenbar wegen der Kultstätte des heiligen Wenzel. Ende des 10. Jahrhunderts gehört er bereits zu den bekanntesten und gefeiertsten Heiligen Mitteleuropas, kirchliche Kalendarien und Märtyrerverzeichnisse außerhalb Böhmens kennen ihn, die Hagiographie bemächtigte sich seiner in steigendem Maße, und unter Herzog Jaromir (1004–1012) taucht er auf böhmischen Münzen auf.

Es war für die herrschende Dynastie sicherlich ein großer Zuwachs an Prestige und legitimer Macht, daß dieser Heilige ihrer Familie entsprossen war, und da er sowohl Hauspatron wie Landespatron wurde, besaß sein Kult hohe staatssymbolische Bedeutung. Im späteren Mittelalter suchte ihn einerseits die böhmische Adelsopposition gegen den Herrscher für sich zu beanspruchen, andererseits begründete Karl IV. den Wenzelskult als dynastischen Kult neu: Die Kapelle des Heiligen im gewaltigen Neubau des Prager Veitsdoms wurde von Karl prachtvoll geschmückt, und Wenzel erschien 1348 auf dem Siegel der Prager Universität als Empfänger der Gründungsurkunde. Vor allem aber weihte der große Luxemburger, dessen Mutter eine Přemyslidin war, seine böhmische Krönungsinsignie dem alten Landespatron. Auf Wenzels Reliquienhaupt wurde diese Festkrone ständig aufbewahrt, und nur zu besonders feierlichen Anlässen sollte sie vom Herrscher getragen werden; inniger kann man sich die Verbindung von Heiligenkult und Staatssymbolik kaum denken. Die Wenzelsstatue auf dem Hauptplatz Prags verkörpert bis in die dramatischen Peripetien böhmischer Geschichte in der jüngsten Vergangenheit den Heiligen als Schutzpatron des tschechischen Volkes; der Sockel seines Reiterstandbildes wurde am 21. August 1968 zur Klagemauer seiner Nation.

Doch kehren wir in die Zeit des Heiligen zurück, in der offenbar ein bayerisch-regensburgischer Einfluß in Böhmen kulminierte. Wenzel selbst verehrte den heiligen Emmeram, sein Neffe Strachkwas wurde Mönch in dem Regensburger Großkloster. Ob dieser Přemyslide jedoch identisch ist mit dem Christian genannten Verfasser der in ihrer Echtheit bis heute umstrittenen Wenzel- und Ludmilla-Legende, erscheint zweifelhaft. In der ersten Hälfte des 11. Jahrhunderts weiß Otloh von St. Emmeram in seiner Lebensbeschreibung des heiligen Wolfgang zu berichten, daß dieser große Reformbischof auf Bitten Kaiser Ottos II. Prag gegen den Widerstand des Regensburger Domkapitels aus seiner Diözese entlassen und damit den Weg für die Prager Bistumsgründung von 976 freigegeben habe. Süddeutschen Einfluß in Böhmen beweisen auch die frühen Heiligenkalender, Reliquien und Kirchenpatrozinien, wo sich neben Emmeram und Ulrich sowie St. Afra von Augsburg auch Erhard von Regensburg, Walpurgis und Wolfgang, Burkhard und Leonhard finden. Aus dem bayerischen Sprachraum fanden unter anderem folgende Lehnwörter Eingang in den tschechischen Wortschatz: opat (Abt), papež (Papst), mnich (Mönch), klášter (Kloster), kostel und cirkev (Kirche) und virimon für firmen. Nach dem sächsischen Chronisten Thietmar von Merseburg war sein Vorgänger im Amt, Boso, ein Mönch aus St. Emmeram gewesen, der zur Unterweisung seiner slawischen Gemeindekinder auch in slawischer Sprache schrieb und predigte.

Dennoch, nach der Ermordung Wenzels durch Boleslaw, hinter der wohl rivalisierende Adelsgruppen mit jeweiligem politischen Rückhalt in

Bayern und Sachsen gestanden haben, nimmt der politisch-kirchliche Einfluß aus dem Nordwesten entschieden zu. Das Prager Veitspatrozinium aus Corvey spricht ebenso dafür wie die Tatsache, daß der erste und der dritte Prager Bischof, Thietmar und Thiddag, aus demselben niedersächsischen Großkloster stammten. Ebenso muß es auffallen, daß der ansonsten wohlinformierte Chronist Cosmas am Beginn des 12. Jahrhunderts nichts mehr von den alten Beziehungen Prags zur Diözese Regensburg berichtet, obwohl der Einfluß Bayerns keineswegs aufgehört hatte. Spätere Legenden sprechen übrigens von der Freundschaft zwischen dem heiligen Wenzel und König Heinrich I., ja, der letztere soll dem böhmischen Fürsten selbst die Veitsreliquie übergeben haben. Was die „innerböhmische" Politik des Herrschers anbetrifft, so weiß die Legende Christians und dann viel später die sogenannte Reimchronik des Dalimil (um 1314) zu berichten, daß Wenzel mit Radislaw, dem Fürsten von Kouřim, in Konflikt geriet und daß die Krieger beider Parteien beschlossen, den drohenden Krieg durch einen Zweikampf zu beenden. Das Ergebnis soll die Unterwerfung Radislaws gewesen sein, den der Prager Herzog jedoch in Amt und Würden beließ. So bleibt trotz des relativen Reichtums an Quellen das wirkliche Bild Wenzels sehr verschwommen, von der Legendentradition topisch überformt und in konkreten Einzelheiten kaum greifbar.

Demgegenüber sind die historischen Nachrichten über seinen Bruder und Nachfolger Boleslaw I. (929/35–967/72) zwar wesentlich spärlicher, dafür aber handfester. Nach dem Mord an Wenzel flüchtete die Mutter Drahomira zu den Charwaten, vergeblich verfolgt von den Häschern Boleslaws. Der neue Herzog betrieb eine energische, expansive Politik, die sich entschieden gegen die sächsische Übermacht im Lande richtete. Es wäre allerdings falsch, die Vertreibung von Priestern aus dem Lande einfach als eine heidnische Reaktion verstehen zu wollen, dafür war Böhmen schon zu lange und zu stark unter christlichem Einfluß. Wenn Widukind von Corvey von neuer Empörung der „Barbaren" spricht und in diesem Zusammenhang die Ermordung Wenzels durch Boleslaw erwähnt, dann entspricht dies zwar seiner allgemeinen Tendenz, die slawische Welt mit dem Heidentum noch möglichst gleichzusetzen, der wirklichen Lage Böhmens hat dies jedoch sicher nicht entsprochen. Widukind berichtet weiter, daß Boleslaw gegen einen benachbarten Unterfürsten (subregulus) zu Felde zog, der wohl in Nordböhmen zu suchen ist. Dieser „subregulus" leistete den Sachsen Gefolgschaft, weshalb ihn der Böhmenherzog auch angriff. Als Zeitpunkt ist 936 anzunehmen, als nach König Heinrichs I. Tod Wirren im Reiche entstanden und daher der Druck auf die mehr oder weniger abhängigen Fürsten im Westen und

Osten zwangsläufig nachließ. Otto I. entsandte aber sofort zur Unterstützung des slawischen Stammesfürsten Hilfstruppen aus Merseburg, dem Hochseegau und aus Thüringen, darunter ein Korps begnadigter Freibeuter, die noch Heinrich I. in einer Vorstadt von Merseburg zwangsangesiedelt hatte. Boleslaw gelang es, zuerst die thüringischen Verbände in die Flucht zu schlagen und darauf auch das sächsische Kontingent, das zwar einen Teil der Böhmen besiegt hatte, aber beim Plündern und Fouragieren von den restlichen Truppen des Böhmenherzogs vernichtet wurde. Dann eroberte Boleslaw die Burg des Unterfürsten und machte sie dem Erdboden gleich. Die Kämpfe zwischen Boleslaw und dem Reich scheinen mit Unterbrechungen vierzehn Jahre gedauert zu haben, denn 950 belagerte Otto I. Boleslaws gleichnamigen Sohn in einer Festung, die als „urbs nova" bezeichnet wird, aber kaum zu lokalisieren ist. Es kam zum Friedensschluß, dem auch der alte Herzog beitrat; dieser blieb von da an „dem König ein treuer und nützlicher Diener". Wenn Widukind Boleslaw auch hier einen „servus fidelis" nennt, womit ein Vasallitätsverhältnis ausgedrückt wird, so muß man doch sogleich hinzufügen, daß Böhmen niemals in derselben Weise Bestandteil des Reiches gewesen ist wie die deutschen Stammesherzogtümer. Vielmehr blieb es trotz allen Wandels der konkreten politischen Situation immer eine königsgleiche, im Kern slawische Herrschaftsbildung. Der deutsche König besaß in Böhmen weder Reichsgut noch Reichsministerialen, noch hielt er im Lande den üblichen Königsumritt, womit er andernorts de facto die Herrschaft anzutreten pflegte. Ebenso gab es kein echtes Reichskirchengut in Böhmen.

Die vielzitierte Abhängigkeit vom Reich, ein zwischen Tschechen und Deutschen bis an die Schwelle der Gegenwart mit nationaler Leidenschaft diskutiertes Thema, läßt sich kaum mit den scharfen Distinktionen staatsrechtlicher Begriffe definieren, ja, man verfehlte das eigentliche Problem, wenn man dies tun würde. Da Otto I. nach dem Sieg über Boleslaw I. seinem Bruder Heinrich, dem Bayernherzog, eine Art Oberaufsicht über das Land übertrug, mag es angebracht sein, vorausgreifend diesem Problem der Abhängigkeit der Přemyslidenherrschaft vom Reich einige grundsätzliche Überlegungen zu widmen. Besonders unter den Saliern, als der Přemyslide der treueste Mitstreiter Kaiser Heinrichs IV. war, und ebenso unter den Staufern zeigte sich nämlich sehr deutlich, daß sich die deutschen und böhmischen Herrscher wechselseitig stützten, daß jeder dem anderen eine wertvolle Hilfe im Kampf gegen die inneren Feinde im eigenen Lande war und daß man daher aus dieser gegenseitigen Rückendeckung großen Nutzen zog. Nationale Gesichtspunkte im modernen Sinne spielten dabei kaum eine Rolle, und es war ein rein ideologischer

Anachronismus, der solche Aspekte nachträglich in die historische Entwicklung hineininterpretiert hat. Allerdings, so wird man gleich hinzufügen müssen, gibt es auch in der Geschichte keine unausweichlichen Trends, und so trat schon in den achtziger Jahren des 12. Jahrhunderts eine Situation ein, in der es Kaiser Barbarossa beinahe geglückt wäre, Böhmen unmittelbar in den engeren Kreis der Reichsfürstentümer einzuordnen und ebenso die Prager Diözese der Reichskirche. Mehr noch als Böhmen war die přemyslidische Unterherrschaft Mähren drauf und dran, damals ein deutsches Reichsland, eine „terra imperii" zu werden. Dabei sollte man nicht in diesem Zusammenhang die Tatsache überbewerten, daß das Prager Bistum seit seiner Gründung 976 Suffragan der Metropole Mainz gewesen ist, denn schon das simple Faktum, daß der böhmische Herzog der eigentliche Gründer und Beherrscher seines Bistums war, mag davor warnen, das Gewicht von Mainz zu überschätzen. Schon die straffe und erfolgreiche „Personalpolitik" der Přemysliden bei der Besetzung des Prager Bischofsstuhls spricht gegen einen auch nur „normalen" Einfluß von Mainz oder des deutschen Königs als Haupt des ottonisch-salischen Reichskirchensystems. Böhmens Stellung zum Reich ist daher weniger mit derjenigen der Stammesherzöge oder später der Reichsfürsten zu vergleichen, sondern eher mit anderen, dem Reich zugeordneten Gebieten, etwa mit dem Arelat, Reichsflandern oder Burgund.

Doch kehren wir zu Böhmen und zu Boleslaw I. zurück, an dessen weiterer Politik sich bereits sehr klar der Nutzen einer Stützung durch das Ottonenreich zeigte. Ein böhmisches Kontingent von tausend Kriegern kämpfte 955 auf deutscher Seite in der berühmten Lechfeldschlacht gegen die Madyaren mit. Zwar weiß der Chronist, wiederum Widukind von Corvey, zu berichten, die Böhmen seien „besser mit Rüstungen als mit Glück versehen" gewesen, und fügt maliziös hinzu (ein hartnäckiges Vorurteil begründend), sie wären hinten beim Troß und Gepäck geblieben, „als ob der hinterste Platz auch der sicherste wäre". Dennoch bedeutete die Teilnahme am Kampfe militärisch wie politisch für den Böhmenherzog sehr viel: Sie gab ihm Rückendeckung, so daß er um dieselbe Zeit ein madyarisches Kontingent schlagen konnte, das Böhmen bedrohte. Den gefangenen Anführer, Lele, sandte Boleslaw an Herzog Heinrich von Bayern, der ihn zusammen mit dem Arpaden Bulzu aufhängen ließ. Noch klarer wird der Nutzen des Bündnisses mit den Ottonen beim gemeinsamen Kampfe gegen die Elbslawen, die sich in der Krise des zweiten Herzogsaufstandes gegen Otto den Großen und während der gleichzeitigen madyarischen Invasion gegen das Reich erhoben hatten. Wie eine zeitgenössische Quelle aus St. Gallen von diesen Elbslawen zu berichten weiß, wollten sie zwar in gewohnter Weise Tribut zahlen, im übrigen aber als Verbündete die Herrschaft über ihr Land behalten. Genau dies war auch Boleslaws Programm und Ziel, nur erreichte er es jetzt als siegreicher Verbündeter Ottos gegen die Elbslawen und auf deren Kosten; er sicherte und erweiterte damit wohl auch seine Herrschaft im Norden. Mähren hatte er durch seinen Sieg über die Ungarn unter seine Botmäßigkeit gebracht, und von dort aus dürfte dann auch die Eroberung von Krakau und Kleinpolen erfolgt sein. Hier stieß Boleslaw allerdings auf die Macht Mieszkos I. († 992), der von Gnesen und Posen aus eine großpolnische Herrschaft errichtete. Offenbar kam es zu einer Abgrenzung der Einflußsphären, denn Mieszko heiratete Dobrawa, die Tochter Boleslaws I.; deren Einfluß soll viel zur raschen Christianisierung Polens beigetragen haben – übrigens ein weiterer Beweis dafür, daß es falsch ist, den Aufstieg ihres Vaters mit einer heidnischen Reaktion gegen das Christentum des Westens in Verbindung zu bringen. Ihren Namen Dobrawa, »die Gute«, trug sie nach Thietmar von Merseburg zu Recht, während Cosmas ihr Unschönes nachsagte: Sie soll sich nämlich als ältere Frau törichterweise mit dem Jungfrauenkranz geschmückt haben.

Noch größer war der quasi „innenpolitische" Nutzen, den Boleslaw I. aus der Rückendeckung durch das Ottonenreich zog, denn es gelang ihm nun Schritt für Schritt, die Reste regionaladeliger Mitherrschaft in Innerböhmen auszuschalten. Nur die ostböhmischen Slawnikiden, deren Macht von den Lausitzer Bergen bis zum mittleren Böhmerwald reichte, blieben noch unbezwungen, der Endkampf zwischen diesen beiden Großfamilien Böhmens stand noch aus. Es gehörte sicher einiger Mut dazu, Slavnik, den Vater des heiligen Adalbert und Hauptgegner der Přemysliden, in so ungewöhnlich sympathischer Weise zu schildern, wie dies später Cosmas von Prag in seiner Chronik getan hat. Dieser Fürst soll ein Muster aller Tugenden gewesen sein, leutselig, freundlich, gerecht, Beschützer der Armen und Waisen; fast hört sich dieser Tugendkatalog wie eine indirekte Kritik an den Vorfahren des Přemyslidenfürsten an, in dessen Hauptstadt der Chronist sein Werk geschrieben hat. Boleslaw I. jedoch, den der Prager Domdechant ungeniert den „Grausamen" nennt, sorgte auf seine Weise für gute kirchliche Beziehungen. Noch zu seinen Lebzeiten sandte er seine Tochter Milada-Maria nach Rom, wo sie vom Papst die Benediktinerregel erhielt und nach ihrer Rückkehr mit Hilfe ihres Bruders Boleslaw II. das Georgskloster auf der Prager Burg gründete. Es ist anzunehmen, daß damit die böhmischen Fürsten ihre Bemühungen um ein eigenes Landesbistum wesentlich förderten.

In der ersten Hälfte des 10. Jahrhunderts endete auch die erste Ausbauphase der Prager Burg, deren gewaltige Ausmaße bereits etwas von přemyslidischem Herrschaftsanspruch verraten. Die noch wenig erforschten

Vorburgen trennte ein Wall von der großflächigen Innenburg, die ihrerseits durch eine schluchtartige Vertiefung unterteilt wurde. Veits-Rotunde und Georgskirche lagen in der Innenburg, in deren Ostteil auch der herzogliche Palast von beträchtlichem Ausmaß stand. Als Grabstätte des heiligen Wenzel wurde die Veits-Rotunde, ein mächtiger Bau von 13 m Durchmesser mit vier Apsiden und Empore, bald zum wichtigsten Sakralbau Prags und diente nach 973/76 als erste Bischofskirche. Ob dieser Rundbau großmährische, beziehungsweise dalmatinische Vorbilder (Zadar) besaß oder sich eher an der Aachener Pfalzkapelle orientierte, ist umstritten. Unter Herzog Wratislaw entstand wohl auch der erste Bau der Georgskirche, die der heilige Wenzel ca. 925 um einen Anbau erweiterte; dorthin ließ er die Gebeine seiner ermordeten Großmutter, der heiligen Ludmilla, bringen. Die Weihe der Kirche erfolgte wahrscheinlich vor 930 durch Bischof Tuto von Regensburg. Nimmt man die in der Nordwestecke des Burgareals schon früher erbaute Marienkapelle Bořiwojs hinzu, die von Spytihniew erneuert worden ist, dann zeigt diese frühe Anhäufung von Sakralbauten im neuen přemyslidischen Herrschaftszentrum sinnfällig den engen Zusammenhang von Christianisierung und politischer Herrschaft; Kult ist auch hier „der Kitt archaischer Staatlichkeit" gewesen. Dies gilt übrigens auch für das politische Zentrum der Slawnikiden, Libice, das um 950 nicht nur prachtvoll als Fürstensitz ausgestattet wurde, sondern überdies eine Kirche nach ottonischen Vorbildern erhielt.

Wirtschaftlich war Prag in dieser Zeit ein bedeutender Handelsplatz, wie wir aus der Schilderung des arabischen Reisenden und Fernhändlers Ibrāhīm Ibn Ja'kub wissen. Münzprägung ist in Böhmen seit 955 nachweisbar, es handelt sich vornehmlich um Geld vom „Regensburger Typ"; die bayerische Metropole war also nicht nur kirchlicher, sondern auch wirtschaftlich-monetärer Vorort Böhmens. Mit der vermutlich angelsächsischen ersten Gattin Boleslaws II. dürften in der zweiten Jahrhunderthälfte Denare insularer Herkunft in Böhmen Eingang gefunden haben. Unter dem letzten Fürsten aus der Familie der Slawnikiden, Soběslav, dem Bruder des heiligen Adalbert-Vojtěch, finden sich dann auch Münzprägungen in diesem letzten selbständigen Fürstentum Böhmens, das den Přemysliden noch standhalten konnte.

Damit sind wir wiederum bei der politischen Geschichte, beim letzten Akt der Einigung Böhmens unter Boleslaw II. (967/72–999), einem der bedeutendsten Přemysliden, der nicht nur in der Bündnispolitik Mittel- und Ostmitteleuropas eine wichtige Rolle spielte, sondern auch die Reichspolitik maßgeblich beeinflußte. Die Beziehungen Böhmens zu Bayern erhielten unter Boleslaw II. eine schicksalhafte Zuspitzung, da dieser Fürst in den mehrjährigen Aufstand Heinrichs des Zänkers, des Bayernherzogs, gegen Kaiser Otto II. verwickelt wurde. Ob Hemma, die Gattin des Přemysliden, aus bayerischem Adel stammte, wie ihr Name nahelegt, bleibt unsicher, doch betrachtete offenbar der Böhme den Bayern noch 984 als seinen „König und Herrn" (rex et dominus). Parallel zu den langwierigen Auseinandersetzungen im Reich und von denselben immer wieder beeinflußt, verlief eines der wichtigsten Ereignisse der böhmischen Geschichte: die Gründung des Bistums Prag in den Jahren 973 bis 976. Nach dem Tode seines Vaters hatte Boleslaw II. Waffenhilfe für seinen Schwager Mieszko von Polen geleistet, der sich im Kampf gegen den sächsischen Grafen Wichmann befand, den gemeinsamen Feind Mieszkos wie Ottos des Großen. Der Kaiser unterstützte bis zu seinem Tode im Mai 973 Boleslaws Bemühungen um ein Prager Bistum, denen ja schon Milada-Maria, die Schwester des Herzogs, durch ihren Romaufenthalt und die Gründung des Prager Georgsklosters erfolgreich vorgearbeitet hatte. Bischof Michael von Regensburg (941–972) wehrte sich gegen diese Bistumspläne bis zu seinem Tode; sie bedrohten den Einfluß Regensburgs in Böhmen. Erst unter seinem Nachfolger, dem heiligen Wolfgang, konnte ein Übereinkommen erzielt werden, so daß es wohl schon seit 973 formal eine Diözese Prag gab. Wegen der politischen Wirren kam die Gründung aber erst am 28. April 976 faktisch zum Abschluß, als der erste Prager Bischof, der Sachse Thietmar, mit anderen Bischöfen der Erzdiözese Mainz, unter denen auch ein mährischer Bischof genannt wird, vom Mainzer Metropoliten Erzbischof Willigis geweiht wurde. Warum Böhmen Mainz und nicht der neuen Erzdiözese Magdeburg unterstellt worden ist, kann man nur vermuten. Es dürfte wohl der lange und hinhaltende Mainzer Widerstand gegen die Errichtung des „ottonischen" Erzbistums Magdeburg gewesen sein, die es dem Kaiser geraten sein ließ, Magdeburg nicht noch durch das Prager Suffraganbistum zu verstärken, sondern dasselbe lieber Mainz zu unterstellen, vielleicht sogar als Kompensation für den Verlust des weiten sächsischen Vorfeldes. Vielleicht schlägt sich aber auch bereits der übermächtige Einfluß des großen Willigis in der Reichspolitik nieder, jener ragenden Gestalt des deutschen „Königsmachers", die nach dem Tode Kaiser Ottos II. (983) eine schlechthin beherrschende Figur werden sollte.

Wie dem auch sei, die Bistumsgründung konnte durchgesetzt werden, und es steht außer Frage, daß Prag ungeachtet der Bindungen an den Mainzer Erzstuhl vor allem ein přemyslidisches Bistum war, die Personalpolitik der böhmischen Herzöge und die Umstände der Dotierung zeigen dies zur Genüge. Auf keinen Fall sollte die Beziehung zu Mainz überschätzt werden, denn Prag gehörte im engeren Sinne niemals zum ottonisch-salischen Reichskirchensystem. Dagegen bewies Boleslaw II. seinen Willen, in die inneren Probleme des Reiches aktiv einzugreifen, als er sich 974 mit Herzog Heinrich dem Zänker gegen Kaiser Otto II. verbündete. Heinrich hatte auch im sächsisch-thüringischen Raum eine starke Anhängerschaft, die ihn später sogar in Quedlinburg zum König erhob, als er nach dem Tode Ottos II. noch einmal den Griff nach der Königsherrschaft wagte. Nach Quedlinburg hat er jedenfalls 984 die Fürsten der Obodriten, Polen und Böhmen zu einem Hoftag geladen, und damals erhielt Boleslaw II. auch die Herrschaft über Meißen. Zehn Jahre zuvor jedoch war der Aufstand Heinrichs schon zusammengebrochen, ehe er recht begonnen hatte. Der Herzog wurde in Ingelheim gefangengesetzt; im Herbst 975 unternahm dann Otto II. einen Vergeltungsfeldzug nach Böhmen, den Boleslaw mit einem Einfall nach Bayern beantwortete. Gegen Jahresende kam es offenbar zu einem politischen Ausgleich, denn damals übernahm Thietmar sein Amt als erster Prager Bischof; am 28. April 976 erfolgte die Bestätigung durch den Mainzer Metropoliten. Die Flucht Heinrichs des Zänkers aus Ingelheim ließ den Aufstand jedoch wieder aufflammen; der Bayernherzog wurde vom König in Regensburg belagert, von dort floh er nach Böhmen. Als Otto II. Regensburg erobert hatte, zog er im Juli 976 gegen Boleslaw II. und drang bis in die Pilsener Gegend vor, wo das Reichsheer von den Böhmen beim Baden angegriffen und teilweise aufgerieben wurde; es mußte erfolglos über Cham nach Bayern zurückkehren. Dafür unternahmen Verbände Boleslaws wieder einen Vergeltungszug nach Bayern und drangen plündernd bis in die Passauer Gegend vor. Den Höhepunkt erreichte die Auseinandersetzung 977, als sich die beiden Herzöge Heinrich von Bayern und Heinrich von Kärnten sowie der Bischof Heinrich von Augsburg gegen den Ottonen erhoben und Bayern damit als Angriffsbasis gegen den Přemysliden ausfiel. Otto II. drang von Sachsen aus verwüstend nach Böhmen ein, und unter dem Eindruck dieser Katastrophe gab Boleslaw den Widerstand auf. Dies scheint unter ehrenvollen Bedingungen geschehen zu sein, denn als der „Aufstand der drei Heinriche" endgültig niedergeschlagen war, wurde Boleslaw zu Ostern 978 vom Kaiser in der ottonischen Pfalz Quedlinburg freundlich empfangen und neuerlich als Lehnsmann aufgenommen. Auf gleiche Weise söhnte sich Mieszko von Polen mit Otto II. aus. Für den Süden und Westen Böhmens war es wichtig, daß die Babenberger, welche dem Kaiser zum Sieg über die Aufständischen wesentlich mitverholfen hatten, nunmehr eine große Rolle spielten. Der Babenberger Luitpold (976–994) erhielt die Ostmark an der Donau, Berthold von Schweinfurt († 980) hingegen bekam den wesentlich erweiterten bayerischen Nordgau und das Volkfeld, seine markgräflichen

Rechte reichten in diesem Grenzraum von der oberen Eger und dem Fichtelgebirge den Böhmerwald entlang bis zur Donau herunter. Es scheint, als habe der König durch diesen babenbergischen „Riegel" an der Slawengrenze zugleich die alte und, wie der Aufstand gegen ihn gezeigt hatte, sehr wirksame politische Verbindung zwischen Böhmen und Bayern unterbrechen und sich selbst den Eingriff in böhmische Dinge vorbehalten wollen.

Der Přemyslide jedenfalls nutzte den mehrjährigen Frieden mit dem Reich ungemein geschickt zur Festigung seiner fast königsgleichen Stellung in Böhmen: Es kam zu einem dramatischen Endkampf mit den Slawnikiden in Ost- und Südböhmen. Am 18. März 981 starb Slavnik, ungefähr ein Jahr später, nämlich am 19. Februar 982, wurde in der přemyslidischen Burg Levý Hradec Slavniks Sohn Vojtěch, der heilige Adalbert, zum Nachfolger des inzwischen verstorbenen ersten Prager Bischofs Thietmar gewählt. Dies geschah sicher auf Initiative Boleslaws II., und man darf annehmen, daß der Přemyslide auf einen Ausgleich mit den Slawnikiden hinauswollte, indem er einen der Ihren zum geistlichen Oberhaupt Böhmens machte, offenbar in der Meinung, damit den Ehrgeiz dieser Familie in andere Bahnen lenken und sich selbst die Anerkennung seiner Oberherrschaft in ganz Böhmen einhandeln zu können. Für diese Ansicht spricht auch, daß Boleslaw den geistlichen Anwärter aus der eigenen Familie, seinen Bruder Strachkwas, der in St. Emmeram zu Regensburg ausgebildet worden war, nicht für den Prager Bischofsstuhl vorgesehen hat. Die politisch ausgleichende Absicht Boleslaws scheint aber an der Person Adalberts und seinen so völlig andersartigen Intentionen gescheitert zu sein.

In der zweiten Hälfte des 10. Jahrhunderts zog eine erste große Welle kirchlicher und monastischer Reform durch ganz Europa; Gorze in Lothringen und Cluny in Burgund waren die Ausgangspunkte dieser Erneuerungsbewegung, deren Repräsentant in Bayern Bischof Wolfgang von Regensburg war. Je mehr sich das erste christliche Jahrtausend seinem Ende zuneigte, umso stärker wurde die Sehnsucht nach geistlicher Erneuerung, durch eine weitverbreitete Angst vor dem nahen Weltuntergang beflügelt. Auch Adalbert war von dieser chiliastischen Zeitstimmung tief erfaßt, ja sie dürfte die stärkste Motivation für seinen Reformeifer und sein missionarisches Werk unter den slawischen Brüdervölkern gewesen sein. Reform, das bedeutete für Adalbert aber auch Opposition gegen die allzu enge Verkettung der Kirche mit den politischen Mächten der Zeit, wie sie sich im ottonischen Reichskirchensystem herausgebildet hatte und wie es Boleslaw II. en maniature auch in Prag von Anfang an etabliert hatte: das Bistum als Stütze, Dienerin und kultische Legitimation der přemyslidischen Herrschaft, die Kirche als Mitträgerin und williges Exekutivorgan der weltlichen Gewalt. Zwei Konzeptionen von Kirche standen sich hier diametral gegenüber und verschärften noch die gleichsam natürlich angelegte und vorprogrammierte Konfliktsituation, in die Adalbert-Vojtěch als Slawnikide gegen den Přemysliden eintreten sollte.

Die zeitgenössischen Quellen lassen noch unter der hagiographischen Stilisierung ein widersprüchliches, innerlich wie äußerlich gefährdetes Leben erkennen; es ist die erste Biographie eines Westslawen, die uns auch Einsichten in die geistige Physiognomie eines ungewöhnlichen Menschen vermittelt. Wie beim alternden Bonifatius erscheint der Märtyrertod in der Mission als resignierter Ausweg aus einer fast ausweglosen Situation, als Flucht nach vorn. Dabei hatte Adalberts Leben sehr geradlinig im Sinne einer adelig-geistlichen Karriere begonnen. Um 956 auf dem Hauptsitz der Slawnikiden in Libice nahe der Mündung der Cidlina in die Elbe geboren, wurde er gemäß kriegerisch-adeligem Selbstverständnis auf den Namen Vojtěch, d. h. „Trost im Kampfe“, getauft. Seine Familie stand damals auf dem Höhepunkt ihrer Macht. Mit den Ottonen politisch und wahrscheinlich auch verwandtschaftlich eng verbunden, beherrschte sie Ost- und Südböhmen, Teile Schlesiens, kontrollierte die südlichen Ausfall- und Handelsstraßen zur Donau sowie das Marchgebiet als Durchgangsland nach Polen. Vojtěchs Mutter Střezislava, die auch den deutschen Namen Adilburc trug, erzog den Knaben in geistlichem Sinne, und als der Missionsbischof Adalbert von Trier, der zuvor Mönch in dem wichtigen lothringischen Reformkloster St. Maximin gewesen war, von einer Missionsreise an den Hof der Kiewer Großfürstin Olga zurückkehrend auch Libice besuchte, firmte er den jungen Vojtěch auf seinen eigenen Namen. Mit fünfzehn Jahren ging Adalbert an die neuerrichtete Madgeburger Domschule, wo er unter der unmittelbaren geistlichen Aufsicht seines inzwischen als Erzbischof eingesetzten Firmpaten stand. Magdeburg war nicht nur ein östliches Zentrum der lothringischen Kloster- und Kirchenreform, sondern besaß in dem Magister Ohtrich auch einen der größten Gelehrten der Zeit, neben dem berühmten Gerbert von Aurillac der intellektuelle Hauptvertreter der ottonischen Renaissance. Sein Einfluß auf Vojtěch muß bedeutend gewesen sein. Nach Abschluß seiner theologisch-philosophischen Ausbildung trat der junge Adalbert in das Prager Domkapitel ein, dessen Bischof Thietmar der cluniazensischen Reformbewegung nahestand. Ihm folgte er am 19. Februar 983 auf dem Bischofsstuhl. Die Wahl wurde in der přemyslidischen Residenz Levý Hradec vollzogen. Typisch für die mittelalterliche Auffassung, daß für hohe kirchliche Ämter adelige Herkunft notwendig sei, ist Cosmas' Bericht über dieses Ereignis. Mag sich darin auch vor allem die Meinung des frühen 12. Jahrhunderts wiederspiegeln, so steht es doch außer Zweifel, daß dieselben Wertvorstellungen schon seit der Karolingerzeit Gültigkeit besaßen. Adalbert sträubte sich zuerst, wie es die mittelalterliche Gesellschaft von ihm erwartete, aber Boleslaw, der Klerus und das Volk (popolus) – womit damals die politisch handlungsfähige Oberschicht, der Adel und das Gefolge des Fürsten gemeint waren – vollzogen die Wahl; denn, so wird ausdrücklich gesagt: „Dein Adel, dein ganzes Tun und Lassen schicken sich aufs Beste für die bischöfliche Würde. Bist du ja doch uns bekannt vom Scheitel bis zur Sohle." Welche Hoffnungen Boleslaw II. dabei bewegt haben mögen, wurde schon angedeutet. Kaiser Otto II. vollzog im Juni 983 auf seinem Hoftag in Verona die Investitur, bald darauf weihte ihn der Mainzer Metropolit Willigis. In Pavia lernte er damals den große Abt Majolus von Cluny und Bischof Gerhard von Toul, zwei berühmte Häupter der kirchlichen Reformbewegung, kennen, in deren Geist er selbst von nun an wirkte. Nichts deutete darauf hin, daß sich der geradlinige Weg Adalberts nicht in ähnlicher Weise fortsetzen sollte. Dennoch kam es anders.

Als nach dem Tode Ottos II. am 7. Dezember 983 der bayerische Herzog Heinrich der Zänker als Vormund des dreijährigen Kaisersohns selbst nach der Königskrone griff, schlug sich 984 auf einem Reichstag in Quedlinburg neben Mieszko von Polen und dem Abodritenfürsten Mstivoj (Mistui) auch Boleslaw II. auf die Seite des Bayern. Der Preis scheint die Herrschaft über die Mark Meißen gewesen zu sein, die Boleslaw in Besitz nahm. Dabei vertrieb er den Meißner Bischof Folkold, wollte also auch dieses Gebiet seinem Prager Landesbistum einordnen. Als aber Heinrich der Zänker im Kampf gegen die vormundschaftliche Reichsregierung Adelheids und Theophanus scheiterte, mußte auch Boleslaw einen Rückzieher machen. Er übergab Meißen dem neuen Markgrafen Ekkehard und ebnete sich damit den Weg zu einem glimpflichen Frieden, der dann zu Ostern 986 wiederum in Quedlinburg geschlossen wurde. In der Folgezeit kam es aber 990 zum Kampf mit Mieszko von Polen, wahrscheinlich wegen Boleslaws Herrschaft über das Krakauer Land, und das Reichsregiment leistete diesmal Polen Hilfe. Boleslaw, der von den Wilzen unterstützt wurde, konnte nur einen Teil des verlorenen Gebietes zurückerobern. Damit war aber ein weiterreichender Konflikt nur vertagt, denn als 992 Mieszkos Sohn Boleslaw Chrobry seinem Vater in der Herrschaft nachfolgte, brach neuerdings ein Krieg aus.

Der Zusammenbruch des Polenbündnisses blieb nicht ohne Rückwirkungen auf die innerböhmische Lage, denn während die Přemysliden in ihrer Loyalität aus Opportunitätsgründen zwischen den Bayern und den

Ottonen schwankten, blieben die Slawnikiden von Anfang an auf ottonischer Seite und unterhielten ebenso bessere Beziehungen zu den polnischen Piasten, auch nach 990; dies sollte ihnen zum Verhängnis werden. Der angestrebte Ausgleich zwischen Přemysliden und Slawnikiden, wie ihn Boleslaw II. durch die Bischofserhebung Adalberts zu verwirklichen gedachte, hatte schon 987 einen Stoß erhalten, als Střezislava, die Witwe Slavniks und Mutter des Bischofs, starb. Sie war vermutlich eng mit den Přemysliden verwandt, und so war es wohl kein Zufall, daß sich Adalbert bald darauf nicht mehr in Prag halten konnte. Er mußte dem Herzog nunmehr eher als Exponent der feindlichen Familie denn als gefügiger Landesbischof gelten. Auch mag ihm Adalberts entschiedener kirchlicher Reformkurs, der sich ja auch gegen die Instrumentalisierung und Bevormundung der Kirche durch die politische Gewalt richtete, mißfallen haben; grundsätzlicher und persönlicher Konfliktstoff dürften sich hier wechselseitig verstärkt haben. Jedenfalls verließ Adalbert 989 Prag in Begleitung seines Halbbruders Radim-Gaudentius und des Dompropstes Willico, um nach Rom und dann ins Heilige Land zu pilgern. Nach einem Aufenthalt in Montecassino empfahl ihm der griechische heiligenmäßige Abt Nilus von Rossano das Kloster San Alessio auf dem Aventin in Rom als geistliche Bleibe. Der Metropolit Sergius von Damaskus hatte San Alessio 977 gegründet; es war zum Asyl für geflüchtete griechische Mönche geworden. Mitglieder der römischen Aristokratie förderten diese neue westliche Missionszentrale für den griechischen und slawischen Osten. Adalbert und mit ihm Radim-Gaudentius, der spätere Erzbischof von Gnesen, und Astrik-Anastasius, nachmals Abt und Erzbischof im ungarischen Gran, traten in das berühmte, auf den griechisch-slawischen Osten ausgerichtete Kloster ein, das sich überdies der höchsten kaiserlichen Förderung erfreuen durfte. Die Griechin Theophanu gehörte ebenso zu den Wohltätern des Konventes wie auch ihr Sohn, der junge Otto III., der dieser Pflanzstätte hoher geistlicher Würdenträger für den ostmitteleuropäischen Missionsraum seinen Krönungsmantel schenkte. Hier knüpften sich auch die engen freundschaftlichen Beziehungen zwischen Adalbert und dem Kaisersohn, und hier wurden wohl auch die Vorbereitungen für die Gründung der Erzbistümer Gnesen und Gran geführt. Es waren dies wichtige Meilensteine auf dem Wege der Ausformung Polens und Ungarns als kirchlich legitimierte mittelalterliche Nationen. Adalberts Freundschaft mit dem großen Reformabt Romuald von Ravenna († 1027), dem Gründer der Kamaldulenserkongregation, vervollständigte den Kreis vorbildlicher kirchlicher Erneuerer, denen der Böhme leidenschaftlich und in strengster Askese nachzueifern trachtete. Aber die Politik entließ ihn nicht aus ihren harten Sachzwängen. Erzbischof Willigis von Mainz mochte wohl mit Recht befürchten, daß die lange Abwesenheit Adalberts von seinem Diözesansitz den Ausbau des jungen Bistums ebenso gefährden würde wie die Interessen der Mainzer Metropole. Es ist anzunehmen, daß Willigis 992 eine böhmische Gesandtschaft zu Papst Johannes XV. schickte, um die Rückkehr Adalberts zu erreichen. An deren Spitze standen Adalberts Halbbruder Radim und der Bruder des Herzogs, Strachkwas-Christian. Es schien, als ob noch einmal ein friedliches Übereinkommen getroffen werden könnte, das sowohl den kirchlichen Reformer Adalbert wie auch den Přemysliden zufriedenstellen würde. Ob der Fürst dabei wiederum an einen dauerhaften Ausgleich mit den Slawnikiden dachte, kann nur vermutet werden, jedenfalls mußte ihm der Frieden mit dieser mächtigen polenfreundlichen Familie im Lande wichtig sein, da sich gerade damals mit Mieszkos Sohn Boleslaw Chrobry (992–1025) neue Kämpfe um die Vormacht im Raum der Sudeten anbahnten.

Adalbert scheint sich aber bei seinem kaiserlichen Freund erst kirchenpolitische Rückendeckung für die Rückkehr nach Prag geholt zu haben, denn er besuchte Otto III. in der Aachener Pfalz und feierte mit dem Herrscher dort das Osterfest. Der Ottone ließ sich von seinem Freund wie von einem Erzbischof krönen – es handelte sich wohl um eine staatsrechtlich wenig bedeutende Festkrönung – und entließ ihn reich beschenkt nach Prag. Dort kam es 993 zur Gründung des Klosters Břevnov, des ersten Männerklosters in Böhmen. Adalbert hatte für seine Stiftung, die der Gottesmutter, Benedikt, Bonifatius und Alexios geweiht wurde, Mönche aus San Alessio vom Aventin mitgebracht. Das Kloster wurde somit von Anfang an ein Zentrum der Reform wie auch der slawischen Missionspläne Roms. Boleslaw II. stattete es reich mit Herzogsgut aus. Doch der Friede dauerte nur kurze Zeit.

Zum einen scheint Adalberts rigoroser Reformgeist Unwillen erregt zu haben. Vermutlich 994 wurde der Bischof Zeuge einer Blutrache im kirchlichen Asylbereich des Prager Georgsklosters; ob es sich dabei um die Familie der Wrschowetze gehandelt hat, deren Macht von den Přemysliden mit wachsendem Mißtrauen betrachtet wurde, bleibt unsicher. Gravierender war aber wohl die Tatsache, daß sich der Bischof nunmehr im ottonischen Schutz stärker als zuvor als Slawnikide zu fühlen begann. Aus dieser Zeit sind Münzen Adalberts erhalten, die in Libice geprägt wurden und vom přemyslidischen Münztyp abweichen. Als Reichsbischof war er zweifellos zur Münzprägung berechtigt, der Zusammenhang mit dem Monetärsystem seiner Familie mußte aber die Animosität der Präger Fürsten wecken. Adalbert konnte sich offenbar nicht länger halten, denn um 994 verließ er zum zweitenmal seine Diözese, nicht ohne zuvor dem Herzogsbruder und Regensburger Mönch Strachkwas-Christian seinen Bischofssitz anzubieten, denn vom Verwandten des Fürsten erhoffte er sich mehr Glück bei der Durchsetzung kanonischer Vorschriften und kirchlicher Wünsche. „Es ist gut", so soll Adalbert damals Strachkwas-Christian gesagt haben, „daß man dich als den Bruder des Herzogs kennt und daß du von den Herren dieses Landes abstammst. Dich wird dieses Volk lieber zum Herren haben und dir eher gehorchen als mir." Dieser weigerte sich zwar leidenschaftlich, das Amt zu übernehmen, scheint es aber dann doch bis zu seinem Tode 996 während Adalberts Abwesenheit innegehabt zu haben.

Des Bischofs zweite Flucht nach Rom wurde sicherlich durch die neuerliche Zuspitzung des Konfliktes zwischen Přemysliden und Slawnikiden ausgelöst. Die Prager Fürsten gerieten damals in tödlichen Gegensatz zu den polnischen Piasten. Die unverhohlene Großmachtpolitik Boleslaw Chrobrys mußte sich umso gefährlicher auswirken, als sie in der Familie der ostböhmischen Slawnikiden mächtige Sympathisanten besaß. Als Kaiser Otto III. im September 995 einen Feldzug gegen die Obodriten vorbereitete, zogen ihm sowohl polnische Verbände unter Boleslaw Chrobry als auch böhmische Truppen unter Boleslaw III. zu, aber auch ein ostböhmisches Kontingent unter dem Libicer Fürsten Soběslav, dem Bruder Adalberts, nahm teil. Es kam zu Reibereien, Soběslav wandte sich an den Polenherrscher wie auch an den Kaiser, um Klage über den wachsenden Druck der Přemysliden zu führen. In dieser Situation schlugen die Prager schrecklich zu. Zwar berichtet Cosmas, Herzog Boleslaw II. sei damals als kranker Greis darniedergelegen, doch ist es unwahrscheinlich, daß ohne sein Wissen und Wollen ein přemyslidisches Heer gegen Libice marschierte und unter schnödem Bruch eines Waffenstillstandes am St. Wenzelstag, dem 28. September 995, den Herrschersitz der Slawnikiden eroberte. Vier Brüder Soběslavs, Spytimír, Bobraslaw, Bořej und Čáslav, wurden hinterhältig aus dem Asyl der Burgkirche gelockt und erschlagen, die Festung selbst brannte man nieder und verwüstete sie. Die Spuren dieser Katastrophe sind archäologisch nachweisbar. Soběslav blieb zwar im polnischen Asyl, doch seine ostböhmische Sonderherrschaft hatte aufgehört zu existieren; die politische Einigung Böhmens unter den Přemysliden war mit blutigen Mitteln vollendet worden.

Als Otto III. im Mai 996 nach Rom zog und sich dort zum Kaiser krönen ließ, kam es neuerdings zu engen freundschaftlichen Beziehungen zwischen ihm und dem heiligen Adalbert, der wiederum im Kloster San Alessio, also vermutlich nahe der Kaiserresidenz, auf dem Aventin Aufnahme gefunden hatte. Von diesem Missionszentrum aus, dem sowohl Brun von Querfurt wie die ersten Erzbischöfe von Gnesen und Gran,

Radim-Gaudentius und Astrik-Anastasius entstammten, konnte die kirchliche Arbeit nach Adalberts Meinung offenbar doch weitergeführt werden, zumindest außerhalb Böhmens, denn das Wirkungsfeld des Prager Bischofs reichte bis in die Slowakei an der Waag, bis Ungarn und im Nordosten bis Schlesien und Krakau. Die römische Initiative scheint aber dem für Prag zuständigen Mainzer Metropoliten Willigis nicht genehm gewesen zu sein, denn auf einer Synode des neuen Papstes Gregor V. (996–999) drang er erneut auf die Rückkehr Adalberts an seinen Diözesansitz. Letzterer beharrte jedoch auf seiner Weigerung; er mochte wohl um seine Sicherheit in Prag fürchten, nachdem seine Familie ein so schreckliches Ende genommen hatte. Es kam zu einem Kompromiß. Der Papst gestand ihm zu, daß er in die Heidenmission gehen könne, falls er in Böhmen nicht mehr Fuß zu fassen vermöchte. Damit war aber de facto gegen die Rückkehr entschieden, denn Boleslaw II. scheint nun in der Tat seinen Bruder Strachkwas-Christian mit der Leitung der Diözese betraut zu haben. Zu einer regulären Weihe des Přemysliden wird es aber wohl kaum gekommen sein, denn 998 wurde Boleslaw II. als neuer Prager Bischof der Mönch Thiddag (998–1017) aus dem sächsischen Kloster Corvey präsentiert. Er war Mitglied der ottonischen Hofkapelle, genoß als Arzt hohes Ansehen und dürfte sich in dieser Eigenschaft wohl auch dem alternden und kränkelnden Herzog empfohlen haben. Damit waren aber auch die Chancen Adalberts, jemals wieder nach Prag zurückkehren zu können, auf den Nullpunkt gesunken. Der Heilige brach 997 von Rom aus zu seiner letzten Missionsfahrt ins Weichselland zur Preußenmission auf, offenbar mit Unterstützung des Polenherrschers Boleslaw Chrobry. Weichselabwärts ging Adalberts Reise bis Danzig und über das Frische Haff, dann zu Lande weiter ins alte Pomesanien. Dort jedoch verwehrte man ihm gewaltsam die weitere Missionsfahrt; nach einem Gottesdienst wurde der Heilige von Preußen getötet und sein Kopf auf einem Hügel zur Schau gestellt. Daß es sich hier wohl um eine politische Aktion gehandelt hat, nicht nur um eine heidnisch-religiöse Reaktion auf die Christianisierung, kann man aus der Tatsache folgern, daß seine beiden Begleiter Begussa-Benedikt und Radim-Gaudentius mit dem Leben davonkamen. Boleslaw Chrobry ließ die Gebeine des Märtyrers in seiner Domkirche zu Gnesen feierlich beisetzen. Das junge Bistum wurde damit ein wichtiger kultischer Mittelpunkt für die sich stabilisierende polnische Reichsbildung, denn bereits zwei Jahre nach Adalberts Tod sprach Papst Silvester II. den böhmischen Slawnikiden heilig; und ein Mönch aus der römischen Missionszentrale San Alessio, Johannes Canaparius, schrieb die Vita des großen Heiligen. Adalbert-Vojtěchs Schüler Radim-Gaudentius wurde zum Erzbischof von Gnesen geweiht; der neue Metropolitansitz erhielt als Suffraganbistümer Breslau, Kolberg und Krakau. Im Jahre 1000 wallfahrtete Kaiser Otto III. selbst an das Grab seines väterlichen Freundes. Die Mission unter den Pruzzen-Preußen ging weiter und forderte neue Opfer, unter anderem erlitt auch Brun von Querfurt, der zweite Biograph Adalberts, das Martyrium unter den heidnischen Pruzzen. Der Polenfürst blieb aber bei einer nur religiösen Legitimierung seiner Herrschaft nicht stehen. Es ging ihm um Macht und Expansion, und so fiel er bald danach in Böhmen und Mähren ein und eroberte vorübergehend Prag.

Wenden wir uns wieder der Entwicklung in Böhmen zu, die nach dem Tode Boleslaws II. (999) zu einem Übergewicht des polnischen Nachbarn geführt hatte, aber auch zu einer neuerlichen Verstärkung des deutschen und besonders des bayerischen Einflusses. Unter Boleslaw III. (999–1003) geriet der zielstrebige Herrschaftsaufbau der Přemysliden in eine gefährliche Krise; es kam zu langwierigen Auseinandersetzungen zwischen den Brüdern in der Herzogsfamilie, aber auch zu Streitigkeiten mit Bischof Thiddag und dem Landesadel. Der neue Herzog Boleslaw wollte sich seiner Brüder gewaltsam entledigen. Er ließ Jaromír verstümmeln, Udalrich sollte getötet werden; beide konnten aber mit ihrer Mutter Hemma nach Regensburg an den Hof Herzog Heinrichs IV., des späteren Kaisers, fliehen. Auch Bischof Thiddag flüchtete zu Markgraf Ekkehard von Meißen, der ihn wieder nach Prag zurückgeleitete. Boleslaw hatte den Bogen auch insofern überspannt, als er die mächtig gewordene Adelssippe der Wrschowetze provozierte und damit einen allgemeinen Aufstand auslöste, der ihn selbst zur Flucht ins Reich zwang. Der Nordgaugraf Heinrich lieferte den Böhmenherzog aber an Polen aus. Für eine kurze Zeit wurde nun der Pole Wladiwoj, ein Verwandter der Přemysliden, böhmischer Herzog.

Nach seinem Tode 1003 berief der Adel, nunmehr einig gegen die machthungrigen Wrschowetze, die nach Bayern geflüchteten Herzogsbrüder Jaromír und Udalrich zurück, während Boleslaw Chrobry den Přemysliden Boleslaw III. gewaltsam nach Prag zurückführte. Letzterer ließ bei einem Gastmahl die gesamte Sippe der Wrschowetze ermorden. Er ging aber bald darauf selbst in eine Falle, als er einer Einladung des Polenfürsten nach Krakau folgte und dort geblendet und eingekerkert wurde. Boleslaw Chrobry glaubte nunmehr den Augenblick gekommen, Böhmen und Mähren unmittelbar seiner Herrschaft einverleiben zu können. Er zog nach Prag, Jaromír und Udalrich mußten wiederum weichen, und Herzog Heinrich IV. von Bayern, inzwischen deutscher König, schien damals bereit, den Machtwechsel in Böhmen anzuerkennen. Aber die Weigerung des Polenfürsten, die alte Lehnsbeziehung zum Reich für

Böhmen anzuerkennen, und seine Beteiligung am Aufstand des Markgrafen Heinrich von Schweinfurt führten rasch zum Zusammenbruch der polnischen Ambitionen im böhmischen Raum. Kaiser Heinrich II. griff 1004 zusammen mit dem Babenberger Markgrafen Heinrich und dem bayerischen Aufgebot Böhmen an. Dies geschah nicht zufällig, denn Böhmen war damals Zentrum der weitläufigen Verschwörung gegen den König, an der neben dem Nordgaugrafen Heinrich sich auch des Kaisers Bruder Bruno beteiligte. Heinrich II. zog mit den Přemysliden Jaromír und Udalrich gegen Prag, und Boleslaw Chrobry mußte sich mit seinen polnischen Truppen aus der Residenzstadt zurückziehen. Bei diesen Kämpfen fiel der letzte Slawnikide Sobiebor. Nach der Ausschaltung der Wrschowetze waren mit dessen Tod die Přemysliden endlich die unbestrittenen Herren Böhmens.

Die deutsche Waffenhilfe schlug sich allerdings in einer festeren Lehensbindung nieder, die Herzog Jaromír (1004–1012) eingehen mußte, und ebenso in einer böhmischen Heerfolgepflicht für die Feldzüge Kaiser Heinrichs II. gegen die Polen in den folgenden Jahren. Mit Boleslaw Chrobry kam es 1005 zu einem politischen Kompromiß: Er verlor zwar die Herrschaft über Böhmen und die Sorben, behielt aber Mähren und die Slowakei. An der Festigung der Gesamtherrschaft der Přemysliden über Böhmen änderte es auch nichts, als 1012 Herzog Jaromír von seinem Bruder Udalrich vertrieben wurde. Heinrich II., damals am Frieden an der Ostgrenze des Reiches lebhaft interessiert, verlangte von Udalrich auf einem Reichstag in Merseburg lediglich den Lehnseid. Hier wie später in salischer Zeit zeigte sich sehr deutlich, daß die Bindung Böhmens an das Reich nicht in erster Linie eine rechtliche Frage, sondern eine politische war, denn die Konsolidierung der přemyslidischen Herrschaft, vor allem gegen innere Feinde, war ohne den Rückhalt des mächtigen Nachbarn im Westen kaum möglich, jedenfalls niemals dauerhaft. Die Besorgnis, vom übermächtigen deutschen Nachbarn allzu abhängig zu werden, dürfte aber schon früh zu einer mehr oder weniger klaren Konstante im Bewußtsein der slawischen Böhmen geworden sein. Man spürt dies etwa bei Cosmas von Prag, der über die Zeit Kaiser Heinrichs II. bereits recht ausführlich berichtet. Er bedenkt einerseits die Bistumsgründung des letzten Ottonen in Bamberg mit hohem geistlichen Lob, kolportiert andererseits aber auch die Vision eines bulgarischen Einsiedlers, wonach „die häßlichsten Teufel, welchen aus Mund und Nase schweflige Flammen gingen", den Kaiser am Barte zum Gerichte zogen, ihn mit eisernen Gabeln in den Hals stachen und dabei fröhlich riefen: Er ist unser, er ist unser. Die Gottesmutter und der heilige Georg, die Titularheiligen der königlichen Bistumsgründung Bamberg, konnten erst nach langem Kampfe den toten Herrscher den höllischen Mächten entreißen. Daß diese Vision über jenen deutschen König, der zwar erst 1146 heiliggesprochen wurde, aber schon lange zuvor als Heiliger galt, gerade in Böhmen erzählt wurde, dürfte wohl kaum Zufall sein, denn vor allem Heinrich II. hatte mit der größten Energie in die inneren Verhältnisse des Landes eingegriffen. Dies verstärkte sich noch unter seinem Nachfolger Konrad II. (1024–1039), dem ersten Salier, dem Herzog Jaromír 1029 und 1030 Heerfolge gegen Polen und Ungarn leisten mußte. Doch zogen auch in diesem Falle die Přemysliden daraus den größten Vorteil, da Udalrichs Sohn Břetislaw die Gelegenheit von Konrads Polenzug wahrnahm, um Mähren wiederum der polnischen Oberhoheit zu entreißen und es zu einem Unterherzogtum für sich selbst auszubauen. Sein Vater Udalrich, obwohl nur mit deutscher Hilfe Böhmenherzog geworden, weigerte sich 1033 gegen den ausdrücklichen Wunsch Konrads, auf einem Hoftag in Merseburg zu erscheinen. Konrads Sohn, der junge König Heinrich III., unterwarf darauf in einem raschen Feldzug ganz Böhmen, Udalrich wurde abgesetzt und verbannt und der seit 1012 im Exil lebende Bruder Jaromír wieder als Herzog eingesetzt. Er vermochte sich aber politisch nicht durchzusetzen, so daß der Kaiser auf einem Hoftag in Regensburg 1031 Udalrich wieder begnadigte und eine Doppelregentschaft der beiden Brüder vorsah. Diese Verlegenheitslösung konnte nicht von Dauer sein, denn kaum war Udalrich wieder im Lande, da ließ er seinen Bruder Jaromír blenden und auf der Burg Lissa an der Elbe gefangensetzen. Der Herzog sollte sich aber nicht lange dieser frevelhaften Tat erfreuen, denn schon bald darauf starb er „beim Mahle sitzend, von Speise und Trank erstickt". Der gefangene und geblendete Jaromír ließ sich daraufhin nach Prag tragen, beklagte in der Georgskirche auf dem Hradschin den toten Bruder und führte nach den Leichenfeierlichkeiten dessen Sohn Břetislaw zum Herzogsthron. Cosmas weiß zu berichten, daß damals, wie immer bei der Erwählung eines Herzogs, zehntausend und mehr Geldstücke aus den Fenstern der Herzogsburg unter das Volk geworfen wurden, „damit es den Herzog auf dem Throne nicht erdrücke, sondern lieber das ausgestreute Geld auflese". Der blinde Jaromír warnte bei dieser feierlichen Stuhlsetzung seinen Neffen vor der immer noch mächtigen Sippe der Wrschowetze, nannte sie die schlimmen Söhne schlimmer Väter und Gegner des Geschlechtes der Přemysliden und berief sich auf die Prophezeihung des heiligen Adalbert, daß wegen ihrer Grausamkeit „dreimal ein gewaltsamer Tod über sie kommen werde". Wenige Tage danach ließ ein Mitglied dieser offenbar immer noch mächtigen Sippe den blinden Jaromír durch einen Diener von hinten durchbohren, als dieser auf dem Aborte saß. Damit war Břetislaw nunmehr alleiniger Herzog in Böhmen und Mähren, empfing zu Pfingsten 1034 in Bamberg seine Herrschaft als Reichslehen, mußte aber seine Treue durch Geiselstellung bekräftigen und am Krieg des Kaisers gegen die Liutizen teilnehmen.

2. Im Bannkreis des salischen Imperiums

Mit Břetislaw I. (1034–1055) bestieg einer der bedeutendsten Herrscher Böhmens den Herzogstuhl. Er war das Kind einer Liebesromanze Udalrichs mit einer schönen Bauerntochter und hatte schon früh von sich reden gemacht, als er – selbst noch ein Jüngling – Jutta, die Tochter des Nordgaugrafen Heinrich, die er bei einer Hoffahrt gesehen und lieben gelernt hatte, gewaltsam aus einem Schweinfurter Nonnenkloster raubte und in seine mährische Unterherrschaft entführte. Cosmas erwähnt als Motiv dieses Frauenraubes den „angeborenen Stolz der Deutschen", den Břetislaw kannte, und auch deren Hochmut, mit dem sie die Slawen und ihre Sprache verachteten. Doch dürfte die unebenbürtige Herkunft des Herzogssohns als Motiv mindestens ebenso stark bei diesem Handstreich mitgespielt haben. Von Mähren aus benutzte Břetislaw dann 1031 den Ungarnzug Kaiser Konrads II., um am linken Donauufer bis gegen Gran vordringend eigene Eroberungen zu machen. Der Rückzug des kaiserlichen Hauptheeres nötigte ihn zwar ebenfalls zur Umkehr, doch konnte die bislang unsichere Ostgrenze Mährens gegen König Stephan den Heiligen behauptet werden. Mähren wurde überhaupt unter dem jungen Herzog fest als Grenzland an Böhmen gebunden; böhmische Ministerialen kamen ins Land und wurden die Stammväter des mährischen Adels, und eine planmäßige Kolonisation von Böhmen her setzte ein. So rückte Mähren, einstmals selbst Zentrum eines slawischen Reiches, endgültig in den Bannkreis der böhmischen Geschichte; erst jetzt begann eigentlich seine lange und wechselvolle Geschichte als Nebenland der Přemysliden und später der böhmischen Krone.

Die bei Cosmas ausführlich geschilderte Herzogswahl Břetislaws I. ist auch noch in anderer Hinsicht aufschlußreich. Sie zeigt einerseits, daß diese Würde nun unangefochten in der přemyslidischen Familie blieb – die Designation des Neffen durch den blinden Oheim war eine familieninterne Angelegenheit –, sie beweist aber auch die Existenz und politische Bedeutung eines tschechischen Adels in Böhmen. Der blinde Herzog Jaromír warnte ja Břetislaw nicht nur vor der immer noch mächtigen, treulosen Sippe der Wrschowetze, sondern nannte dabei auch die herzogstreuen Männer aus dem Geschlechte der Muncia und Tepka, bezeichnete sie als die trefflichsten, kriegserfahrensten und reichsten. Es sind dies typische Adelsprädikate, so daß man sicher sein kann, daß mit der Ausrottung der Slawnikiden und mit dem mehrmaligen Strafgericht über die Wrschowetze die böhmisch-tschechische Oberschicht keineswegs völlig beseitigt und durch herzogliche Ministerialen ersetzt worden war. Mit anderen Worten: der Prozeß der Feudalisierung, der im 8./9. Jahrhundert im fränkischen Westen begonnen hatte, war auch in den böhmischen Ländern längst zur vollen Ausbildung gelangt; wir haben bereits eine hochmittelalterliche Adelsgesellschaft vor uns. Schon die in den fränkischen Quellen des 9. Jahrhunderts auftauchenden „seniores" und „maiores" des Großmährischen Reiches deuten auf die damals beginnende Feudalisierung hin.

Von der Masse der unfreien, abhängigen Bevölkerung erfahren wir aus den Quellen kaum etwas. Ein mit dem Hofrecht des Bischofs Burchard von Worms (um 1000) vergleichbares sozial- und rechtsgeschichtliches Dokument fehlt für Böhmen, doch dürfte sich die Entwicklung im wesentlichen ähnlich wie in West- und Mitteleuropa abgespielt haben. Dort hatte mit der Ausbildung der geistlichen und weltlichen Grundherrschaft eine gesellschaftliche und wirtschaftliche Organisationsform sich entwikkelt, die einerseits die feste Basis der Adelsherrschaft war, andererseits jedoch auch der abhängigen Bevölkerung ein Minimum an sozialer Sicherung in dieser primitiven, kriegerischen Gesellschaft garantierte. Denkt man allerdings an Božena, die Mutter Herzog Břetislaws, eine junge, hübsche Bäuerin, die sein Vater beim Wäschewaschen erblickte und kurzerhand ihrem Mann wegnahm, so wird man sich keine allzu übertriebenen Vorstellungen von der Rechtsstellung der bäuerlichen Bevölkerung machen. Wie im deutschen Mittelalter wurden Landschenkungen mit den auf diesem Lande sitzenden Leute vorgenommen. Dies tat beispielsweise Břetislaw I. 1045, als er Herzogsgut samt den Forstleuten dem von ihm erneuerten und erweiterten Kloster Sazawa schenkte, einer Stiftung des heiligen Einsiedlers Prokop und Herzog Udalrichs.

Daß das Kloster Sazawa nicht nur reichen Besitz erhielt, sondern auch ein Zentrum kirchenslawischer Liturgie und Literatur war, läßt erkennen, daß der junge Herzog, den einst der heilige Gunther aus der Taufe gehoben hatte, seine politische Bindung an das deutsche Königtum durchaus als korrigierbares Zweckbündnis betrachtete und damit auch die deutsche und kirchenlateinische Orientierung des Prager Domkapitels keineswegs als einzige Möglichkeit einer an den Herzog gebundenen Kirchenorganisation ansah. Die Prager Domkirche hatte unter ihrem sechsten Bischof Severus (1030–1067) eben begonnen, im Machtbereich herzoglicher Festungen Kollegiatskapitel in Vyšehrad, Altbunzlau, Mělník und Leitmeritz zu errichten. Altbunzlau war zugleich eine vom Papst auferlegte Sühnestiftung Břetislaws I., errichtet zur Buße für die gewaltsame Rückführung der Adalbert-Reliquien aus der Gnesener Domkirche nach Prag. In derselben Epoche entstanden die Benediktinerklöster Ostrov südlich von Prag und Opatowitz in Ostböhmen. Erster Abt von Ostrov wurde Lantpert von Niederaltaich, ein Schüler Godehards von Hildesheim. Opatowitz war eine Filiation des alten Klosters Břevnov, eines Zentrums der west- und mitteleuropäischen Kirchenreform. Auch in Břevnov spielte die bayerische Reformabtei Niederaltaich eine wichtige Rolle. Břetislaws Taufpate und Freund, der heilige Gunther aus dem thüringischen Grafengeschlecht von Schwarzburg, Gründer des von Konrad II. reich bestifteten Klosters Rinchnach im bayerisch-böhmischen Grenzwalde, war trotz seines Rückzugs ins geistliche Leben eine politisch bedeutsame Figur geblieben. Unter Abt Godehard war er in Niederaltaich Mönch geworden, hatte dann als Eremit zwischen seinen beiden Freunden, Kaiser Konrad II. und Herzog Břetislaw I., politisch vermittelt, und über ihn liefen auch die intensiveren Verbindungen zwischen Niederaltaich und Břevnov; 1043 wurde der Niederaltaicher Mönch Meinhard als Reformabt nach Břevnov berufen. Mit anderen Worten: der deutsche Einfluß in kirchlichem Gewande nahm in der ersten Hälfte des 11. Jahrhunderts rasch zu. Deshalb ist es auch politisch von Bedeutung, daß derselbe Herzog Břetislaw, unter dem dies geschah, mit der reichen Ausstattung des kirchenslawischen Klosters Sazawa ein mehr bodenständiges Mönchtum förderte. Ob die Einführung des kirchenslawischen Ritus daselbst eher auf die ostkirchlichen persönlichen Beziehungen des heiligen Prokop zurückgeht oder auf das Weiterleben einer kirchenslawischen Tradition aus der Zeit des Großmährischen Reiches, ist umstritten. Bischof Severus, eine Schlüsselfigur der westlich orientierten kirchlichen Entwicklung Böhmens, scheint als Günstling der Přemysliden zu seinem geistlichen Amt gekommen zu sein. Cosmas erkennt seine Verdienste zwar durchaus an, erwähnt aber auch, daß er, entgegen den kanonischen Bestimmungen, der Jagdgefährte des Herzogs Udalrich gewesen sei und ebenso dessen Jagdkoch. Udalrich, den Gaumenfreuden in besonderem Maße hold, soll oftmals ausgerufen haben: „O Severus, ich sage dir wahrhaft, für diese wohlschmeckende Speise verdienst du die Bischofswürde!" Wie dem auch sei, als Typus paßt Severus völlig in die Lebensgewohnheiten auch der Reichsbischöfe vor dem Investiturstreit, deren robuste Lebensfreude und militante Praxis im Kriegsdienst für den Herrscher sich offenbar mit positiver kirchlicher Aufbauarbeit und Organisation durchaus vertrug. Erst die Kirchenreform hat bekanntlich diese Lebensweise und solches adeliges Selbstverständnis der Kirchenmänner schrittweise kriminalisiert.

Břetislaw I. könnte man in vieler Beziehung ein tschechisches Gegenstück zum größten Polenfürsten der Epoche, Boleslaw Chrobry, nennen. Nach dem Tode Kaiser Konrads II. glaubte der Böhme die Stunde gekommen, auch Polen zu einem Nebenlande der Přemyslidenherrschaft machen zu können, denn dort war nach dem Tode Miezskos II., des Sohns Boleslaw Chrobrys, die Anarchie ausgebrochen. Mieszkos Witwe Richeza, Tochter des rheinischen Pfalzgrafen Ezzo, hatte als Regentin die Deutschen über Gebühr bevorzugt und damit eine nationalpolnische Reaktion ausgelöst, der sie und ihr unmündiger Sohn, Herzog Kasimir I., weichen mußten. Gleichzeitig fielen Heerscharen des Kiewer Großfürsten in Masowien ein. Diesen Augenblick benutzte Břetislaw zu einem wohlvorbereiteten Zug gegen Polen. Er konnte Gnesen erobern, und von dort wurden im Triumph die Gebeine des heiligen Adalbert und seines Schülers Radim-Gaudentius nach Prag überführt. Es war dies sowohl eine kultische wie auch eine politische Demonstration, denn damit war Polen wesentlicher Symbole seines sakralen Zentrums beraubt. Tausende polnischer Kriegsgefangener mußten damals ebenfalls den Weg nach Böhmen antreten und wurden vom Herzog in den großen herzoglichen Forsten um Rakonitz angesiedelt, wo sie unter einem Präfekten und eigenen Richtern nach ihrem Recht leben konnten. Cosmas, der über diese Vorgänge in Gnesen informiert, verbindet die Geschichte der Reliquienrückführung, die ja im Grunde ein Reliquienraub war, mit einem Bericht über eine angeblich streng christliche Ehereform Herzog Břetislaws, die dieser vor dem Grabe des Märtyrers Adalbert verkündet haben soll. Er verbot seinen Leuten die bis dahin offenbar verbreitete Vielweiberei und verpflichtete sie unter der aktiven Beihilfe des Bischofs Severus zur Einehe. Auch von Abtreibung ist dabei die Rede und von einem durchzuführenden Gottesurteil, wenn eine Frau sich von ihrem Manne vernachlässigt und mißhandelt fühlt. Ebenso sollen der Herzog und der Bischof harte Maßnahmen gegen Wirte und Wirtshäuser sowie gegen Sonntagsarbeit erlassen haben. Cosmas scheint über die Gnesener Vorgänge gut unterrichtet gewesen zu sein, denn unter dem bedauernswerten Zuge polnischer Adeliger und Priester befand sich auch sein eigener Vorfahr. Nichtsdestoweniger schwelgt der Prager Domdechant in der Beschreibung der ungeheuren Schätze an edlem Kirchengerät und Gold, das in über hundert Wagen nach Prag als Beute des Polenfeldzuges gebracht worden war.

In mehr als einer Hinsicht sollte sich aber die ganze Aktion als Pyrrhussieg des Böhmenherzogs erweisen. Papst Benedikt XI. mißbilligte die gewaltsame Translation der Gebeine des heiligen Adalbert ebenso wie die Zwangsumsiedlung Tausender Polen; nur durch Bestechung konnte schließlich an der Kurie verhindert werden, daß Břetislaw und Bischof

Severus schwere Kirchenbußen auferlegt wurden. Der Herzog kam mit einer Ermahnung und dem Versprechen davon, in Altbunzlau zu Ehren des heiligen Wenzel ein Kloster zu gründen. Cosmas hält in diesem Zusammenhang durchaus nicht mit seiner Meinung hinter dem Berge, er läßt uns unverblümt wissen, daß Beauftragte des Herzogs und des Bischofs damals in Rom umhergeeilt seien: Sie „bestachen den listigen Sinn der Kardinäle durch Geld, blendeten die Gerechtigkeit durch Gold, kauften Barmherzigkeit um Geld und milderten durch Geschenke den Spruch der Richter".

Schlimmer jedoch wirkte sich Břetislaws Sieg über Polen auf das Verhältnis zum Reich aus. Heinrich III. war nicht gewillt, eine machtvolle tschechisch-polnische Staatsbildung an seiner Ostgrenze zu dulden, denn damit hätte wohl die Oberhoheit des Reiches über Böhmen und Polen, wie schwankend dieselbe auch in den vergangenen Jahrzehnten oft gewesen sein mochte, ein Ende gefunden. Noch während die Deutschen rüsteten, sandte Břetislaw seinen Sohn Spytihniew als Geisel an den deutschen Königshof und versprach, selbst zu kommen. Inzwischen bot er aber die Böhmen und Mährer zum Kriegszug auf und verbündete sich gleichzeitig mit König Peter von Ungarn. Ein Heer unter Kaiser Heinrich III., das über die Further Senke nach Böhmen vorrückte, wurde vernichtend geschlagen; ebenso erfolglos blieb die zweite Heeresabteilung unter Markgraf Ekkehard II. von Meißen, die über das Erzgebirge eingedrungen war. Břetislaw suchte nun durch Gesandte auf dem Hoftag von Seligenstadt 1041 von sich aus den Kampf zu beenden. Er bot dem Kaiser die Rückkehr in das alte Lehensverhältnis und die seit der Karolingerzeit geleistete Tributpflicht als Genugtuung an. Heinrich III. war aber entschlossen, die Abhängigkeit Böhmens ein für allemal sicherzustellen. Wiederum rückten zwei Reichsheere in Böhmen ein, während der babenbergische Markgraf Luitpold († 1043) König Peter von Ungarn angriff und gleichzeitig in Mähren einfiel. Břetislaw zog sich hinter die Mauern der Prager Burg zurück, vor der sich die feindlichen Heere aus dem Westen vereinigten, und mußte sich schließlich dem Kaiser auf Gnade und Ungnade ergeben. Bischof Severus und wohl auch ein Teil des böhmischen Adels waren schon zuvor im königlichen Lager erschienen. In Regensburg erhielt aber der Böhmenherzog trotz seiner völligen Niederlage nach einem Fußfall vor dem Kaiser und durch Vermittlung der Großen sein Herzogtum zurück. Er mußte neuerlich den Vasalleneid leisten, Geiseln stellen, 8000 Mark an Entschädigung zahlen, sämtliche polnischen Kriegsgefangenen herausgeben und künftig Hof- und Heerfahrt leisten. Außerdem verlor er alle polnischen Eroberungen bis auf zwei Landschaften, wovon die eine wohl das Breslauer Land gewesen sein dürfte.

Von nun an blieb Břetislaw ein treuer Vasall des Kaisers und konnte ungestört seine innere Machtstellung festigen und ausbauen. Ein Lieblingsplan ging ihm allerdings nicht in Erfüllung, und erst im 14. Jahrhundert sollte Karl IV. diese Idee verwirklichen: die Erhebung Prags zum Erzbistum; sie hätte schon damals eine bedeutende Steigerung der herzoglichen Gewalt in Böhmen und Mähren zur Folge gehabt. Vielleicht stand die Pflege und Förderung der slawischen Liturgie mit diesem ehrgeizigen Metropolitanplan in Zusammenhang, womit der Böhme kirchenpolitisch mit Polen und Ungarn gleichzuziehen gedachte. Der Streit um Schlesien endete unter kaiserlicher Vermittlung mit einem Kompromiß. Gegen einen Jahreszins übertrug Břetislaw Breslau und einige andere schlesische Städte wieder an die polnischen Herzöge.

Innenpolitisch konnte der Böhmenherzog eine königsgleiche Stellung ausbauen und eine Erbfolgeordnung durchsetzen, wonach stets der Älteste des Herzogshauses als Fürst und Haupt der Familie seinem Vorgänger folgen sollte. Diese als Seniorat zu bezeichnende Ordnung stand jedoch im Widerspruch zum Primogenitur-Prinzip, wonach jeweils der älteste Sohn des regierenden Přemysliden als Nachfolger in der Gesamtherrschaft vorgesehen war. Der Gegensatz beider Prinzipien sollte noch oft Anlaß zu Zwist in der Herrscherfamilie sein. Břetislaw selbst übertrug bei seinem Tode 1055 die Oberherrschaft seinem ältesten Sohne Spytihniew, der zugleich Herr des Kernlandes Böhmen wurde. Wratislaw erhielt den Nordosten Mährens mit Olmütz als Residenz, Konrad den Westen mit Brünn. Dem jüngsten Sohn, dem „schönen Otto", wurde Südmähren mit Znaim zugewiesen. Jaromír, der zweitjüngste Sohn, sollte im Reich zum Geistlichen herangebildet werden und bei Sedisvakanz das Prager Bistum erhalten. Die drei weltlichen Brüder Wratislaw, Konrad und Otto waren zwar Teilherzöge (duces), wurden aber nicht Lehnsträger vom Reich, sondern waren vom ältesten Bruder Spytihniew abhängig; ihre Herrschaftsgebiete sind deshalb keine eigentlichen Dukate, sondern werden in den Quellen zutreffend als Provinzen bezeichnet. Auch auf anderen Gebieten bewies Břetislaw I. seine organisatorischen Fähigkeiten. Große Aufmerksamkeit widmete er dem Verwaltungsaufbau Mährens, das er ja von Jugend an als Unterherrschaft besessen hatte.

Militärische Schlagkraft und geregelte Heeresfolge sind für seine Zeit charakteristisch. Cosmas etwa weiß zu berichten, daß Břetislaw anläßlich des Kriegszuges nach Polen einen Baststrick durch sein Land schickte zur Bekräftigung seines Einberufungsbefehls; jeder würde mit diesem Strick am Galgen enden, der sich dem Kriegsdienst entzöge. Wichtig ist schließlich die herzogliche Münzreform um 1050; es entstand die sogenannte „Prager Mark", die bis ins 17. Jahrhundert Grundlage des böhmischen

Münzwesens blieb. Die Kirche erhielt von ihm reiche Schenkungen, die Prälaten, vor allem der Prager Bischof, bekamen ihren eigenen Hofstaat mit zahlreichen Dienstleuten. Das Vorbild des ottonisch-salischen Reichskirchensystems fand hier unmittelbare Nachfolge, doch blieb die Kirche Böhmens politisch immer dem Přemysliden unterstellt, ihre Prälaten gehörten im engeren Sinne niemals zum Reichskirchensystem. Neben der Sühnestiftung Altbunzlau gründete Břetislaw auch das Benediktinerstift Raigern in Mähren. Sieht man seine gesamte Kirchenpolitik im Lichte des auch von seinen Nachfolgern gehegten Plans, Böhmen und seine Nebenländer zur Erzdiözese zu erheben, um damit politische und kirchliche Landesorganisation zur Deckung zu bringen, dann rundet sich auch im geistlichen Bereich das Bild einer zielbewußten Herrscherpersönlichkeit.

Allerdings, die ahnungsvoll-mahnenden Worte, die Cosmas dem sterbenden Fürsten in den Mund legt – es ging um die Einheit des Landes und die Eintracht der Söhne – waren nicht ohne Grund gesprochen, denn sein ältester Sohn und Nachfolger in der Gesamtherrschaft, Spytihniew, „ein sehr schöner Mann mit pechschwarzem Haupthaar, langem Barte, freundlichem Antlitz und schneeweißen, in der Mitte sanft geröteten Wangen", mütterlicherseits ein Nachkomme des ottonischen Kaiserhauses, tat während seiner kurzen Regierungszeit (1055–1061) wenig, um die Sorgen des sterbenden Vaters zu entkräften. Cosmas berichtet von ihm einen lächerlich-ärgerlichen Streit mit der Äbtissin des Georgsklosters auf der Prager Burg, der auf primitive Rachsucht schließen läßt. Interessant ist übrigens die Mitteilung des Chronisten, der junge Herzog habe am Tage seiner Thronbesteigung „etwas Großes und Wunderbares" vollbracht, das ihn für alle Zeiten merkwürdig mache. Er befahl nämlich, „daß alle Deutschen, ob reich oder arm oder Pilger, innerhalb von drei Tagen aus Böhmen vertrieben werden sollten". Auch die deutsche Herzogsmutter mit ihrem Gefolge entging diesem Schicksal nicht, vermutlich war es gerade sie, die durch ihren Rang und ihre vornehme deutsche Herkunft jene Reaktion gegen das Überhandnehmen des westlichen, sprich deutschen Einflusses ausgelöst hatte. Über das Ausmaß dieser Landesverweisung ist die Forschung geteilter Meinung. An eine totale Vertreibung aller Deutschen ist wohl kaum zu denken, andererseits wird sich dieser Befehl nicht nur auf die offenbar zahlreichen Deutschen bei Hofe und auf die deutschen Kaufleute in Prag und anderen Herrschaftszentren bezogen haben. Vermutlich ist diese Maßnahme in Zusammenhang mit den ehrgeizigen Plänen Spytihniews zu sehen, nach dem frühen Tode Kaiser Heinrichs III. (1056), vor allem während der Regentschaft der Kaiserwitwe Agnes, einer Epoche großer Wirren im Reich, noch einmal zu versuchen, die Přemyslidenherrschaft aus der straffen Lehnsabhängigkeit des Reiches zu lösen und selbständige Politik in Mitteleuropa zu betreiben.

Diesem Ziele dienten wohl auch seine Anstrengungen, die Teilherrschaft seiner Brüder in Mähren zu beseitigen. Wratislaw floh zu König Andreas von Ungarn, während die beiden anderen Brüder Konrad und Otto nach Prag kommen mußten, wo man sie mit Hofämtern zufriedenzustellen suchte. Wratislaws Gemahlin Maria, die in Olmütz zurückgeblieben war, wurde vom Prager Herzog übel behandelt; als man sie endlich auf Mahnung des Bischofs Severus freiließ, damit sie zu ihrem Gatten nach Ungarn reisen konnte, starb sie unterwegs an einer Fehlgeburt. Wratislaw, im Exil offenbar schnell getröstet, entbrannte in Liebe zur schönen, einzigen Tochter des Ungarnkönigs, „auf welche sich schon viele Freier Hoffnung gemacht hatten", ehelichte sie nach wenigen Tagen und wurde damit als Schwiegersohn des mächtigen Ungarnherrschers ein gefährlicher Gegner seines herzoglichen Bruders in Prag. Hinzu kam, daß auch die Mutter der Přemysliden, die Herzogin Jutta, im ungarischen Exil lebte. Eine gefährliche Koalition gegen den Prager Herzog bahnte sich an. Spytihniew lenkte daher ein und bot seinem Bruder Wratislaw die Rückkehr in dessen mährische Herrschaft an; diese scheint 1058 erfolgt zu sein. Die Situation hatte sich auch insofern für den Prager Herzog verschlechtert, als die Kaiserwitwe Agnes sich damals mit dem Ungarnkönig verbündete, so daß für den Böhmen, sollte er Angriffspläne gehegt haben, eine denkbar schlechte Lage entstand. Allerdings änderte sich dies schlagartig, als sich gegen König Andreas, der mit deutscher Hilfe Ungarn beherrschte, dessen Bruder Bela erhob. Ein Heer, das Andreas zu Hilfe eilte, wurde 1060 geschlagen; Andreas fiel im Kampfe, sein Sohn Salomo mußte ins Reich fliehen; gleichzeitig griff als Verbündeter Belas König Boleslaw II. von Polen den Böhmenherzog an. Doch konnte Spytihniew an der Nordgrenze Mährens den polnischen Einfall abwehren. Dem militärischen Aufgebot des Reiches, König Andreas zu Hilfe zu kommen, war der Böhme nicht gefolgt, vermutlich wegen der Bedrohung Mährens durch Polen.

Sein früher Tod am 28. Januar 1061 erlaubt es nicht, ein abgerundetes Bild seiner Persönlichkeit und seines Wirkens zu zeichnen. Den Plan seines Vaters, Prag zum Metropolitansitz erheben zu lassen, konnte er ebenfalls nicht verwirklichen; er erreichte lediglich gegen die Zahlung von jährlich 100 Pfund Silber an Papst Nikolaus II. das Recht, eine bischöfliche Mitra zu tragen. Nicht nur die hierbei in Rom wiederum offen zutage tretende Simonie ist bemerkenswert, sondern auch die Tatsache, in welcher Weise schon damals, mehr noch aber unter Wratislaw, der

Silberreichtum Böhmens sich politisch-diplomatisch auszuwirken begann. Spytihniews Ziel, aus der Hand des Papstes eine Königskrone zu erhalten, ging nicht in Erfüllung. Persönlich scheint er von großer Frömmigkeit gewesen zu sein. Mit seinem Bestreben, von der Kurie Sonderrechte für Böhmen zu erhalten, dürfte es auch zusammenhängen, daß er in Sazawa die Mönche kirchenslawischer Observanz vertrieb und an ihrer Stelle einen neuen deutschen Abt und Konvent mit lateinischer Liturgie einsetzte. Die slawischen Mönche zogen unter ihrem Abt Veit, einem Neffen des heiligen Prokop, nach Ungarn. Noch zu Lebzeiten begann der Herzog den Bau der romanischen St.-Veit-Basilika auf der Prager Burg, ebenso soll auf ihn die Gründung des Leitmeritzer Kollegiatskapitels zurückgehen.

Ohne Schwierigkeiten folgte ihm gemäß der břetislawschen Erbordnung sein Bruder Wratislaw (1061–1092) in der Gesamtherrschaft nach. Damit nahm einer der bedeutendsten Fürsten Böhmens die Geschicke des Landes in die Hand. Unter ihm konsolidierte sich nicht nur das Verhältnis zum Reich, sondern er vermochte es auch, seinem Lande die verheerenden Folgen des Investiturstreits zu ersparen. Dies ist keineswegs nur in geistlichem Sinne gemeint, denn Deutschland hat damals durch jahrzehntelange Verheerungen, Kriegszüge, Stadtzerstörungen und Bevölkerungsverluste unendlich gelitten. An den kirchlichen Verhältnissen Böhmens lag es allerdings nicht, daß es von dieser gewaltigen Auseinandersetzung verschont blieb, denn in Wratislaws jüngstem Bruder Jaromír hatte der Fürst lange Jahre einen zähen und listenreichen Gegenspieler. Es hing dies bereits mit der Neuverteilung der politischen Macht beim Regierungsantritt zusammen. Wratislaw hatte das fruchtbare östliche Mähren mit Olmütz, das er bislang selbst innegehabt hatte, an seinen Bruder Otto gegeben und den westlichen Teil Mährens, der „reicher an jagdbaren Tieren und Fischen war" und zu dem die Hauptsitze Brünn und Znaim gehören, an den anderen Bruder Konrad. Jedoch der jüngste von ihnen, Jaromír, der in Deutschland eine geistliche Ausbildung erhalten hatte, stellte nun plötzlich ebenfalls Herrschaftsansprüche, die Aussicht auf die Nachfolge im Prager Bistum war ihm offenbar nicht genug. Wratislaw ließ ihn daraufhin scheren und mit Gewalt zum Diakon weihen, doch erreichte er damit nur das Gegenteil, denn Jaromír floh mit seinen Anhängern zu Boleslaw II. von Polen. Als Bischof Severus 1067 starb und der Herzog den bisherigen Propst der Leitmeritzer Kirche namens Lanzo, einen Deutschen, durch Übergabe von Ring und Stab zum Bischof machen wollte, stellten sich Konrad und Otto von Mähren auf Jaromírs Seite. Ihre Truppen zogen vor Prag, hinter dessen Mauern sich Wratislaw zurückgezogen hatte, und erzwangen die Investitur Jaromírs, der sich fortan als Prager Bischof Gebhard nannte und vom Mainzer Erzbischof geweiht wurde. Damit waren aber die Familienzwistigkeiten nicht beseitigt, denn Jaromír residierte fürstengleich bei St. Veit auf der Prager Burg und beschränkte sich keineswegs auf seine geistlichen Aufgaben. Die Gründung des Bistums Olmütz (1063), der teilweise Entzug der bischöflichen Einkünfte aus Kirchengut und die Stiftung des Kollegiatskapitels auf dem Vyšehrad, sowie die vom Papst erlangte Erlaubnis, wie einst sein Vater eine bischöfliche Mitra tragen zu dürfen, waren Wratislaws Gegenmaßnahmen. Da sich Jaromír-Gebhard im Investiturstreit auf die kaiserliche Seite schlug und zeitweilig anstelle des Mainzer Metropoliten als Kanzler des Reiches fungierte, hätte es vielleicht für den Böhmenherzog nahegelegen, sich auf die gregorianische Seite zu stellen. Mehrere Gründe hielten ihn jedoch davon ab, in dieser Weise Front zu beziehen. Zum ersten war es die erneut ausbrechende Feindschaft zu Polen, das – unter Kasimir I. und dessen Sohn Boleslaw wieder stark und mächtig geworden – eine Bedrohung für Böhmen darstellte. Zum anderen war es die vorübergehende, durchaus berechtigte Hoffnung, sowohl die Mark Meißen wie die babenbergische Ostmark seiner Herrschaft mit kaiserlicher Hilfe einzuverleiben. Auf diese Weise wurde Wratislaw der treueste Parteigänger Heinrichs IV. in den gefahrvollsten Jahren des Investiturstreites. Böhmens Silberreichtum und Truppen ermöglichten es zeitweise dem deutschen Herrscher allein, sich gegen die schier übermächtige Koalition von gregorianischer Partei und deutscher Fürstenopposition zu behaupten. Umgekehrt war die kaiserliche Rückendeckung für den Přemysliden eine unentbehrliche Hilfe sowohl im Kampf gegen die erneuten polnischen Machtansprüche wie auch gegen Widerstände im Inneren. Es war also ein ausgesprochenes Zweckbündnis, das mit der Verleihung des Königstitels seinen Höhepunkt erreichte. Bald nachdem Papst Gregor VII., aus Rom vertrieben, unter normannischem Schutz in Salerno starb und der endgültige Triumph der kaiserlichen Sache zum Greifen nahe schien, wurde der Přemyslide auf der kaiserlichen Synode zu Mainz im Januar 1086 unter Zustimmung der deutschen Fürsten zum König von Böhmen und Polen erhoben; Heinrich IV. krönte ihn mit eigener Hand. In Prag wurde Wratislaw am 15. Juni desselben Jahres von Erzbischof Engelbert von Trier feierlich gesalbt und gekrönt. Es war dies ein Ersatz für das Ausbleiben der päpstlichen Zustimmung zu dieser Rangerhebung, denn Böhmen gehörte nicht zu jenem von Gregor VII. aufgebauten System christlicher Königreiche von Spanien bis Skandinavien, die – mit dem römischen Stuhl eng verbunden – von der Kurie für den Kampf gegen den Kaiser instrumentalisiert worden waren.

Es spricht aber für das politische Format des Böhmenherrschers, daß er auch in den härtesten Phasen des Investiturstreites des päpstlichen Respektes nicht verlustig ging; ein Zeichen dafür, daß er eine durchaus selbständige politische Persönlichkeit war und kein skrupelloser Opportunist wie etwa Herzog Welf IV. Dennoch nutzte er seinen politischen Vorteil, wo immer es möglich war. Für die Militärhilfe in fast allen großen Schlachten Heinrichs IV. und im Feldzug gegen Polen erlangte Wratislaw 1075 die sächsische Ostmark und 1076, nach der Vertreibung des abtrünnigen Markgrafen Ekbert, die Mark Meißen. Beide Gebiete konnte er aber nicht halten, so daß der Kaiser nach der Aussöhnung mit Ekbert den Böhmen mit der bayerischen Ostmark belehnte. Aber auch dieser Gewinn war letztlich nicht realisierbar, trotz Wratislaws Sieg über den babenbergischen Markgrafen Luitpold in der Schlacht bei Mailberg (1082). Es mögen wohl diese territorialpolitischen Fehlschläge und Enttäuschungen gewesen sein, die in den späten achtziger Jahren das Verhältnis des Přemysliden zum Kaiser abkühlten. Er leistete fortan keine Waffenhilfe mehr und begann sich vorsichtig Rom zu nähern. Letzteres allerdings ohne greifbaren Erfolg, denn weder konnte der neu aufgebrochene Zwist mit dem bischöflichen Bruder Jaromír-Gebhard um die Rechte der Prager Kirche und die Stellung des vom Fürsten 1063 gegründeten Bistums Olmütz geschlichtet werden, noch kam Wratislaw dem alten přemyslidischen Wunschtraum eines eigenen böhmischen Erzbistums näher. Rom verweigerte auch die Abhaltung von Gottesdiensten nach dem slawischen Ritus und vereitelte damit die Absicht des Böhmenkönigs, mit Hilfe der nach Sazawa zurückgerufenen kirchenslawischen Mönche ein Kirchenwesen im Lande aufzubauen, das sowohl den stärker volkskirchlichen Vorstellungen der Reformkirche entsprochen als zugleich auch eine deutliche Abgrenzung gegenüber dem starken Mainzer, d. h. reichskirchlich-deutschen Einfluß bewirkt hätte. Mit der reichen Ausstattung und Förderung sowohl von Sazawa wie auch des Benediktinerklosters Opatowitz und des Vyšehrader Kollegiatskapitels – Vyšehrad wurde unter Wratislaw wie in früh-přemyslidischer Zeit zugleich Fürstenresidenz – leistete der König aber einen wesentlichen Beitrag zur intensiveren Christianisierung seines Landes. Gegen Ende seiner Regierung brach nach dem Tode des jüngeren Bruders Otto neuer Familienzwist um die Nachfolge im mährischen Teilherzogtum Olmütz aus, der sich zu einem Streit zwischen dem König und dessen Sohn Břetislaw ausweitete. Der Sohn floh damals mit zweitausend Anhängern nach Ungarn. Unter diesen verworrenen Umständen ist es fast erstaunlich, daß nach Wratislaws Tod am 14. Januar 1092 sein Bruder Konrad ohne Schwierigkeiten Nachfolger in der Gesamtherrschaft werden konnte und auch die Belehnung durch Kaiser Heinrich IV. erlangte. Als Konrad schon nach acht Monaten starb, konnte Břetislaw aus Ungarn zurückkehren. Bischof Cosmas von Prag – nicht zu verwechseln mit dem gleichnamigen Chronisten und Domdechanten – empfing am 14. September 1092 den jungen Fürsten mit seinem Klerus am Stadttor und führte ihn zum Thron, auf welchen er „nach Landessitte von allen Grafen und Herren gesetzt wurde".

Břetislaw II. (1092–1100) suchte während seiner relativ kurzen Herrschaft in zwei Feldzügen gegen Polen die Tributpflicht des Nachbarlandes zu sichern; dies gelang ihm auch. Der Sohn des polnischen Herzogs Wladislaw I. Hermann (1080–1102) wurde Schwertträger des Böhmen und erhielt dafür Glatz als böhmisches Lehen. Auch unter Břetislaw II. rissen die Auseinandersetzungen mit den mährischen Verwandten nicht ab. Vielleicht war dies auch ein Grund für die Heirat des Fürsten mit Liutgard aus der bayerischen Familie der Grafen von Bogen, einer Adelsfamilie, die sich damals vom Donautal aus durch zielstrebige Kolonisation in den bayerisch-böhmischen Grenzwald hinein sowie durch geschickte Heiratspolitik eine bedeutende Machtposition geschaffen hatte. Die Schwester des Přemysliden ehelichte den energischen Kolonisator Wiprecht von Groitzsch, der zwischen Pleiße und Mulde als Parteigänger Heinrichs IV. eine weiträumige Herrschaft aufzubauen vermochte. Auch zu den Babenbergern knüpften sich wichtige Verbindungen, als Břetislaws Sohn Bořiwoj 1099 die Tochter Luitpolds II., Helbirg, heiratete. Überhaupt nahmen jetzt die Heiratsverbindungen mit vogtländischen, meißnischen und bayerischen Adelsfamilien zu, auch dies eine Folge der engen politischen Verflechtung mit dem Reich. Für eine intensivere Verchristlichung Böhmens scheint sich der Herzog nachdrücklich eingesetzt zu haben, denn Cosmas weiß als Zeitgenosse zu berichten, daß Břetislaw, „reif an Jahren aber reifer noch an Einsicht", die im Lande offenbar noch sehr lebendigen heidnischen Bräuche mit Eifer bekämpfte. Dabei ist von Zauberern, Zeichendeutern und von heiligen Hainen die Rede, die das „gemeine Volk noch an vielen Orten verehrte" und die der Herzog umhauen und verbrennen ließ, ferner von Tierschlachtungen von heiligen Quellen und von Kultprozessionen für die Verstorbenen.

Als Břetislaw II. im Jahre 1100 einem Mordanschlag der Wrschowetze zum Opfer fiel, zeigte sich wiederum deutlich, daß trotz der alten Erbfolgeordnung die Gegensätze zwischen dem Prinzip des Seniorats und dem der Primogenitur wieder aufbrachen. Fürst Udalrich von Brünn erbat von Kaiser Heinrich IV. Hilfe und Belehnung, unterlag aber dann im Kampfe gegen Břetislaws Sohn Bořiwoj. Sein Bruder Swatopluk (1107–1109) gewann zwar gegen denselben den Wettkampf um die Gunst

Kaiser Heinrichs V. und zog als Vasall des Kaisers gegen seine früheren Verbündeten Polen und Ungarn, konnte sich aber ebenfalls nicht behaupten. Eine Verschwörung der Wrschowetze bestrafte er blutig, doch wurde er selbst bald darauf von einem Mitglied dieses Adelsclans ermordet. Die Lage verschlimmerte sich noch dadurch, daß Fürst Otto II. von Olmütz als Thronprätendent auftrat, gegen den wiederum eine Adelspartei und die böhmischen Ministerialen Wratislaws Sohn, Wladislaw I., zum Herzog erhoben. Bořiwoj lebte als Flüchtling bei seinem Verwandten in Groitzsch. Sobieslaw, der jüngste Sohn Wratislaws, suchte mit polnischer Hilfe seine böhmischen Herrschaftansprüche durchzusetzen, während Wladislaw die Unterstützung des Kaisers besaß. In dieser schier ausweglosen Situation gelang es Bischof Hermann von Prag, einem gebürtigen Lothringer, schließlich doch eine Einigung zu erreichen. Wladislaw dankte zugunsten seines älteren Bruders Bořiwoj 1117 ab, doch scheint er nach wie vor maßgeblichen Einfluß auf die Regierungsgeschäfte genommen zu haben, denn bereits 1120/21 hatte er wieder die Gesamtherrschaft inne, diesmal bis zu seinem Tode 1125.

Erst mit Sobieslaw I. (1125–1140) stabilisierte sich wiederum die přemyslidische Gesamtherrschaft. Otto von Olmütz suchte sich zwar durch Geldzahlungen an Lothar von Supplinburg der Herrschaft über Böhmen zu bemächtigen, doch entschied die Schlacht von Kulm 1126 zugunsten Sobieslaws. Das Reichsheer unter Lothar wurde geschlagen, der Kaiser geriet in Gefangenschaft, Fürst Otto fiel. Durch die Vermittlung Heinrichs von Groitzsch kam ein Frieden zustande; Lothar belehnte Sobieslav mit Böhmen und gewann damit einen zuverlässigen Verbündeten in seinem Kampf gegen die Staufer. Wie schon des öfteren in der böhmischen Geschichte folgte der Konsolidierung der Přemyslidenherrschaft der Angriff gegen den polnischen Nachbarn auf dem Fuße. Dies brachte jedoch Sobieslaw die Feindschaft des Adels ein, die 1130 zu einer Verschwörung führte, an der offenbar auch Bischof Meinhard von Prag beteiligt war. Nach dem Vyšehrader Strafgericht über die Verschwörer griff der Herzog auch in Mähren gegenüber seinen Verwandten energisch durch und sicherte seine Herrschaft durch einen verstärkten Burgenbau, der sich auch auf Görlitz und Glatz erstreckte. Sein treuester Helfer war hierbei Bischof Heinrich Zdik von Olmütz, ein Politiker des Ausgleichs und der politischen Vernunft, hochgebildet und trotz seines politischen Engagements ein Mann nach dem Geiste der Kirchenreform. Durch ihn kamen die neuen Reformorden der Prämonstratenser und Zisterzienser ins Land. So entstand das Kloster Strahov als Tochtergründung des Eifelklosters Steinfeld, und in Mähren als Filiation der Diepoldingerstiftung Waldsassen die Zisterze Sedletz. Zur Steigerung seiner Zolleinkünfte förderte Sobieslaw Wirtschaft und Handel und erneuerte in diesem Zusammenhang das Privileg seines Großvaters Wratislaw II. für die deutsche Kaufmannschaft in Prag. Deren Rechtsstatus wurde gegenüber den herzoglichen Untertanen genau definiert, ebenso und in gleicher Weise die personellen und kollektiven Immunitätsrechte der Juden und der Romanen. Man hat diese wichtige Urkunde lange Zeit als einen Beleg für eine besonders geartete „deutsche Freiheit" interpretiert. In Wirklichkeit unterscheidet sie sich aber in nichts von den im Mittelalter allgemein üblichen Privilegien für bestimmte ethnische oder Berufsgruppen, die einem Fürsten von Vorteil waren. Ganz absurd wäre es jedoch, wie im Zeichen eines überhitzten Nationalismus geschehen, dies personale Sonderrecht als Zeugnis für eine generelle „deutsche Freiheit" gegenüber einer ebenso allgemein definierten „slawischen Unfreiheit" in Anspruch zu nehmen.

Beim Tode Kaiser Lothars schätzte Sobieslaw offenbar die politische Konstellation im Reich richtig ein und schlug sich auf die Seite des ersten Stauferherrschers, nämlich König Konrads III. Von ihm erbat er die Zustimmung für die Nachfolge seines eigenen Sohnes Wladislaw in der Herrschaft über die Böhmischen Länder. Demselben Ziel galt 1138 der böhmische Landtag in Sadská (bei Nimburg), den der Fürst eigens zu diesem Zwecke einberufen hatte, damit dem auch der Adel zustimme. Aber nach seinem Tode wählten die Großen Böhmens dennoch nicht seinen Sohn, sondern seinen Neffen Wladislaw zum Herzog. Damit treten wir in die staufische Epoche ein, in der Böhmens Beziehungen zum Reich ihre größte Intensität erreichten; gleichzeitig fand aber auch eine qualitative Veränderung statt, und zwar durch den Beginn der planmäßigen deutschen Besiedlung Böhmens und Mährens, die in diesen Ländern ganz neue Probleme aufwerfen sollte. Doch blicken wir an dieser Stelle noch einmal zurück und suchen wir uns die generellen Züge der Entwicklung der Přemyslidenherrschaft bis in die ersten Jahrzehnte des 12. Jahrhunderts zu vergegenwärtigen.

Insgesamt bedeutete vor allem die Epoche König Wratislaws eine Wendemarke sowohl in der äußeren wie in der inneren Politik der Böhmischen Länder. Diese waren nunmehr, obwohl sie immer eine im Kern slawische Herrschaftsbildung blieben, auf sehr viel engere Weise mit dem Reich verbunden als zuvor, ja, die Přemysliden stiegen jetzt trotz der besonderen Stellung ihres Landes zu einflußreichen Reichsfürsten auf. Umgekehrt hatte die enge Verbindung mit dem Kaiser auch die inneren Verhältnisse der Přemyslidenherrschaft gefestigt. Wenn es dennoch immer wieder zu innenpolitischen Schwierigkeiten kam, dann handelte es sich jetzt um Streit innerhalb des Fürstengeschlechts, nicht um den Kampf mit politischen Konkurrenten. Beide Seiten, der Kaiser wie der

Přemyslide, profitierten von ihrer oft quer durch die kirchlichen und politischen Einflußbereiche gehenden Interessengemeinschaft. Die seit Palacký schwelende Diskussion zwischen Tschechen und Deutschen um das Ausmaß und die Dauer einer Abhängigkeit Böhmens vom Reich – eine Diskussion, die seit dem 19. Jahrhundert politisch aktuell motiviert war! – enthält aus eben diesem Grunde ein anachronistisches, aus nationalstaatlichem Denken stammendes Element. Denn vom Standpunkt přemyslidischen Machtinteresses aus – wir befinden uns ja in der Epoche des von einem Fürsten geleiteten und organisierten „Personenverbandsstaates" – konnte gerade die starke Bindung an Kaiser und Reich, wie am Verhältnis Wratislaws zu Heinrich IV. abzulesen, eine machtvolle innerböhmische Herrschaft begründen. Mit fester Rückendeckung beim deutschen König war sie auch zu erhalten, auszubauen und notfalls gegen innere Widerstände durchzusetzen. Es wäre den Přemysliden wohl schon im 10. Jahrhundert kaum möglich gewesen, ihre letzten Konkurrenten um die böhmische Gesamtherrschaft, die Slawnikiden, rücksichtslos zu beseitigen, wenn sie sich nicht in einer wie immer gearteten Abhängigkeit zu den Ottonen befunden und damit den Rücken frei gehabt hätten. Auch Wratislaw II. wird man zugestehen müssen, daß ihm die Sicherung seiner eigenen Herzogs- und Königsmacht über konkurrierende Verwandte und die mit ihnen verbundenen Adelsgruppen am wichtigsten sein mußte; insofern ist das spätere Bedauern der nationaltschechischen Geschichtsschreibung anachronistisch, daß er dies durch lehnsrechtliche Bindungen an das deutsche Reich bewerkstelligte. Ganz abgesehen von der Frage, ob eine andere politische Option für ihn überhaupt möglich gewesen wäre, liegt einer solchen nationalen Zensur mittelalterlicher Politik eine falsche Gleichsetzung von lehnsrechtlicher Abhängigkeit mit Schwäche und Bedrohung zugrunde. Die zunehmend freiwillige Abhängigkeit Böhmens vom deutschen Königtum stabilisierte aber nicht nur die přemyslidische Alleinherrschaft im Lande, sondern sicherte letztlich auch deren Charakter als genuin slawische Staatsschöpfung innerhalb des differenzierten Machtgefüges einer auf das mitteleuropäische Königtum und abendländische Kaisertum hin zentrierten Welt. Überspitzt und vielleicht allzu modernistisch formuliert könnte man sagen: es ist die Chance des „Satelliten", nach innen so stark zu werden, daß er nach außen und dem Oberherrn gegenüber unentbehrlich und damit wiederum einflußreich wird. Nur scheinbar also ist es ein Paradoxon, daß Abhängigkeit und Dienst unabhängiger machen, ja sogar zu einer Umkehr der Kräfteverhältnisse führen können. Wratislaw und andere Přemysliden vor und nach ihm haben diese Chance der politischen Bindung zu nutzen verstanden und Böhmen damit eine erstaunliche staatsrechtliche Stellung im

Reich verschafft. Man könnte sogar noch einen Schritt weitergehen und im Aufstieg Böhmens zum Kernland des Reiches unter der luxemburgischen Herrschaft eine konsequente Fortsetzung dieses kooperativen Trends sehen.

Wie die Přemysliden vom 10. bis zum 13. Jahrhundert trotz der sich entfaltenden Mitherrschaft des Landesadels ihre eigene Machtbasis ausbauten, kann man in etwa erkennen. Kernzelle ihrer politisch-militärischen Stellung war ein relativ geschlossenes und durch eigene Ministerialen zentral verwaltetes Herzogsgut um Prag, das trotz reicher Schenkungen an die Kirche lange in dieser kompakten Form erhalten blieb und eine bemerkenswerte Parallele zum Block merowingischer und später kapetingischer Königsmacht im Pariser Becken darstellt. Die Kastellaneiverfassung und der Ausbau eines Kranzes königlicher Städte – auch dies eine Parallele zur Struktur der französischen Königsherrschaft wie auch zur salisch-staufischen Städtepolitik – waren seit Břetislaw und Wratislaw wichtige Mittel der Machterweiterung. Diese territorial gegliederte, auf Großburgen und präurbane Burgsiedlungen gegründete přemyslidische Verwaltungsorganisation, die sich schon seit dem 10. Jahrhundert entfaltete, war wesentlich engmaschiger als diejenige des Reiches. Hinzu kamen die reichen Silbervorkommen Böhmens, mit denen nicht nur „Innenpolitik" erfolgreich betrieben werden konnte, sondern die der Böhme auch an der Kurie und am Kaiserhofe wirksam zur Durchsetzung politischer Ziele einzusetzen vermochte. So geht seit Wratislaw, dem Mitstreiter Heinrichs IV., die ursprünglich eher passive, anfangs sogar tributäre, dann vasallitische Bindung an das „regnum teutonicum" in aktive Teilnahme und Mitgestaltung der Reichspolitik über, ein trotz aller Rückschläge und situationsbedingter Abweichungen folgerichtiger Prozeß, der sich nur unzulänglich als ein jeweils genau definierbares Verhältnis zwischen Böhmen und dem Reich fassen läßt.

Es muß aber auch für das Hochmittelalter noch einmal nachdrücklich betont werden, daß Böhmen im Kern eine eigenständige slawische Herrschaftsbildung geblieben ist, ungeachtet der zeitweise übermächtigen deutschen Einflüsse in allen Gesellschaftsschichten. In Böhmen gab es kein Reichsgut, und wenn auch lange Zeit der Prager und später auch der Olmützer Bischof vom König investiert und von Metropoliten der Reichskirche geweiht wurden, erhielten sie doch ihren Kirchenbesitz aus der Hand des Přemysliden. Durch das Fehlen des Reichsgutes unterscheidet sich Böhmen etwa von Reichsitalien. Dafür hat die Stellung der Böhmischen Länder aber wiederum Ähnlichkeit mit den Herrschaftsverhältnissen Deutschlands nördlich des Harzes, wo das Königsgut eine relativ bescheidene Rolle spielte und daher auch die Reichsministerialität als Instrument der Königsherrschaft ausfiel. Ebenso fehlt in Böhmen der Königsumritt, der im Reich große Bedeutung für die faktische Anerkennung einer neuen Königsherrschaft durch den Adel der einzelnen Landschaften besaß. Nimmt man hinzu, daß der Přemyslide zwar eine nach den Zeitumständen jeweils stärker oder weniger stark eingeforderte Pflicht hatte, auf den Hoftagen des deutschen Herrschers zu erscheinen, daß aber solche Hoftage in Böhmen selbst niemals abgehalten wurden, dann rundet sich in etwa das Bild von der Sonderstellung Böhmens im Hochmittelalter: Es gehörte eher zum Reich, als daß es im Reich war. Unter dem Luxemburger Karl IV. sollte sich dies allerdings ändern.

Über diesen Aspekten der gleichsam „internationalen" Verbindungen Böhmens zu seiner Umwelt, zu denen auch die ständig und oft sehr rasch wechselnde intensive Freund-Feindbeziehung zu Polen und Ungarn gehört, darf jedoch nicht das langsame, aber stetige Wachsen eines frühnationalen Eigenbewußtseins in den Böhmischen Ländern übersehen werden, das sicher ursächlich mit der Monopolisierung und Stabilisierung der politischen Herrschaft der Přemysliden zusammenhängt und im Wenzelskult einen frühen religiös-politischen Kristallisationskern besitzt. Ethnische Aversionen treten schon relativ früh auf, seltsamerweise gegenüber den polnischen Stammesbrüdern, mit denen die Přemyslidenherrschaft durch ihre Heiratspolitik oft eng verbunden war, noch früher als gegenüber dem zeitweise übermächtigen deutschen Einfluß. Die polnisch-tschechischen Gegensätze um die Jahrtausendwende lassen eine im engeren Sinne nationale Tendenz erkennen, denn bei der Vertreibung der Polen aus Böhmen wurden dieselben nicht nur als Feinde, sondern auch als Fremde angesehen, obwohl die sprachlichen Unterschiede zwischen den beiden Völkern kaum ins Gewicht fielen. Der langanhaltende Kampf um Mähren und dann vor allem um Schlesien vertiefte diese Gegensätze, ja bis zu einem gewissen Grade ziehen sie sich seither wie ein roter Faden durch die Geschichte beider Völker.

Anders war es um die Fremdenfeindschaft im Lande selbst bestellt, die verschiedenartige Wurzeln hatte. Cosmas' Chronik läßt erkennen, daß gerade innerhalb der Kirche zuerst Antipathie gegenüber Landfremden thematisiert wurde. Von Sazawa und dem Wiederaufleben der slawischen Liturgie war schon die Rede, ebenso von der Rolle, die einer slawischen Kirche in der Herrschaftsorganisation des Landes seit Břetislaw I. zugedacht war. Es spielt aber in jener Zeit auch schon ein neiderfülltes Mißtrauen gegenüber nichtfeudalen Bevölkerungsteilen mit, die offenbar in den präurbanen Siedlungen und vor allem im alten Handelszentrum Prag Gewicht hatten. Auch hierfür bringt Cosmas einen aufschlußreichen Beleg aus der Zeit König Wratislaws. Er berichtet von der politischen Mission Hildburgs, der Gattin Konrads von Brünn, bei ihrem Schwager Wratislaw. Die Fürstin möchte den sich anbahnenden Bruderzwist dadurch verhindern, daß sie die Beutelust des Herrschers auf die Leute in der Vorstadt der Prager Burg und in der Burgsiedlung des Vyšehrad lenkt. „Dort gibt es Juden, die von Gold und Silber strotzen, dort die reichsten Kaufleute jedweden Volkes, ansehnliche Geldwechsler und einen Markt, auf welchem deinen Kriegsleuten Beute im Überfluß zur Verfügung steht.“ Es sind jene Gruppen, die offenbar schon seit Wratislaw personelle Immunitätsrechte erhielten und deren Sonderstatus dann im 12. Jahrhundert von Sobieslaw II. erneuert wurde, nämlich Juden, Deutsche und Romanen. Die Aversion gegen eine wohlhabende, nichtfeudale und im Falle der Juden nichtchristliche Bevölkerung wurde offenbar von Adel und Kirche gleichermaßen geteilt. Anders als der Schutz gebende Landesherr hatte die aristokratische und kirchliche Oberschicht von den landfremden Händlern und Gewerbetreibenden keinen unmittelbaren Nutzen. Hinzu kam, daß dieselben außerdem rechtlich durch einen vom Fürsten garantierten Sonderstatus privilegiert und damit gegen die Feudalordnung bis zu einem gewissen Grade abgeschirmt waren. Vor allem Cosmas, der als Kirchenmann ein Gegner der slawischen Liturgie und gleichzeitig ein Befürworter der Oberherrschaft der deutschen Könige und Kaiser über Böhmen war, hält mit seinen antideutschen Empfindungen nicht hinterm Berge. Sein Lob der angeblichen Deutschenvertreibung durch Herzog Spytihniew wurde schon erwähnt, und wo immer es sich anbietet, beklagt er den vermeintlichen Hochmut und die Verschlagenheit der Deutschen. Mit sichtlichem Behagen gibt er beispielsweise eine antideutsche Rede des Pfalzgrafen Kojata an die herzoglichen Brüder wieder; Anlaß war die Absicht Wratislaws, den deutschen Priester Lanz zum Prager Bischof zu erheben. Lanz wird ein „hergelaufener Fremdling“ genannt, „der ohne Hosen in unser Land gekommen ist“; der einheimische, d. h. tschechische Klerus sei genauso gebildet wie dieser Deutsche. In diesem Zusammenhang gedenkt er wiederum lobend der Vertreibung der Deutschen durch Spytihniew und stellt dem Fürsten die Frage, ob er wohl glaube, „daß uns ein Ausländer mehr liebt und es mit diesem Lande besser meint als ein Eingeborener“? Kein Zweifel, Cosmas ist hier auch das Sprachrohr des einheimischen Klerus, der mit scheelen Augen die Konkurrenz deutscher Kleriker betrachtete. Deren Einstrom hatte seit der von Deutschland, speziell von Bayern nach Böhmen übergreifenden Kirchenreform sprunghaft zugenommen und war schon dadurch gleichsam institutionalisiert worden, daß Böhmen bis zu Kaiser Karl IV. dem Mainzer Metropolitanverbande eingeordnet blieb. Solche feindseligen Äußerungen waren aber nur die Negativseite eines sich politisch und mentalitätsmäßig verfestigenden Eigenbewußtseins der Tschechen, ein Eigenbewußtsein, das nicht völlig deckungsgleich war mit der zum Reich hin orientierten Přemyslidenherrschaft. Es manifestierte sich vor allem im Kult des Landespatrons St. Wenzel, für dessen Verehrung die Kirche entscheidende Beihilfe geleistet hatte. Schon im 12. Jahrhundert kulminiert diese Entwicklung: Die Böhmen tschechischer Zunge verstehen sich als „familia sancti Wenceslai", als Untertanenverband des heiligen Wenzel, und im Wenzelslied „Svatý Václave", das wahrscheinlich schon in dieser Epoche entstand, wird der Heilige als „Unser Fürst", als Fürbitter bei Gott und als Landespatron schlechthin verehrt. Wiederum ist die Parallele zum gleichzeitig propagierten frühkapetingischen Staatskult des heiligen Dionysius bemerkenswert, denn sie zeigt, wie früh in Böhmen die ideologischen Ansätze zu einer religiös legitimierten Staatlichkeit liegen. Der Stephanskult entfaltet sich in Ungarn als Staatsideologie etwas später, aber in ähnlicher Weise. Wenn auch die Deutschen wegen der politischen und kirchlichen Bindungen an das Reich offenbar im allgemeinen Bewußtsein bereits eine gewichtige Rolle spielen, so haben wir es doch noch mit einer weitgehend slawischen Gesellschaft zu tun; auch die familiären Verbindungen der Přemysliden zu deutschen Fürstenhäusern ändern daran nichts. Erst mit der sogenannten Kolonisationsperiode wird das Land zweisprachig, und der politisch-kirchliche Einfluß des deutschsprachigen Westen bekommt jetzt im eigenen Lande eine ethnische Basis.

Innere Kolonisation, nämlich herzogliche „Staatskolonisation", läßt sich schon seit dem Ende des 10. Jahrhunderts feststellen. Aus den innerböhmischen Altsiedellandschaften drangen bäuerliche Siedler in das reich bewaldete südliche Mittelböhmen an Moldau und Sazawa vor; in Mähren erfaßte diese slawische Binnenkolonisation den Westteil des Landes und vor allem die Niederungen jener Flüsse, die von der Böhmisch-Mährischen Höhe zur March fließen. Eine weitere Phase des Landesausbaus setzte unter Herzog Břetislaw I. ein, der in Westböhmen polnische Gefangene ansiedelte und sie vielleicht schon als Grenzwächter (Choden) gegen Bayern im Raum Pfraumberg-Tachau einsetzte. Die Besiedlung und politisch-militärische Sicherung der Grenzübergänge betrieben die Herzöge besonders intensiv, deshalb schob sich gerade in Richtung auf die alten böhmischen „Landestore" die slawische Bevölkerung besonders weit vor. Das gilt für Kulm, Tepl und die Räume um Taus, Gmünd und Nachod, ebenso für Leitomischl und den Trstenitzer Steig nach Mähren, aber auch im Norden für den Polzenübergang bei Böhmisch-Leipa, der Böhmen mit dem Bautzener Land verband. Hand in Hand mit der siedlungsmäßigen Erschließung des Landes und ursächlich eng mit ihr verbunden erfolgte die Herrschaftssicherung der Přemysliden in straff organisierten Formen mit Hilfe einer herzoglichen Dienstmannschaft, ein Pendant zum Aufbau der Reichsministerialität im Reich. Herzog Břetislaw I. tritt hier als „Burgenbauer" und Organisator der Landesverwaltung besonders in dem noch ungesicherten Mähren hervor. Dort und bald darauf auch in Böhmen führte er die sogenannte Kastellanei-Ordnung ein, die zugleich wirtschaftliche Funktionen zu erfüllen hatte. Die Dienstleute hatten dabei nicht nur Verwaltungsaufgaben zu verrichten und militärische Pflichten zu übernehmen, sondern sorgten als Handwerker, Winzer, Pferde- und Schweinezüchter, Imker und Fischer für den herzoglichen Bedarf. Oftmals weisen die Ortsnamen in Nähe der Burgzentren noch auf diese Spezialaufgaben hin.

Für Handel und Gewerbe spielte seit dem 10. Jahrhundert der Prager Markt, wie Ibrāhīm Ibn Ja'kub bezeugt, eine wichtige Rolle. Dieser jüdische Fernhändler beschreibt Prag als eine Siedlung aus Stein und Kalk und als den größten Marktort in den slawischen Ländern. Russen und Slawen kamen mit ihren Waren dahin von der Stadt Krakau, Juden und Türken (Madyaren) tauschten hier Sklaven, Biberfelle und anderes Pelzwerk ein. Dieses Land war von allen Ländern des Nordens das beste und das an Lebensmitteln reichste, auch verfertigte man in Böhmen leichte Tücher aus einem sehr feinen Gewebe nach Art der Schleier, die als Währung in Zahlung genommen wurden. Doch gab es auch schon einen regen Geldumlauf, der sich im 11. Jahrhundert rasch verstärkte. Ausfuhrprodukte waren vor allem Häute, Pelze, Buntmetalle sowie Sklaven und Pferde. Die Prager „Verkehrsspinne" war auch für den Transithandel wichtig; Deutsche, Juden, Romanen, Griechen und Araber besuchten die Moldaustadt und brachten die für das Früh- und Hochmittelalter typischen Fernhandelsgüter wie kostbare Stoffe, Gewürze, südländische Weine, Farben, Salben und Parfüms sowie qualitativ hochwertigen Schmuck. Böhmische Münzen, nämlich herzogliche Denare, finden sich seit dem Ende des 10. Jahrhunderts archäologisch weit außerhalb des Landes. Grundlage für die intensive Münzprägung waren reiche Silberfunde zwischen Kolín und Kuttenberg (Kutná Hora). Mit dem wachsenden Handelsverkehr wurde dann seit dem 11. Jahrhundert auch der Ertrag des herzoglichen Zolls immer bedeutungsvoller und damit die Beherrschung des böhmischen Straßennetzes mit den Mautstationen in Taus, Tachau, Pfraumberg, Tepl, Kulm, Nachod und Leitomischl. Wichtigste Verkehrsadern waren die Straße vom salisch-staufischen Nürnberg über Tachau nach Prag und besonders der schon wesentlich ältere „Goldene Steig", der von Regensburg und Passau aus in mehreren Strängen den Böhmerwald durchquerte sowie die Straße von der bayerisch-babenbergischen Ostmark, die Gmünd und Linz mit Böhmen verknüpfte. Vom Norden her führten Salz- und Handelswege aus dem Raum von Halle und Leipzig nach Kaaden, Saaz und Brüx und weiter ins Landesinnere. Durch die Kulmer Paßhöhe war Böhmen über Levý Hradec und Aussig mit der Mark Meißen, durch den Glatzer Kessel und seine Handelsstraße mit Schlesien verbunden. Zahlreich waren die Wege und Straßen von Böhmen nach Mähren. Dieses Land, das sich seit dem 11. Jahrhundert immer mehr zum Nebenland der přemyslidischen Gesamtherrschaft entwickelte, spielte durch seine alten, zum Teil schon prähistorisch bezeugten Handelsstraßen im Marchtal im europäischen Nord-Süd-Verkehr eine zentrale Rolle, von der die alten Herzogsstädte Brünn und Olmütz von Anfang an profitierten. Ungarn als Nachbarland war hier besonders wichtig, aber auch die alten Durchgangswege nach Polen und in den Ostseeraum. Der allgemeinen Ausweitung des Handels und Verkehrs im Zuge des großen, gesamteuropäischen Akkulturationsprozesses entsprach die Entstehung und Entwicklung neuer Märkte und Siedlungen. Zu nennen wären etwa Königgrätz, die durch den Silberbergbau wichtige Stadt Iglau, ferner Leitmeritz und Saaz, Freudenthal, Troppau, Göding, Ungarisch-Hradisch, Mährisch-Neustadt und wohl auch Brüx, Kouřim und Pilsen. Zur vollen Entfaltung gelangte das böhmische Städtewesen allerdings erst im 12. und 13. Jahrhundert. Der Stadtentwicklung in den Böhmischen Ländern fehlten wie in Mitteldeutschland die antiken Grundlagen, die bekanntlich den Gebieten südlich der Donau und westlich des Rheins einen entschiedenen zeitlichen Vorsprung bei der Ausbildung urbaner Lebensformen im Mittelalter sicherten. Auch Struktur, Rechtsstellung und sozialer Rang des böhmischen Adels, der durch Cosmas' Chronik spätestens am Beginn des 11. Jahrhunderts als Gruppe und Teilhaber an der Macht der Přemysliden erkennbar ist, läßt sich erst seit dem 12. Jahrhundert genauer bestimmen. Zumindest ein Teil des böhmischen Adels scheint sich aus der herzoglichen Gefolgschaft entwickelt und mit Hilfe eigener Grundherrschaft von der fürstlichen Oberhoheit fortschreitend emanzipiert zu haben; daß eine ältere, gentile slawische Oberschicht von den Přemysliden völlig ausgerottet worden ist, erscheint wenig wahrscheinlich.

Über das Leben der Masse der Bevölkerung wissen wir auch für diese Epoche herzlich wenig. Es hängt dies, wie überall im mittelalterlichen Europa, von der Eigenart der Quellen ab, in denen die illiteraten Hörigen und grundherrschaftlich organisierten Abhängigen, wenn überhaupt, dann nur als nebenbei erwähnte Objekte bei Verfügungen über Grundbesitz auftauchen. Einiges geben die erzählenden Quellen her, doch herrscht natürlich auch hier der Oberschichtenaspekt vor. Gegenüber einer älteren, national-romantischen Geschichtsschreibung, die bei Slawen und Germanen gleichermaßen Gemeinfreiheit oder gar Gütergemeinschaft annahm, zeigen die spärlich einsetzenden, frühen schriftlichen Nachrichten ein strenges System präfeudaler und feudaler Abhängigkeitsverhältnisse, die sich in Abgaben und körperlichen Dienstleistungen, später in Geldzahlungen, sowie in Gemeinschaftsarbeit für Burg- und Wegebau und in rechtlich-sozialer Bindung an den adeligen oder kirchlichen Grundherrn zeigten. Bezeichnungen wie „coloni", „servi", „mancipia", „heredes", „hospites", „ministeriales", „originarii", „rustici", „pauperes villani", „ascripticii", „dušnici", „homines" etc. deuten bereits die jeweilige Stellung des Genannten in einem offenbar schon recht differenzierten Sozialsystem und den Grad seiner Abhängigkeit an; wobei die „hospites", „heredes", „ministeriales" und „homines" wohl zu den mittleren und oberen Rängen der grundherrlichen Organisation, der „familia", gehörten und damit auch gewisse Chancen des sozialen Aufstiegs hatten. Die entsprechenden alttschechischen Bezeichnungen wie „sluha", „chlap", „otrok" und „robotni" tauchen erst später auf. Zur Fronarbeit für den Grundherrn tritt die Landesfron (Landrobot), deren Einführung von Cosmas Herzog Břetislaw I. zugeschrieben wird, die aber wohl älter sein dürfte. Schon seit der Mitte des 11. Jahrhunderts sind Geldabgaben bezeugt, vor allem das „tributum pacis", die landesherrliche Steuer. Ob es eine alte Form des Kollektivbesitzes gegeben hat, ist umstritten, belegbar ist er jedenfalls erst im 15. und 16. Jahrhundert, und da wohl nur als Rest oder Folgeerscheinung der älteren, allgemein verbreiteten Grundherrschaft. Eine Sonderform stellen aber die Orte dar, die mit dem Namen „Lhota" gebildet sind, denn es handelt sich hier um Neugründungen, die vier bis fünf Jahre Freiheit von Abgaben und Dienstleistungen hatten, somit Zeugen für planmäßigen Landesausbau oder Wiederaufbau nach Kriegsverwüstungen sind. Einer größeren Freiheit erfreuten sich die sogenannten „heredes", „dedicanes" oder „dědinici", die zwar vom Grundherrn mit Grund und Boden verschenkt werden konnten, deren Besitz aber abgelöst werden mußte. Sie waren also offenbar nicht der willkürlichen Abstiftung, d. h. des vom Grundherrn angeordneten Verlustes von Haus und Hof ausgeliefert, die den hörigen Bauern als normales Los immer bedrohte. Eine exaktere Analyse der Sozialstruktur Böhmens und Mährens ist aber erst für das 12., 13. und 14. Jahrhundert möglich; Rückschlüssen auf die frühere Sozialordnung haftet oft etwas Hypothetisches an, sie erschöpfen sich manchmal in Analogien zur besser bekannten westeuropäischen Entwicklung.

Am ehesten führt noch eine vorsichtige Kombination archäologischer Befunde und schriftlicher Quellen, wie Urkunden und Legenden, zu einigermaßen gesicherten Ergebnissen über die gesellschaftliche Organisation der Böhmischen Länder. Bemerkenswert ist hier schon die Tatsache, daß in Gräberfeldern bei Burgwällen, also bei přemyslidischen oder adeligen Herrschaftssitzen, die Beigaben reicher und wesentlich differenzierter sind als in Gräberfeldern von offenen Siedlungen ohne Herrschaftszentrum. Dies gilt besonders für die kontinuierliche, auch archäologisch nachweisbare Entwicklung eines weitausgreifenden přemyslidischen Herrschaftsverbandes seit dem 9. und 10. Jahrhundert. Aus einer Vielzahl kleiner Zentren sonderte sich schon damals das přemyslidische Kerngebiet in Mittelböhmen ab, ebenso der Machtbereich der Lučanen in Norwestböhmen und die Herrschaft der Slavniki um Kouřim und Libice; ferner ein kleineres Herrschaftszentrum um Mělník. Die Fürsten oder Mitglieder ihrer Familien herrschten mit ihrem Gefolge, der „družina", den „fideles" und „milites". Daneben finden wir jedoch die wichtige Gruppe der „nobiles", der adeligen „vel'moži" oder „bojare", die man mit den Oberhäuptern der vornehmen Geschlechterverbände (gentes) gleichsetzt. Fürstendienst war nicht die Ursache ihrer Sonderstellung, wenn sie auch seit Boleslaw I. mehr und mehr in die höheren Ämter der přemyslidischen Burgbezirksverfassung eingegliedert wurden.

Am dichtesten war der přemyslidische Grundbesitz naturgemäß im mittelböhmischen Ausgangsgebiet der Dynastie; dort findet sich kaum Land in anderer Hand. Früh schob sich auch die fürstliche Macht nach Nordwesten in den Raum von Leitmeritz vor, während der zweite přemyslidische Schwerpunkt in Westböhmen bereits Ergebnis der inneren Kolonisation aus fürstlicher Initiative war. Der grundherrschaftliche Eigenbetrieb auf Salland ging bereits im 11. Jahrhundert zurück; große Teile des Landes unterm Pflug (terrae ad aratrum) waren an Abhängige zur Bestellung ausgegeben, die als „rustici" und „hospites", d. h. Pächter přemyslidischen Bodens in den Quellen erscheinen; sie hatten jährliche Abgaben zu leisten. Der innovative Charakter der fürstlichen Verwaltung läßt sich auch am Vorkommen spezialisierter Betriebe wie Gärtnereien, Weingärten, Fischereien und Mühlen erkennen, die sich besonders in Mittelböhmen, um Leitmeritz und in Westböhmen finden und von unfreien přemyslidischen Dienstleuten (ministeriales, servi, animatores, servientes) bewirtschaftet wurden. Die Parallele zur Ministerialität in Deutschland ist zweifellos vorhanden, doch anders als im deutschen Bereich gibt es kaum soziale Aufsteiger, da die höchsten Amtsträger im přemyslidischen Herrschaftsverband, etwa die Vorsteher der Burgbezirksmittelpunkte, die comites und castellani, sowie die iudices und die Inhaber der Hofämter fast immer den vornehmsten Familien Böhmens entstammten. Sie werden in den Quellen als „primates" bezeichnet und tauchen bei den „colloquia", den Versammlungen der Fürsten, in beratender Funktion auf.

Anders als im intensiv organisierten und verwalteten Herrschaftsgebiet der Přemysliden sah es in den Zonen vorwiegend adeligen Großgrundbesitzes aus, also in Nordwestböhmen, im mittleren Nordböhmen und in einigen Gebieten Ostböhmens. Die Besitzgrößen unterscheiden sich sehr stark, besonders aber fehlt hier die weitgehende berufliche Spezialisierung und soziale Differenzierung, wie sie für den přemyslidischen Herrschaftsverband charakteristisch und auch archäologisch faßbar ist. Das Gebiet um Kouřim und Libice, Kernraum der Slavniki bis zu ihrer Ausrottung durch die Přemysliden, hat die größte Konzentration reich ausgestatteter Gräber in ganz Böhmen. Dies ist wohl nur so zu deuten, daß dieses Geschlecht eine ähnlich dichte und wohlorganisierte Herrschaftsorganisation aufgebaut hatte wie die Přemysliden in Mittelböhmen. Im 11. und 12. Jahrhundert hebt sich dieser Raum herrschaftsstrukturell aber kaum mehr von anderen Gebieten ab. Dies war eine Folge der gewaltsamen Einverleibung in den böhmischen Fürstenstaat, dessen wirtschaftliche und politische Grundlage aber nach wie vor der eigene ausgedehnte Grundbesitz Mittelböhmens blieb. So lange dieser bestand, war auch die Stellung des Fürstenhauses unerschütterlich. Die Rolle des Adels, der in den Randregionen der Böhmischen Länder nach wie vor mächtig war, sollte dennoch nicht unterschätzt werden. Fragen der Erbfolge wie auch der auswärtigen Politik konnte die Dynastie ohne den Adel nicht lösen, mochte der letztere auch noch so sehr durch hohe Ämter in die Landesverwaltung integriert sein. Erst mit der deutschen Besiedlung Böhmens und Mährens ergaben sich wieder grundlegende sozialstrukturelle Veränderungen, die auch Folgen für das politische Schicksal des Landes hatten.

Höhepunkt und Wende přemyslidischer Macht

1. Böhmen in der Stauferzeit

Wie schon des öfteren in der Geschichte der böhmischen Fürsten bewirkte die unklare přemyslidische Erbordnung einen unvorhergesehenen Machtwechsel, der wiederum für die Beziehung zum Reich Folgen zeitigte. Es kam nämlich nicht zur Erhebung von Sobieslaw-Udalrichs Sohn Wladislaw, sondern der Adel wählte den Neffen des verstorbenen Herzogs, Wladislaw II. (1140–1172), den Sohn Wladislaws I., zum Herzog. Diese Wahl der adligen Herrenschicht, die sich davon wohl größere politische Bewegungsfreiheit für sich selbst erhoffte, war um so bemerkenswerter, als ja bereits 1138 König Konrad III. Sobieslaws Sohn mit Böhmen belehnt hatte, die Erbfolge also auch theoretisch von Seiten des Reiches abgesichert war. Konrad nahm dennoch die Entscheidung der böhmischen Großen hin, und da Wladislaw die Halbschwester des Königs, die Babenbergerin Gertrud, heiratete, hatte man den böhmischen Machtwechsel nunmehr dem Reich gegenüber auch durch Familienbande befestigt. Gertrud, die neue böhmische Herzogin, war übrigens auch die Schwester Bischof Ottos von Freising, des größten und geistvollsten Geschichtsschreibers des deutschen Mittelalters. Wenn man überdies bedenkt, daß bis zu diesem Zeitpunkt von den dreizehn Prager Bischöfen mit Sicherheit sechs deutscher Herkunft waren, dann vermag man die Stärke des deutschen Einflusses schon vor Beginn der sogenannten „Kolonisationsperiode" zu ermessen. Deutscher Rückendeckung bedurfte allerdings der neue Herzog Wladislaw II. in besonders hohem Maße, um sich im eigenen Lande behaupten zu können, denn zur Enttäuschung des Adels entpuppte er sich keineswegs als dessen williges Werkzeug, sondern suchte die kriegerische Auseinandersetzung um die Macht in Böhmen. Vorerst allerdings besiegten die Adelsfronde und Fürst Konrad von Znaim, der sich an ihre Spitze gestellt hatte, den Prager Herzog 1142 bei Tschaslau. Prag wurde von den Rebellen belagert, bis ein deutsches Heer heranrückte, die Hauptstadt entsetzte und die mährischen Teilherzogtümer Znaim, Brünn und Olmütz verheerte. Mit diesen dramatischen Ereignissen beginnt übrigens Adalbert Stifters großer historischer Roman „Witiko", der mit erstaunlichem Einfühlungsvermögen in die mittelalterliche Mentalität Personen und Ereignisse schildert und mit seiner Romanfigur Witiko verknüpft. Es kam durch Vermittlung des päpstlichen Legaten Guido, in dessen Gefolge sich der berühmte, später als Häretiker endende Arnold von Brescia befand, zu einem Kompromißfrieden; doch blieb diese Pattsituation nur kurze Zeit in Kraft.

Eine wichtige Rolle spielte in den Auseinandersetzungen der Olmützer Bischof Heinrich Zdik (1126–1150), ein entschiedener Vertreter der Kirchenreform. Unter ihm entstanden mit fürstlicher Hilfe die Zisterzienserklöster Plaß, Sedletz, Heiligenfeld und Münchengrätz sowie die Prämonstratenserstifte Seelau, Launiowitz und Hradisch in Mähren. Prämonstratenser traten damals auch in Strahov und Doxan an die Stelle der Benediktiner. Das umfassende Immunitätsprivileg König Konrads III. für den auch im Reich hochgeschätzten Bischof Heinrich Zdik von 1144 verdient in mehrfacher Hinsicht Beachtung. Es knüpft einerseits für Böhmen an die alte ottonisch-salische Praxis an, die reichstreue Kirche gegen die weltlichen Gewalten, in diesem Falle gegen die mährischen Teilherzöge, materiell zu stärken, und es ist andererseits ein erstes, wichtiges Anzeichen dafür, daß der Staufer die mährische Kirche als Reichsbistum organisieren wollte. Der Bischof erhielt unter anderem auch das Recht der Münzprägung, ein wichtiges, bisher den Přemysliden vorbehaltenes Recht, das aber die deutschen Reichsbischöfe schon seit ottonischer Zeit innehatten. Tschechischerseits ist das Olmützer Privileg verschiedentlich als Fälschung betrachtet worden, weil es von dem bisherigen Gebrauch abwich, daß der Herzog den bischöflichen Besitz verlieh. Aber da diese Maßnahme ja in einer Situation getroffen wurde, in der es galt, die mährischen Teilherzogtümer empfindlich zu schwächen, und sich überdies bald danach unter Friedrich Barbarossa der Versuch wiederholen sollte, auch die böhmische Kirche dem Verbande der Reichskirche völlig, d. h. nicht nur kirchlich, sondern auch politisch-administrativ einzuordnen, ist die Echtheit des Privilegs kaum zu bezweifeln. Es war dies bei der damaligen Lage sicher auch im Interesse Wladislaws II., der bei seinen fortgesetzten Kriegen mit den mährischen Teilherzögen und dem abtrünnigen Adel in verstärktem Maße die neuen Reformorden der Zisterzienser und Prämonstratenser ins Land holte, mit Besitz ausstattete, zur Rodung ansetzte und damit zugleich über die zum Teil deutschen Gründermönche seinen eigenen Einfluß zu verstärken suchte. Wie sehr die reiche Besitzausstattung des Olmützer Bischofs den mährischen Přemysliden ein Dorn im Auge war, geht aus dem Mordanschlag hervor, der auf Heinrich Zdik bei dessen Romfahrt 1145 von Fürst Konrad von Znaim und Wratislaw von Brünn verübt wurde. Bischof Heinrich entrann dem Anschlag mit knapper Not und spielte bald darauf mit seinem Neffen Daniel, dem späteren Prager Bischof, eine wichtige Rolle bei den Verhandlungen zwischen Konrad III. und Papst Eugen III., die dem Zweiten Kreuzzug vorangingen.

Kurz darauf wurde auch Böhmen in dieses weitläufige internationale Unternehmen verstrickt, das Bernhard von Clairvaux, „die Chimäre des Jahrhunderts", ein hinreißender Prediger von leidenschaftlicher Beredsamkeit, 1147 von Vézelay in Burgund aus proklamierte. Auch die Böhmen rief Bernhard brieflich zum Kreuzzug auf, wie es ihm ja auch gelang, durch seine Autorität den Staufer Konrad III., einen eher nüchternen Realpolitiker, für diesen Kriegszug in das Heilige Land zu gewinnen. Böhmische Heeresabteilungen zogen damals unter Wladislaws Führung mit Konrad und dem französischen König Ludwig VII. bis nach Kleinasien. Nach dem Scheitern des Kreuzzuges verbrachten sowohl Konrad III. wie Wladislaw den Winter 1148/49 in Byzanz am Hofe Kaiser Manuels. Von dort aus knüpfte der Böhme auch politische Kontakte zu dem russischen Fürstengeschlecht der Rurikiden. Bischof Heinrich Zdik nahm hingegen mit anderen böhmischen Truppen am Kreuzzug gegen die Wenden teil, ein Unternehmen, das ebenfalls Bernhard von Clairvaux mit der schauerlichen Parole „Tod oder Bekehrung" eröffnet hatte.

Mit dem Stauferkaiser Friedrich Barbarossa (1152–1190) vertieften sich die Verbindungen Wladislaws zum Reich; sie komplizierten sich aber auch, denn durch den Kampf zwischen Babenbergern und Welfen um das Herzogtum Bayern war der Böhme aus verwandtschaftlichen Verpflichtungen heraus genötigt, für die babenbergische Sache Partei zu ergreifen, während Friedrich I. gewillt war, seinen Vetter Heinrich den Löwen als bayerischen Herzog durchzusetzen. Die Lage wurde für Wladislaw noch schwieriger, als der junge Staufer einen Přemyslidensproß, den Sohn Sobieslaws I., an seinem Hof aufnahm. Dieser soll beträchtliche Bestechungsgelder aufgewendet haben, um von Barbarossa, dem zeitgenössische Quellen große Geldgier nachsagen, das böhmische Herzogtum als Lehen zu erhalten. Durch Bischof Daniel von Prag konnte diese Gefahr für Wladislaws Herzogtum auf dem Verhandlungswege gebannt werden; der Konkurrent Adalrich wurde mit der Herrschaft Königgrätz entschädigt. Als Barbarossa nach seinem ersten Italienzug als gekrönter Kaiser 1155 zurückkehrte, kam es zu einem freundlichen Übereinkommen, wonach die ins Reich geflüchteten přemyslidischen Anwärter auf den Herzogthron begnadigt wurden und dafür Wladislaw, nunmehr wieder Herr der Lage in Böhmen, das Seine dazu beitrug, daß 1156 mit dem sogenannten Privilegium minus ein Kompromiß zwischen Babenbergern und Welfen zustandegebracht werden konnte. Damals kam es bekanntlich zur Teilung des bayerischen Stammesherzogtums – ein folgenschweres Ereignis für die weitere deutsche Geschichte. Die ausbaufähige Ostmark, das unbestrittene Herrschaftsgebiet der Babenberger, wurde von Bayern abgetrennt, zum Herzogtum erhoben und mit einer Reihe von Landrechten ausgestattet; das restliche Bayern ging an Heinrich den Löwen. Wladislaw durfte im Namen des Kaisers diese Übereinkunft als der mächtigste Reichsfürst neben Heinrich Jasomirgott und Heinrich dem Löwen verkünden. Damit war Wladislaw endgültig für die Interessen des Kaisers gewonnen.

Der nächste, von Bischof Daniel sorgfältig vorbereitete Schritt war die Königserhebung des Böhmen durch Barbarossa; sie erfolgte durch die Krönungsurkunde vom 18. Januar 1158. Die neue Würde galt aber nicht nur, wie einst bei Wratislaw, für die Person des Böhmenherrschers, sondern von nun ab waren die Přemysliden bis zu ihrem Aussterben sowohl Reichsfürsten wie Könige von Böhmen. Der Kaiser selbst setzte Wladislaw in Regensburg die Krone aufs Haupt. Der Chronist Vincentius von Prag, Kaplan Bischof Daniels, hat uns diese Ereignisse und deren günstige Rückwirkung auf Böhmen ausführlich geschildert. Barbarossa tat dies freilich nicht umsonst, denn der neue Böhmenkönig mußte am Feldzug des Kaisers gegen Mailand mit einem böhmischen Heere teilnehmen. Aufschlußreich ist dabei der Protest eines Teils der böhmischen Großen gegen diesen Zug in weite Ferne. Wer dazu den Rat gegeben habe, so ließ man verlauten, solle gekreuzigt werden; dies zielte natürlich vor allem auf Bischof Daniel. Wladislaw mußte daher seinen Bischof in Schutz nehmen und den Zug als seinen eigenen Willen erklären, wollte er nicht in schlechtem Lichte erscheinen. Dennoch gelang es ihm, durch das Versprechen reicher Belohnung, genügend junge Ritter für den Feldzug zu gewinnen. Immerhin zeigt der Vorfall zur Genüge, wie eng die Machtstellung Wladislaws und auch Bischof Daniels, seines politischen Hauptratgebers, von der starken Rückendeckung beim Staufer abhing und wie stark andererseits die Bedenken des Adels waren, die mit Hilfe des Reiches erst erstarkte Königsherrschaft des Přemysliden auch noch mit Heeresfolge nach Italien bezahlen zu müssen. Wladislaw II. – als König Wladislaw I. – führte zusammen mit Bischof Daniel die böhmischen Truppen bis vor Mailand; sie hatten maßgeblichen Anteil am Fall der lombardischen Metropole. An den Böhmenkönig wandten sich auch die Mailänder bei der Einleitung der Kapitulationsverhandlungen. In Mailand selbst krönte Barbarossa Wladislaw neuerlich zum König und belohnte ihn mit 1000 Mark Silber; damals soll auch der Löwe ins böhmische Wappen eingeführt worden sein. Auch an späteren Italienzügen des Kaisers beteiligte sich der Böhmenkönig. Seine gefestigte Stellung in der europäischen Politik wird auch bei seiner energischen Intervention in die ungarischen Thronwirren ersichtlich. Wladislaws Kandidat Stephan II.

blieb erfolgreich, weil sein Gegner zwar von Byzanz gestützt, aber im entscheidenden Augenblick vom byzantinischen Kaiser im Stich gelassen wurde. Die Friedensverhandlungen endeten 1164 mit der Vermählung einer Přemyslidin mit Kaiser Petros Komnenos. Der Böhmenkönig war jetzt auf dem Gipfel seines Ansehens, er galt als ein wichtiger Faktor in der europäischen Politik.

Umso härter mußte es ihn treffen, als Barbarossa bald darauf die Gelegenheit wahrnahm, seine Macht auch in böhmischen Angelegenheiten fühlen zu lassen. Anlaß zur Verstimmung zwischen Wladislaw und dem Kaiser gab es nach 1167, als Bischof Daniel starb und sich der König einer neuen scharfen Opposition des einheimischen Klerus gegenüber sah. Hinzu kam, daß sein eigener Sohn Adalbert als Salzburger Erzbischof während des Schismas – wie die gesamte Geistlichkeit Böhmens – zur Partei Papst Alexanders III. übergegangen war. Als nun Wladislaw 1172, entgegen der Bestimmung der břetislawschen Erbordnung und ohne die Zustimmung des inzwischen machtvoll organisierten böhmischen Adels einzuholen, abdankte und seinen Sohn Friedrich (1172–1173) einsetzte, war dies eine günstige Gelegenheit für den Staufer, wiederum in Böhmen einzugreifen und sowohl die kirchlich-alexandrinische Opposition zu bekämpfen wie auch den Adel gegen den König zu mobilisieren. Neuer Herrscher Böhmens durch die Gunst des Kaisers wurde Sobieslaw II. (1173–1178), der Sohn Herzog Sobieslaws I., der lange Jahre in Pfraumberg bei Tachau eingekerkert gewesen war. Barbarossa hatte allerdings mit der Einsetzung dieses Přemysliden keine glückliche Hand, da sich der Böhme in den Krisenjahren des Kaisers, nach dessen vernichtender Niederlage bei Legnano, vom Reich abwandte. Der Staufer reagierte darauf mit der Unterstützung des abgesetzten Herzogs Friedrich. Als auch mährische Fürsten sich gegen Sobieslaw II. stellten, konnte sich dieser trotz eines militärischen Sieges nicht mehr halten, denn Herzog Friedrich schlug ihn mit Hilfe des mährischen Fürsten Konrad Otto von Znaim dann am 27. Januar 1179 vor Prag und belagerte ihn in der Burg Skala. Zwar gelang es Sobieslaw zu entfliehen, aber da er schon 1180 in der Fremde starb, wurde sein Rivale Friedrich nunmehr unangefochtener Herrscher.

Dennoch ist die kurze Regierungszeit Sobieslaws II. in mancherlei Hinsicht bemerkenswert. Die Chronik Gerlachs von Mühlhausen, die wichtigste Quelle für diese Epoche, nennt ihn „princeps rusticorum" – Bauernfürst –, und in der Tat war es so, daß er sich politisch auf breite Volksschichten stützen konnte, wodurch er einen Rückhalt gegen Adel und hohen Klerus im Lande gewann. Bischof von Prag war zu dieser Zeit Friedrich, ein Verwandter Barbarossas, der gegen den Willen des böhmischen Klerus dieses Amt durch den Kaiser erlangt hatte. Anders als der bedeutende Daniel, der Zeit seines Lebens die politischen Beziehungen Böhmens zum Reich entscheidend mitgestaltet hatte, scheint aber dieser Bischof wenig Eigeninitiative entwickelt zu haben, ja er dürfte als Landfremder, der keinen Rückhalt im böhmischen Klerus fand, sogar in die Abhängigkeit Sobieslaws geraten sein. Man hat die Herrschaft dieses Přemysliden als eine national-tschechische Reaktion auf den übermächtig werdenden deutschen Einfluß interpretiert und dabei etwa auf sein Vorgehen gegen Bischof Friedrich und auf die Tatsache hingewiesen, daß in der ersten, für Sobieslaw siegreichen Schlacht gegen seinen Rivalen Friedrich den deutschen Gefangenen die Nasen abgeschnitten worden sein sollen. Doch dürften eher dynastische Interessen und die innerböhmischen Konflikte mit dem Adel die Hauptursachen seiner Politik gegen Barbarossa gewesen sein, nicht „antideutsche", „nationale" Beweggründe. Schließlich verdankte er Barbarossa ja sein Herrscheramt. Sobieslaw war es auch, der das berühmte Privileg seines Großvaters Wratislaw für die deutschen Kaufleute in Prag erneuerte und erweiterte. Eher wird man sagen können, daß er gewissermaßen traditionell-přemyslidisch handelte, wenn er zu verhindern suchte, daß der Einfluß von seiten des Reiches sich gegen seine Machtstellung in Böhmen auswirkte. Seine gewaltsamen Versuche, sein Territorium in Südböhmen auf Kosten der babenbergischen Herzöge zu vergrößern, führten dann zum endgültigen Bruch mit Barbarossa. Offenbar war durch den intensiven Landesausbau von beiden Seiten die alte, breite Waldbarriere zwischen Böhmen und Österreich so stark zusammengeschrumpft, daß es zu diesen Grenzstreitigkeiten kam, die in einen blutigen Krieg mündeten, in dessen Verlauf Österreich furchtbare Verwüstungen erlitt.

Wie wenig übrigens die Kämpfe zwischen Böhmen und dem Reich mit einer nur persönlichen Feindschaft der Přemysliden gegenüber Barbarossa zu tun hatten, wurde sogleich offenbar, als nach Sobieslaws Tod wiederum Herzog Friedrich, der Sohn Wladislaws, zur Herrschaft gelangte, und zwar mit Hilfe des Kaisers. Der böhmische Adel, der nun immer stärker als selbständig operierende politische Gruppe in Erscheinung tritt, rief den Znaimer Fürsten Konrad Otto zum gesamtböhmischen Herzog aus, und Friedrich mußte fliehen. Auf einem Hoftag in Regensburg benutzte Barbarossa dann 1182 die Gelegenheit, sowohl Frieden zu stiften, wie auch seine, d. h. die Reichsinteressen energisch durchzusetzen. Ähnlich wie er 1156 durch die Teilung des Herzogtums Bayern und 1180, nach dem Sturz Heinrichs des Löwen, durch die Zerstückelung Sachsens seine Macht im Reich befestigt hatte, erreichte er jetzt einen tiefen Einbruch in die innerböhmischen Machtverhältnisse. Er zwang den böhmischen Adel, Friedrich als Herzog anzuerkennen, und erhob gleichzeitig Mähren zur Markgrafschaft, womit Konrad Otto unmittelbarer Lehensträger des deutschen Königs wurde. Zusammen mit den Selbständigkeitsbestrebungen der Olmützer Kirche bedeutete dies eine gefährliche Tendenz zur Absonderung Mährens von Böhmen, die, wenn sie über Barbarossa hinaus konsequent weiterentwickelt worden wäre, wohl zur völligen Ablösung dieser přemyslidischen Unterherrschaft von Böhmen und zur unmittelbaren Einverleibung in den Reichsverband geführt hätte.

Im Jahre 1187 nutzte dann der Kaiser einen Streit zwischen Herzog Friedrich und dem Prager Bischof Heinrich-Břetislaw, einem Přemysliden, um noch einen Schritt weiter voranzukommen. Er verlieh dem Bischof ein weitreichendes Freiheitsprivileg und brachte mit dessen Erhebung zum Reichsfürsten den böhmischen Kirchenbesitz in die Kontrolle des Reiches. Gleichzeitig wurde offiziell verkündet, daß die Einsetzung (Investitur) sowohl des Prager wie des Olmützer Bischofs Sache des Kaisers sei. Man kann fast von einer Aufteilung des Landes in einen přemyslidischen und einen reichskirchlichen Bereich sprechen, jedenfalls war Böhmen damals nahe daran, völlig in den Reichsverband eingegliedert und seiner territorialen Geschlossenheit beraubt zu werden. Herzog Friedrich, der unter dem Einfluß seiner Gattin Elisabeth stand, die, wie der Abt Gerlach in seiner Chronik mit unverhohlenem, grimmigem Spott vermerkte, ,,den böhmischen Staat mehr als ihr Mann beherrschte", war in dieser Situation sicher nicht fähig, gegen einen gewiegten Politiker wie Barbarossa das Feld zu behaupten. Er konnte dies umso weniger tun, als der Kaiser nach dem Friedensschluß mit Papst Alexander III. im Jahre 1177 den Gipfel seiner Macht und seines europäischen Einflusses erklommen hatte und sich mit aller ihm zu Gebote stehenden Verschlagenheit und Energie der Ordnung der mitteleuropäischen Verhältnisse zuwenden konnte.

Als nach Herzog Friedrichs Tod 1189 sein alter Rivale Konrad Otto die Gesamtherrschaft antrat, zog dieser die einzig mögliche Konsequenz aus einer für die böhmischen Sonderinteressen gefährlichen Lage. Er leistete einerseits dem Reich wichtige militärische Dienste, andererseits suchte er den mächtig gewordenen Adel zu gewinnen, der in den vergangenen Jahrzehnten immer wieder in entscheidenen Augenblicken gegen die Herzöge Front gemacht und damit die Einheit und das politische Gewicht Böhmens geschwächt hatte. Die vom Herzog erlassenen ,,Konradinischen Statuten", so umstritten sie in manchen Teilen des Textes auch sein mögen, waren eine erste Sammlung des böhmischen ,,Staatsrechts". Sie garantierten die Rechte des Adels auf seine Eigengüter und regelten das Verhältnis zwischen der herzoglichen Zentralgewalt und den adligen

Herrschaftsrechten. Da Konrad Otto 1191 am Romzug Kaiser Heinrichs VI. teilnahm und nach rühmlichen Beweisen seiner Zuverlässigkeit und Tapferkeit bei der Belagerung Neapels an einer Seuche starb, schien die Konsolidierung der inneren Verhältnisse Böhmens wiederum in Gefahr. Vier Angehörige des Herzogshauses, nämlich Wenzel, ein Bruder Sobieslaws II., Přemysl Ottokar und Wladislaw Heinrich, Söhne König Wladislaws II., und überdies Bischof Heinrich-Břetislaw stritten um die Thronfolge. Letzterem gelang es durch Geschick und Tatkraft, sich mit kaiserlicher Hilfe gegen Přemysl Ottokar durchzusetzen. Er, der das Bischofsgewand mit der Herzogswürde verbunden hatte, vermochte Böhmen wieder einige Jahre des Friedens zu geben. Nach seinem Tode 1197 errang Přemysl Ottokar I. (1198–1230) durch das Eintreten seines Verwandten am Kaiserhof, des bayerischen Grafen Albrecht von Bogen, die böhmische Herrschaft endgültig; er hatte sie schon einmal vorübergehend 1192/93 besessen, ehe ihn Heinrich-Břetislaw verdrängte.

Für den neuerlichen Aufstieg Böhmens in dieser Epoche wird man mehrere Ursachen anführen können. Nach der für die deutsche Geschichte verhängnisvollen Doppelwahl von 1198, als Barbarossas jüngster Sohn Philipp von Schwaben gegen den Welfen Otto von Braunschweig zum Kampfe antreten mußte, und wenige Jahre später, nach der heimtückischen Ermordung Philipps durch Otto von Wittelsbach (1208), waren die Verhältnisse im Reich chaotisch geworden und durch Papst Innocenz' III. Eingreifen in die deutsche Politik auf Jahre hinaus hoffnungslos zu einem internationalen Verwirrspiel verkommen. So gewann der Böhmenfürst Zeit und Atem, sein Land zu ordnen und fest in die Hand zu nehmen. Seit 1198 wechselte Přemysl Ottokar, wie viele andere Reichsfürsten auch, fünfmal die Partei und ließ sich den Abfall von den Staufern vom Papst wie von dem Welfen Otto IV. mit dem Recht der Bischofsinvestitur bezahlen. Damit war Barbarossas erfolgreich eingeleiteter Versuch vernichtet, Böhmen über das Investiturrecht für die Bischöfe des Landes schrittweise dem Reich einzugliedern. Allerdings erfüllte Innocenz III. – nach Gregor VII. der gewaltigste Papst des Mittelalters – nicht den alten přemyslidischen Wunsch, Prag zum Erzbistum zu erheben. Der Frontwechsel zu Friedrich II. brachte Přemysl Ottokar mit der Goldenen Sizilischen Bulle von 1212 eine genaue und dauerhafte Abgrenzung und Definition der Beziehungen zwischen dem Reich und Böhmen, und zwar zugunsten der böhmischen Herrschaft, die nunmehr endgültig Königsherrschaft wurde. Der Böhme sollte zwar nach seiner Wahl die Regalien aus der Hand des deutschen Herrschers empfangen, dafür konnte er von nun ab sein „Königreich Böhmen frei und ohne jede Geldleistung" besitzen; lediglich für die Romfahrt des deutschen Königs war er noch verpflichtet, entweder dreihundert Bewaffnete zu stellen oder 300 Mark zu zahlen. Hoftage brauchte er nur dann zu besuchen, wenn sie in Bamberg, Nürnberg oder Merseburg stattfanden.

Wie stark sich die deutschen Thronwirren auch zugunsten der innenpolitischen Stellung Přemysl Ottokars I. auswirkten, vermag man schon daraus zu entnehmen, daß es dem Herrscher ohne größere Schwierigkeiten gelang, seinen Kandidaten für den Prager Bischofsstuhl gegen den Willen des Domkapitels durchzusetzen. Miliko, der als Bischof den Namen Daniel (II.) annahm, empfing 1197 die Investitur und leistete mit gebeugtem Knie seinem Herrscher den Treueid. Dem entsprach 1206 der Vertrag des Königs mit der Olmützer Bischofskirche, die zwar eine Bestätigung ihres gesamten Besitzes erreichte und von allen Leistungen an den Landesherrn befreit wurde, aber gerade durch dieses Übereinkommen indirekt bestätigte, daß sie nunmehr wiederum dem böhmischen Herrscher und nicht mehr dem Reiche zugeordnet war. Darüber hinaus erhielten die Bischöfe von Prag und Olmütz eine strenge Weisung Papst Innocenz' III., gegen jeden, der sich als Gegner König Ottokars erweise, mit Kirchenstrafen und Güterentzug einzuschreiten. Dieses päpstliche Vorgehen zugunsten der Přemysliden war ausschließlich von praktischem Kalkül bestimmt, denn noch kurz zuvor hatte Přemysl Ottokar mit seinem Heer in Thüringen fürchterlich gehaust und sechzehn Klöster und dreihundertfünfzig Pfarreien vernichtet. Wenn uns dabei berichtet wird, daß die Böhmen sich mit geraubten Priestergewändern kleideten, die Altardecken für ihre Pferde verwendeten und sich auch den Frauen gegenüber in einer Weise verhielten, die das barbarische Normalmaß der Zeit bei weitem überschritt, dann darf man sich wohl über Ausmaß und Tiefenwirkung der Christianisierung Böhmens und Mährens im 12. Jahrhundert keine übertriebenen Vorstellungen machen. Der Kurie waren solche Exzesse offenbar gleichgültig, wenn es um die Bekämpfung der staufischen Partei ging. Nach dem Tode Bischof Daniels 1214 kam es im gleichen Jahr unter Nachfolger Andreas (1215–1224) wieder zu schweren Auseinandersetzungen mit der Prager Kirche. Sie endeten – dank päpstlicher Unterstützung – 1222 mit einem vollen Sieg der kirchlichen Seite, deren weitläufige Besitzungen alle auch ohne hinreichende Besitztitel per Privileg bestätigt wurden. Auch die Untertanen der Prager Kirche blieben jetzt weitgehend dem Zugriff des Königs entzogen, die kirchlichen Abgaben an den Herrscher reduziert. Přemysl Ottokar I. erlitt durch diese unter dem Druck der Kurie erfolgte Regelung sowohl als Landesfürst wie auch in seinen Einnahmen empfindlichen Schaden. Es war nun in der Tat so, wie er es bei anderer Gelegenheit in einer Urkunde 1227 selbst aussprach: „Das was bisher nach allgemeinem Landrecht unseren

Zwecken zunutze kam, haben wir aufgegeben." Die Sonderstellung, welche sich die Kirche erkämpft hatte, läßt wiederum, wenn auch mit umgekehrten Vorzeichen, die alte Grundkonstellation přemyslidischer Politik und ihr Verhältnis zum Reich erkennen. Mit dem Wegfall der starken Bindung an Kaiser und König war keineswegs ein automatischer Machtanstieg im Inneren verbunden, eher das Gegenteil trat ein, da mit dem Ende der Bindung an den Westen auch die Rückendeckung gegen innere Widersacher weggefallen war. Dennoch konnte Přemysl Ottokar I. sich auf anderen Gebieten behaupten und seine Ziele durchsetzen. Es gelang ihm 1216, die Erbfolge in seinem Sinn zu regeln und seinen Sohn Wenzel, der seiner zweiten Ehe mit Konstanze von Ungarn entstammte, durch die böhmischen Großen zum Nachfolger wählen zu lassen. Ebenso konnte er gegen Ende seines Lebens seinem jüngsten Sohn Přemysl die Markgrafschaft Mähren übertragen, womit sich nunmehr endgültig die Primogenitur gegenüber dem älteren Senioratsprinzip durchgesetzt hatte.

Wie sehr sich übrigens die Přemysliden schon damals mit deutschen, ungarischen und polnischen Fürstenhäusern und Adelsgeschlechtern verbunden hatten, zeigt ein Blick auf ihre Stammtafel. Břetislaw I. war mit der Babenbergerin Jutta von Schweinfurt verehelicht, Spytihniew II. mit Hidda von Wettin-Meißen, Břetislaw II. mit der bayerischen Grafentochter Liutgard von Bogen, Bořiwoj II. mit Helbirg von Babenberg, Wladislaw I. mit Richsa von Berg, Wladislaw II. mit Gertrud von Babenberg und in zweiter Ehe mit Judith von Thüringen, Přemysl Ottokar I. mit Adele von Meißen und sein Sohn Wenzel I. mit Kunigunde von Hohenstaufen. Aber auch die dynastischen Verbindungen zu Ungarn und Polen gewannen an Bedeutung. Wratislaw II. war in zweiter Ehe mit Adelheid von Ungarn, in dritter Ehe mit Swatawa von Polen verheiratet, Sobieslaw I. Udalrich mit Adelheid von Ungarn, Sobieslaw II. mit Elisabeth von Polen, Friedrich und Přemysl Ottokar mit ungarischen Prinzessinnen. Mehr als alles andere beweisen solche Heiratsverbindungen die „Internationalität" der hochmittelalterlichen Adelsgesellschaft; Macht- und Besitzmehrung waren das Hauptmovens aller Dynasten, keineswegs aber jene quasi „nationaldemokratische" Solidarität mit dem eigenen Volke, die das 19. Jahrhundert in den Handlungen der Oberschicht aufzuspüren vermeinte. Přemysl Ottokar I. war es dann auch, der 1220 die Wahl des noch unmündigen Sohnes Kaiser Friedrichs II., Heinrich, zum deutschen König favorisierte und maßgeblich durchsetzte, denn Heinrich war mit Přemysl Ottokars eigener Tochter Agnes verlobt. Zustande kam dieses Heiratsprojekt schließlich aber doch nicht, obwohl der Böhmenkönig auf dem Ulmer Hoftag von 1225 seiner Tochter eine phantastisch hohe Mitgift versprach, nämlich 30000 Mark, die durch den Vetter des

Böhmen, Herzog Ludwig von Bayern, noch um 15 000 Mark aufgestockt wurde. Das Rennen auf dem fürstlichen „Heiratsmarkt" machte damals Herzog Luitpold VI. von Österreich, der seine eigene Tochter Margarete mit dem Stauferspröß verlobte und gleichzeitig die Vermählung seines Sohnes Heinrich mit Agnes, der Schwester des Landgrafen Ludwig von Thüringen, durchsetzte.

Wenden wir uns wieder Böhmen zu, das seine Machtstellung unter König Wenzel I. (1230–1253) im Schatten des dramatischen Schlußringens zwischen dem Papsttum und Kaiser Friedrich II. weiter festigen konnte, diesmal zumeist auf päpstlicher Seite kämpfend. Wichtigstes Ziel war die Erwerbung des Herzogtums Österreich; dies versuchte Wenzel anfangs im Bunde mit dem Kaiser zu erreichen, der 1236 gegen den letzten Babenberger Friedrich den Streitbaren die Reichsacht verhängt hatte. Böhmen beteiligte sich aus durchsichtigen Gründen an der Durchführung der Acht. Als jedoch der Kaiser Österreich selbst in Besitz nahm und 1237 seinen Sohn Konrad in der zur Reichsstadt erhobenen Babenbergerresidenz Wien zum König wählen ließ, wechselte Wenzel die Partei; doch brachte ihm dies trotz jahrelanger Kämpfe mit dem wieder erstarkten Babenberger keinen greifbaren Gewinn. Vielmehr kam es 1248 in Böhmen zu einer Adelsrevolte, hinter der sein eigener Sohn Přemysl Ottokar (II.) und wohl auch eine prostaufische Gruppe am Hofe stand. Sie erreichte ihren Höhepunkt mit der Anerkennung des aufständischen Prinzen als „jüngeren König", doch hatte dieser das politische Geschick seines Vaters offenbar unterschätzt. Wenzel, nach zeitgenössischen Urteilen den Musen und allen Lebensgenüssen in hohem Maße zugeneigt, verstand es, durch eine vom Papst unterstützte zähe Schritt-für-Schritt-Politik den Handstreich des Sohnes rückgängig zu machen und diesen wiederum auf die Teilherrschaft Mähren zu beschränken. Dabei ging die Hälfte des Ertrags der wichtigen Iglauer Münze an König Wenzel, was einer weiteren Schwächung des unbotmäßigen Sohnes gleichkam. Gemeinsam handelten Vater und Sohn aber wieder, als nach dem Tode des letzten Babenbergers (1246) und dem unerwarteten Hinscheiden Kaiser Friedrichs II. (1250) das babenbergische Erbe in Österreich erneut zur Disposition stand. Přemysl Ottokar heiratete die doppelt so alte Schwester Friedrichs des Streitbaren, Margarete, und konnte sich im Lande der Unterstützung einer mächtigen Adelspartei versichern, die Wenzel I. als ihren König anerkannte. Doch löste dieser folgenreiche Coup den Widerstand all jener Nachbarn aus, die ebenfalls aus dem österreichischen Erbfall Nutzen ziehen wollten – vor allem waren dies Bayern, Ungarn und die polnischen und schlesischen Fürsten. So kam es 1254 nach Wenzels Tod zur Teilung des babenbergischen Herzogtums im Frieden von Ofen.

Přemysl Ottokar konnte sich den Traungau, das spätere Oberösterreich, und die Püttner Mark, d. h. das Gebiet um Wiener Neustadt, sichern; die größere Erbmasse ging allerdings zusammen mit der Steiermark an König Bela IV. von Ungarn. Přemysl Ottokar II. (1253–1278) vermochte damit die Gesamtherrschaft über Böhmen in einem Augenblick anzutreten, als nach den Kämpfen um Österreich im Südosten Frieden herrschte und andererseits die Epoche des Interregnums dem böhmischen König ein Höchstmaß an politischem Einfluß im Reich gleichsam von selbst zuspielte. Es kam nun alles darauf an, wie er diese einmalige Chance nutzen würde.

2. *Interregnum und Kampf mit Habsburg*

Přemysl Ottokar II., schon von den Zeitgenossen als der ,,goldene" wie der ,,eiserne" König bezeichnet, hat – obwohl die bedeutendste Figur der přemyslidischen Geschichte – keinen mittelalterlichen Biographen gefunden, mochte auch der Widerhall seines politischen Wirkens in ganz Mitteleuropa vernehmbar gewesen sein. Letzteres hängt wohl damit zusammen, daß er nicht mehr, wie seine Vorfahren es im großen und ganzen getan hatten, mit Rücksicht auf das Reich ,,außenpolitische Abstinenz" geübt hat. Während seiner Herrschaft befand sich Deutschland mitten im Interregnum und war mehr oder weniger politisches Vakuum. So konnte der Böhme eigene weiträumige Initiativen zwischen Ostsee und Adria entwickeln, Initiativen, die sein ,,Glück und Ende" – um mit Grillparzer zu reden – wenigstens teilweise mit hervorbrachten. Immerhin kündigt sich mit seiner Großmachtpolitik bereits der spätmittelalterliche Zustand an, als die ostdeutschen und auch die im Kern slawischen ostmitteleuropäischen Länder, die durch Landesausbau groß geworden waren, auch in der Reichspolitik gegenüber dem territorial zerklüfteten deutschen Westen wie auch in der europäischen Politik insgesamt mehr und mehr das Sagen hatten. Für die deutsche Geschichte zeigt dies etwa der Aufstieg der Askanier, später der Hohenzollern in Brandenburg, der Wettiner in Sachsen, der Přemysliden und Luxemburger in Böhmen und der Babenberger und Habsburger in Österreich und den angrenzenden Gebieten.

Als Herrscher über Böhmen, Mähren, Österreich und Steiermark hat Přemysl Ottokar II. gewissermaßen den sehr viel später von den Habsburgern erreichten dauerhaften Zusammenschluß der Länder des mittleren Donauraumes erstmalig verwirklicht. Ausgangspunkt seiner politischen Laufbahn war das österreichische Teilerbe von 1254 und dessen offensive Sicherung gegenüber dem niederbayerischen Herzog Heinrich, der mit dem Ungarnkönig verbündet war. Přemysl Ottokars Versuch, gleichzeitig das Erzbistum Salzburg zu besetzen, scheiterte zwar, dennoch hatte er jetzt im Westen den Rücken frei, als er sich 1260 im Bunde mit dem steirischen Adel der Steiermark bemächtigte – womit aber eine Entscheidungsschlacht gegen Ungarn unvermeidlich wurde, das ebenfalls dieses Territorium beanspruchte. Ottokar siegte bei Kressenbrunn, schloß dann aber in kluger Einsicht mit dem Ungarnkönig Bela IV. einen Frieden, der durch die Heirat mit der Enkelin Belas, Kunigunde, besiegelt wurde. Allerdings mußte sich Ottokar zu diesem Zwecke von seiner kinderlosen Gattin, der Babenbergerin Margarete, trennen. Die Kurie, vor dieses fait accompli gestellt, sanktionierte ohne besondere Skrupel nachträglich diesen Schritt, da der Böhme ein wichtiger Exponent päpstlicher Machtinteressen in Mitteleuropa war.

Parallel hierzu liefen die Interventionen Ottokars in der Reichspolitik, wo er in päpstlichem Auftrag gegen die Bemühungen des Mainzer Erzbischofs erst alle Anläufe zu einer Königswahl vereitelte und dann selbst als Kronprätendent auftrat. Nach der Wahl Richards von Cornwall (1257–1272) zum deutschen König nutzte der Böhme seine unbestrittene Vorrangstellung im Reich, um sich seinen bisher erlangten Besitzstand in und außerhalb des Reiches garantieren zu lassen. Überdies bestellte ihn Richard zum Vikar Germaniens rechts des Rheins, d. h. zum Verwalter des Reichsgutes und Vertreter der königlichen Interessen bis zu seiner Ankunft in Deutschland. Diese Position nutzte der Böhme 1266 zu einem Schlag gegen Bayern: er besetzte das alte, staufische Reichsland Eger und faßte auch in Regensburg politisch Fuß, wo eine Partei der Bürger unter dem Bürgermeister Albrecht Portner für ihn und gegen Herzog und Bischof eintrat. Allerdings gelang es Ottokar nicht, die Stadt einzunehmen, ebenso mißlang die Eroberung Passaus. Ein politischer Ausgleich mit Bayern war die Folge dieses halb mißglückten Unternehmens, doch stellte der Erwerb des Reichsterritoriums Egerland – einst ein Kernstück staufischer Reichslandpolitik – einen beträchtlichen Erfolg des Böhmen dar.

Im folgenden Jahr wiederholte dann Ottokar einen schon früher unternommenen Versuch, mit Hilfe des Deutschen Ordens im heidnischen Preußenland Fuß zu fassen und dort für seinen treuesten Politiker, Bischof Bruno von Olmütz, einen Schaumburger, ein Erzbistum zu errichten, das von der Ostsee bis in den Donauraum reichen und seine eigene politische Herrschaft in diesem Raume legitimieren sollte. So wohlüberlegt auch die Verbindung päpstlicher Missionswünsche mit den Interessen der eigenen Machterweiterung war: das Unternehmen scheiterte. Dafür hatte Ottokars Politik im Süden Erfolg, wo ihm ein Erbvertrag mit dem letzten Herzog aus der Familie der Sponheimer 1269 Kärnten einbrachte. Er stand jetzt auf dem Höhepunkt seiner Macht, doch will es scheinen, als hätte ihn von jetzt ab die frühere Umsicht, das Gespür für das Mögliche in der Politik verlassen. Im Jahre 1270 starb der Salzburger Erzbischof Ladislaus, ein Verwandter Ottokars und früher sein Kanzler. Er war der zuverlässigste Vertreter přemyslidischer Interessen im süddeutsch-bayerischen Raum gewesen, während dessen Nachfolger Friedrich einen anderen Kurs steuerte, der nur von den Interessen des Erzbistums gelenkt wurde.

Bald darauf starb auch König Bela IV. von Ungarn. Sein Thronfolger Stephan V. nahm den Kampf gegen die expansive Politik Ottokars in Kärnten, Krain und Westungarn auf und konnte sich durch glückliche Umstände gegen das riesige Heer des Böhmen sowohl 1270 wie 1271 behaupten; der Krieg endete mit einem Patt. Als Stephan schon 1272 starb und nur den unmündigen Sohn Ladislaus hinterließ, startete Ottokar gegen den ausdrücklichen Willen des Papstes einen neuerlichen Feldzug gegen Ungarn. Dies war sicher ein politischer Fehler, denn Papst Gregor X. trat bald danach, trotz der dringenden Vorstellungen Bischof Brunos von Olmütz, für die Wahl Rudolfs von Habsburg zum deutschen König ein. Der Fürstenspruch auf dem Speyerer Reichstag von 1274, wonach der König das seit 1245 entfremdete Reichsgut notfalls mit Gewalt der Krone zurückgewinnen sollte, war außer gegen die kleinen Territorialherren vor allem gegen Ottokar gerichtet. Den großen deutschen Fürsten hatte Rudolf klugerweise schon zugesichert, daß sich seine „Revindikationspolitik", d. h. die Rückgewinnung des staufischen Reichsgutes für die Krone, nicht gegen sie richten werde. So schlitterte der Böhmenkönig nicht nur in eine zunehmende Isolierung hinein, sondern auch in die Konfrontation mit dem Habsburger, dessen umsichtige Schritt-für-Schritt-Politik er offenbar gröblich unterschätzte. Je prekärer sich seine außenpolitische Lage gestaltete und je mehr sich seine ehemalige Sonderstellung im Reiche zum Ausgeschlossen-Sein aus den Reichsangelegenheiten wandelte, umso stärker mußte er nun die wachsende Opposition des böhmischen wie des deutschen Adels in seinen Ländern verspüren. Schon 1272 war der von ihm selbst mit ausgearbeitete Entwurf eines böhmischen Landrechtes, das die Stellung des Herrschers endgültig kodifizieren sollte, am Widerstand der Barone gescheitert. In Südböhmen hatte sich seit langem ein Konflikt mit dem durch Rodung und Landesausbau großgewordenen Adelsgeschlecht der Witigonen-Rosenberger angebahnt. In der Steiermark erregte die Selbstherrlichkeit und Strenge böhmischer Landeshauptleute und Beamten eine tiefgreifende Opposition, die 1275, nach der kirchlichen Bannung Ottokars, die auf die

Reichsacht gefolgt war, immer schärfere Formen annahm. Mochten die Schalen der Schicksalswaage auch eine Zeitlang noch unentschieden schwanken, ja sogar mit den Erfolgen des Gegenkönigs Alfons von Kastilien in Reichsitalien vorübergehend wieder zugunsten Ottokars steigen: der Reichskrieg von 1276, in dem Herzog Heinrich von Niederbayern, der Schwager Ottokars, wider Erwarten die Partei zugunsten König Rudolfs wechselte, entschied für den Habsburger. Im Feldlager vor Wien mußte Ottokar mit gebeugtem Knie auf all seine Erwerbungen außerhalb der Böhmischen Länder verzichten.

Die näheren Friedensbedingungen wurden für Rudolf vom Burggrafen Friedrich von Nürnberg, für Ottokar von Bischof Bruno von Olmütz, dem bislang so erfolgreichen politischen Hauptberater des Böhmen, in langwierigen, von Kämpfen der beiderseitigen Anhänger begleiteten Verhandlungen festgelegt. Am 12. September 1277 konnte dann endlich zu Prag ein Friedensvertrag abgeschlossen werden, der die Form eines Bündnisses hatte und die Beziehungen Böhmens zum Reich erneut in jener traditionellen Weise definierte, wie sie vor dem Interregnum geherrscht hatte. Ottokars landesherrliche Rechte in Böhmen wurden voll anerkannt; beide Herrscher verpflichteten sich zu gegenseitiger Hilfe gegen alle Anfechter ihrer Stellung. So wurde eine Erfolgsmaxime der alten politischen Verbindung zwischen Böhmen und dem Reich gleichsam vertraglich neu festgeschrieben. In Reichssachen war Ottokar nur dann zur Hilfeleistung verpflichtet, wenn ihn der deutsche König dazu aufforderte, eine Bestimmung, die einerseits die Sonderstellung des Přemysliden definierte, andererseits aber auch in gewisser Weise ein Abdrängen von den Reichsangelegenheiten bedeuten konnte, je nachdem, wie sich die weitere Entwicklung gestaltete. In dieselbe Richtung deutet die Bestimmung, daß ihm für eine bestimmte Zeit der Besuch der königlichen Hoftage erlassen wurde. Heeresfolge brauchte der Böhme mit größeren Verbänden nur gegen Vergütung zu leisten, wie dies inzwischen auch für andere Reichsfürsten galt. An der Romfahrt des deutschen Königs mußte er selbst oder ein würdiger Stellvertreter teilnehmen. Die böhmischen Mitstreiter Rudolfs sollten von Ottokar volle Verzeihung erlangen; nur wenn sie sich künftighin etwas gegen ihren Landesherren zuschulden kommen ließen, waren sie den Landesgesetzen verfallen. Man kann aus diesen Bestimmungen entnehmen, daß Rudolf keineswegs darauf aus war, seinen immer noch mächtigen Gegner zu letztem Widerstand aufzureizen; Augenmaß und Umsicht des Habsburgers zeigten sich gerade in dieser Art der Behandlung des geschlagenen Gegners. Denn – ein ohnmächtiger Fürst war Ottokar noch lange nicht, sonst wäre ihm Rudolf auch nicht familiär so weit entgegengekommen, daß er ihm eine Doppelheirat zwischen Habsburgern und Přemysliden vorschlug. Rudolf tat noch ein übriges und stellte in Aussicht, daß bei dieser geplanten Eheverbindung seine Tochter Jutta ihrem přemyslidischen Gemahl Wenzel die österreichischen Lande nördlich der Donau, allerdings außer Krems und Stein, einbringen sollte. Einem ungefährlichen Gegner pflegt man nicht so große Konzessionen zu machen.

Offenbar war aber Ottokar der Meinung, daß sich das Glück wieder auf seine Seite schlagen würde, wenn er die gewonnene militärische Atempause weidlich nutzte. Ottokars fortgesetzte Querelen, seine Auseinandersetzungen mit den nach wie vor feindseligen Witigonen, die erneute politische Fühlungnahme mit Thüringen, Sachsen und Brandenburg, die Aufdeckung eines přemyslidischen Komplotts gegen Rudolf in Österreich, an dem Ottokars Schwiegersohn Heinrich von Kuenring und die Wiener Patrizierfamilie Paltram beteiligt waren, und schließlich Ottokars Versuch, den Ungarnkönig Ladislaus heimlich auf seine Seite herüberzuziehen, lösten 1278 neuerlich den Krieg aus, der am 26. August in der Schlacht bei Dürnkrut auf dem Marchfelde mit der vollständigen Niederlage und dem Tode Přemysl Ottokars II. endete. Österreichische Adelige schlugen ihn aus persönlicher Feindschaft erbarmungslos tot, als er, verwundet vom Pferde gestürzt, hilflos am Boden lag.

Eine ganz andere, nämlich ritterliche Gesinnung spricht aus dem Brief König Rudolfs an Papst Nikolaus III. über den Tod des Gegners. „Obwohl der König (Ottokar) die Scharen seiner Krieger zerstreut und sich fast von allen verlassen sah, wollte er doch unseren siegreichen Waffen nicht weichen, sondern setzte mit der Kraft und dem Mute eines Giganten in wunderbarer Tapferkeit sich zur Wehr; da trafen ihn einige unserer Krieger zu Tode, warfen ihn mit seinem Streitrosse danieder, und dort erst gab der hochgemute Fürst zugleich mit dem Leben den Sieg auf." Es muß dieser bedeutendste Přemyslide, der mütterlicherseits ein Staufersproß gewesen ist, auch persönlich eine große Anziehungskraft besessen haben, die in vielen zeitgenössischen Zeugnissen zutage tritt. Noch ein Menschenalter nach seinem Tode rühmt ihn Abt Otto von Königsaal mit Worten, die man bei aller Skepsis gegenüber dem topischen Charakter mittelalterlichen Herrscherlobes doch als authentisches Echo seiner menschlichen Größe werten darf. Otto nennt den König einen Fürsten voll männlichen Ernstes von Jugend auf, erfüllt von der Erkenntnis, daß erst treffliche Taten wahren Adel verleihen, bemüht, sein Reich weise zu regieren, Gesetz und Ordnung im Inneren zu begründen und zu handhaben, aber auch die Grenzen seines Reiches siegreich zu erweitern. In Sitte und Lebensführung habe Ottokar seinem Volke Muster und Vorbild sein wollen, vor allem in Beständigkeit, Bildung und kluger, zurückhaltender Art. Darum habe er sich sorgsam in Rede und Gebärde beherrscht, seine

Worte wohl überlegt und nur selten rauhe, beleidigende Ausdrücke gebraucht. Neben den individuellen Tönen dieses Herrscherlobes verspürt man hier etwas vom neuen Humanitätsideal des europäischen Hochmittelalters, wie es uns in der Kathedralplastik des 12. und 13. Jahrhunderts so eindrucksvoll entgegentritt; es ist gleichsam der „griechische Moment" des Mittelalters, in dem sich adlige und christliche Werte fast ununterscheidbar durchdringen und wechselweise steigern.

Übrigens wird man die innenpolitischen Spannungen in den Böhmischen Ländern als wichtiges Moment für den Sturz Ottokars nicht unterschätzen dürfen. Territorien sind im 13. Jahrhundert noch keine stabilen, verwaltungsmäßig durchstrukturierten Gebilde, denn überall konkurriert die Gewalt des Herrschers mit den Adelsherrschaften im Lande, die eigene politische Hoheitsrechte besitzen und dieselben hartnäckig zu verteidigen oder gar zu erweitern suchen. Schon seit dem 12. Jahrhundert tritt uns der Adel als politische Kraft und oftmals korporativ handelnd in den Quellen entgegen, manche Familien wie die Witigonen-Rosenberger nutzten ihre Position zwischen Böhmen, Bayern und Österreich zu eigenständiger Politik. Unter Ottokar erreichte die Adelsopposition einen ersten Höhepunkt. Wie konnte der König diese sich formierende neue politische Kraft eindämmen oder seiner Herrschaft integrieren? Ein wichtiges Mittel hierzu war in den Böhmischen Ländern wie anderswo in Ostmitteleuropa eine planmäßige Siedlungs- und Städtepolitik, wie sie in Frankreich die Kapetinger und im Reich die Staufer in ihren Reichsländern durchführten. Für Ottokar bedeutete dies Siedlung, Rodung und Landesausbau mit Hilfe vorwiegend deutscher Bauern und Stadtbürger. Er tat dies übrigens nicht allein, sondern im Wettbewerb mit seinem Adel, denn es war gleichsam der innenpolitische „Geheimtip" der Epoche, daß man seine eigene Macht, seine Einkünfte und Zolleinnahmen beträchtlich und planmäßig durch Rodung und Gründung von Märkten und Städten steigern konnte. Für die herbeigeholten Bauern waren die verbesserten rechtlichen und wirtschaftlichen Startbedingungen, die man ihnen als Anreiz bot, eine große Chance für den eigenen gesellschaftlichen Aufstieg und eine gesicherte Erwerbsgrundlage. Seit dem „böhmischen Investiturstreit" unter Bischof Andreas hatte der Böhmenkönig 1222 die meisten Verfügungs- und Nutzungsrechte über das reiche Kirchengut eingebüßt; deshalb und wegen seiner langjährigen Kriege mußte er neue Einnahmequellen suchen. Dies war mit der Herbeiholung deutscher Bauern und Stadtbürger schon unter Ottokars Vorgängern geschehen, erreichte aber unter ihm einen Höhepunkt. Das war wohl auch einer der Gründe dafür, daß dieser Přemyslide in der nationaltschechischen Geschichtsschreibung nicht jene Würdigung erfahren hat, die er verdient.

Es wird noch an anderer Stelle davon zu sprechen sein, daß es durchaus anachronistisch und ahistorisch war, den nationalen Gesichtspunkt in das Siedlungswerk der Böhmischen Länder hineinzuprojezieren; hier sei nur soviel erwähnt, daß Ottokar an den zahlreichen deutschen Städtegründungen im Lande, die allerdings oft auf ältere slawische Burg- und Handwerkersiedlungen zurückzuführen sind, sehr bald einen politischen Rückhalt gegen die opponierenden Adelsherrschaften besaß, etwa mit dem von ihm 1265 gegründeten Budweis gegen die Witigonen-Rosenberger. Eine weitere Stütze seiner Königsmacht waren neben den königlichen Städten die von seinen Vorfahren errichteten Landesburgen, die von přemyslidischen Ministerialen verwaltet wurden und deren Netz sich planmäßig vom Prager Becken aus gegen die Landestore und zwischen die adeligen Grundherrschaften vorschob. Die dritte Stütze für Ottokars Königsmacht und zugleich die materielle Grundlage seiner kriegerischen und diplomatischen Expansionspolitik war der Silberreichtum der Böhmischen Länder, der ja bereits im Investiturstreit eine große Rolle gespielt hatte. Schon der Vater des „Goldenen Königs" wurde von Zeitgenossen auf ein Jahreseinkommen von 100000 Mark Silber taxiert, während vergleichsweise der Kölner Kurfürst nur 50000 Mark, der Herzog von Bayern 20000 Mark aufzuweisen hatten, die Erzbischöfe von Mainz und Trier jeweils nur 7000 und 3000 Mark. Zusammen mit der gewaltigen Ländermasse, die Ottokar bis 1276 eher durch Diplomatie als durch erfolgreiche Kriegszüge unter seinem Szepter vereinigt hatte, stellte dies eine gewaltige Macht dar, der im Reich nichts Vergleichbares entgegenstand. Ottokars unentwegten Bemühungen, nach staufisch-sizilianischem Vorbild seine Königsherrschaft zu zentralisieren, waren jedoch enge Grenzen gesetzt. Wie schon erwähnt, scheiterte die Durchsetzung eines königlichen Landrechts am Adel, auch die Anwesenheit des süditalienisch-staufischen „Verwaltungsspezialisten" Heinrich von Isernia am Prager Hof konnte hier keine wesentliche Änderung bewirken. Das Zusammenspiel von böhmischem und österreichischem Adel bei Ottokars Sturz zeigt zur Genüge, daß die erworbene Ländermasse noch keineswegs zu einer festgefügten Einheit verbunden werden konnte. Obwohl Ottokar II. in der Endphase seines Kampfes gegen Rudolf einen kunstvoll stilisierten Hilferuf an die slawischen Nachbarn richtete und an deren gemeinslawisches Empfinden gegenüber den Deutschen appellierte, wird man sich gerade im Hinblick auf seine deutschfreundliche Siedlungspolitik in Böhmen und seine Herrschaft in Österreich und der Steiermark davor hüten müssen, darin einen Vorklang auf eine „panslawische Politik" zu sehen. Als neues, wenn auch noch isoliertes ideologisches Element in einer im Grunde noch rein dynastischen Auseinandersetzung verdient diese Äußerung dennoch Interesse; es ist anzunehmen, daß der süditalienisch-staufische Kanzlist Heinrich von Isernia, den Ottokar nach Prag geholt hatte, für diesen neuen Ton verantwortlich war.

Das staufisch-sizilische Vorbild ist auch anderweitig spürbar. Zu einer Universitätsgründung nach dem Muster der Staatsuniversität Neapel ist es allerdings nicht gekommen, auch Ottokars Sohn Wenzel II. erreichte dieses Ziel noch nicht. Wie am Babenbergerhof in Wien und im benachbarten Thüringen war die Prager Residenz unter Wenzel I., Přemysl Ottokar II. und Wenzel II. eine Pflegestätte der ritterlichen Kultur und besonders auch des Minnesanges. Reinmar von Zweter, Meister Sigeher, Friedrich von Sonnenburg, Heinrich von Freiberg und Ulrich von Etzenbach weilten dort; aber auch böhmische Adlige förderten die ritterliche Poesie oder waren selbst Dichter, so etwa Ulrich von Neuhaus, Johann von Klingenberg-Zvíkov, Raimund von Lichtenburg und Johann von Michalovice. Neben die lateinische und deutsche Dichtung tritt im 13. Jahrhundert in verstärktem Maße die tschechische Literatur, zuerst geistliche Werke, Heiligenlegenden und religiöse Lyrik, dann, mit der tschechischen „Alexandreis", auch weltliche Epik. Ein ergreifender Nachruf auf den „Goldenen König" findet sich in der hunderttausend Verse zählenden „Österreichischen Reimchronik" des Ottokar aus der Geul, eines Steiermärkers, der als Zeitgenosse das Bild des nackten, geplünderten Leichnams Přemysl Ottokars II. beschwört und erschütternde Gedanken über die Vanitas menschlichen Tuns und über den schnöden Lohn der Welt ausspricht. Der Dichter sieht im Schicksal des Königs in echt mittelalterlicher Weise Gottes Strafe für die Verstoßung seiner ersten babenbergischen Gattin, der nicht einmal bei einem hereinbrechenden Ungewitter ein schützendes Dach gewährt worden sein soll. Historisch ist dies zwar sicher unrichtig, und ebenso dürfte der Dichter einem Gerücht aufgesessen sein, wenn er behauptet, Ottokar habe Karl von Anjou geraten, den Staufersproß Konradin hinzurichten. Dennoch ist diese zeitgenössische Stimme aufschlußreich, da sie, ungeachtet der kritischen Vorbehalte, viel von der Faszination verspüren läßt, die Ottokar überall ausgelöst haben muß. Das weitreichende zeitgenössische Echo auf sein Leben und seine Taten läßt sich nicht damit erklären, daß Ottokar auf den Tag genau ein Vierteljahrhundert die Kernländer der späteren Donaumonarchie in seiner Hand vereinigte, vielmehr muß es seine glanzvolle Persönlichkeit selbst gewesen sein, die solch tiefen Eindruck bewirkte. Dante, der größte politische Dichter des Mittelalters, hat im 7. Gesang des Purgatorio den Böhmenkönig zusammen mit seinem Überwinder Rudolf von Habsburg unter jene Herrscher eingereiht, die eine große geschichtliche Aufgabe nicht vollenden konnten. Nach Dantes

Auffassung versäumte es Rudolf, den Frieden Italiens durch kaiserliche Macht wiederherzustellen, deshalb tröstet ihn im Fegefeuer der Unterlegene von Dürnkrut; Sieg und Niederlage gleichen sich im Angesicht Gottes aus, ein Gedanke, der auch dem rückblickenden Historiker vor Augen stehen sollte, ehe er voreilig Lob und Tadel austeilt.

Nach der Katastrophe von Dürnkrut besetzte Rudolf, ohne auf Widerstand zu stoßen, Mähren, während in Böhmen Anarchie ausbrach, der Adel sich des Königs- und Kirchengutes bemächtigte und der Schwager und nächste erwachsene Anverwandte Ottokars, Markgraf Otto von Brandenburg, sich mit böhmischen Adelstruppen dem heranrückenden Habsburger bei Kolín entgegenstellte. Rudolf vermied diesmal den Kampf und einigte sich mit Otto dahingehend, daß der Brandenburger als Vormund des siebenjährigen přemyslidischen Thronfolgers Wenzel fünf Jahre lang Böhmen übertragen bekam. Mähren wurde hingegen unter der Statthalterschaft Rudolfs von Bischof Bruno von Olmütz verwaltet; die Königinwitwe erhielt das Troppauer Land als Apanage zugewiesen. Diese Regelung hatte keinen Bestand, es kam zum kriegerischen Konflikt zwischen Rudolf und Otto, in dem der letztere vorerst die Oberhand behielt. Doch konnte sich sein Schreckensregiment, das er durch Bischof Gerhard von Brandenburg, „den gewalttätigen Förderer aller Bösewichte", wie ein Zeitgenosse vermerkt, ausübte, auf die Dauer doch nicht halten. Nach jahrelanger Selbstzerfleischung des Landes trat der Landesadel unter Bischof Tobias von Prag und Diepolt von Riesenburg zu einem Landtag zusammen, um die Geschicke Böhmens selbst in die Hand zu nehmen. Den Prager Annalen zufolge versuchten damals viele Fremde ihr Glück im Lande; sie sollen 1280 nach einem Landtagsbeschluß wieder ausgetrieben worden sein. Dabei ist auch vom „Auszug" (exitus) der „fremden" Deutschen die Rede; gegen die einheimischen scheint sich der Beschluß nicht gerichtet zu haben. Mit der Zahlung von 20000 Mark Silber wurde der noch minderjährige König Wenzel, den Otto in Spandau inhaftiert hielt, 1283 freigekauft.

Der eigentliche Herr Böhmens war in den folgenden Jahren der Witigone Zawisch von Falkenstein, der die Witwe Ottokars geheiratet hatte. Einen Augenblick schien es, als ob es zum erstenmal seit dem 10. Jahrhundert wieder einer böhmischen Adelssippe gelingen könnte, die Alleinherrschaft der Přemysliden zu gefährden. Entscheidend jedoch war in diesen wirren Jahren, in denen Böhmen unendlich viel zu leiden hatte, daß der Adel korporativ auftrat und damit die Einheit des Landes bewahrte, die nach der von Rudolf vollzogenen Teilung bedroht war. Zawisch suchte die Ehe zwischen Wenzel und der Habsburgerin Jutta aus eigenem Machtegoismus zu hintertreiben, dies mißlang ihm jedoch, und als Königin Kunigunde starb und mit ihr seine ohnehin schwache Herrschaftslegitimation wegfiel, sank sein Stern. Ein von Ungarn unterstützter Aufstand der Witigonen gegen den jungen König wurde niedergeschlagen, Zawisch vor der Burg Frauenberg 1290 hingerichtet, die Güter der witigonischen Großfamilie wurden zum Teil eingezogen oder zur Ausstattung des Zisterzienserklosters Königsaal (Zbraslav) südlich Prag verwendet.

Ähnlich wie seinen Vater Ottokar das beginnende Interregnum im Reich beim ungestörten Ausbau seiner Königsmacht anfänglich begünstigte, konnte auch König Wenzel II. (1283–1305) nach dem Tode Rudolfs von Habsburg die Auseinandersetzungen zwischen Rudolfs Sohn Albrecht und Adolf von Nassau um die deutsche Krone zur Konsolidierung der eigenen Herrschaft benützen. Angeblich mußte ihn sein späterer Schwager Albrecht 1293, als er zeitweise in Gefahr stand, im Thronstreit sein österreichisches Erbe zu verlieren, sogar kniefällig um Hilfe anflehen und sich und sein Land dem Böhmen zu Diensten antragen. Sicherlich ist dieser Bericht aus dem von Wenzel gegründeten Kloster Königsaal reichlich übertrieben. Dennoch: welch Wandel seit dem historisch bezeugten Wiener Kniefall Ottokars vor Rudolf! Die böhmische Hofchronistik hat nicht versäumt, diese Szene genüßlich zu schildern. Den steilen Aufstieg Albrechts im Reich hat diese geschickte Annäherung an Wenzel jedoch nicht verhindert, sondern im Gegenteil beschleunigt. Der Přemyslide profitierte seinerseits ebenfalls von dieser neuen Allianz, gab sie ihm doch die Hand frei für seine expansive Politik in den Fußstapfen des Vaters. Kämpfe unter den polnischen und schlesischen Piasten ermöglichten Wenzel seit 1291/92 die Eroberung und Unterwerfung von Teschen, Krakau, Sandomir und der Herzogtümer Beuthen, Oppeln und Ratibor. Ebenso erlangte er die Lehnsoberhoheit über Sachsen und Meißen. Zu Pfingsten des Jahres 1297 fand mit Genehmigung Papst Bonifaz' VIII. die Hochzeit Wenzels mit der Habsburgerin Jutta und ihre Salbung und Krönung durch den Mainzer Erzbischof Gerhard von Eppenstein statt. Es war ein internationales Ereignis, an dem viele geistliche und weltliche Fürsten teilnahmen. Der Přemyslide entfaltete bei diesem Feste eine Pracht und einen Luxus, „dessengleichen noch kein König, weder Assur noch Salomo" zur Schau gestellt hätte – so jedenfalls meinte ein zeitgenössischer Berichterstatter. Übrigens diente die Hochzeitsfeier auch handfesten politischen Beziehungen. Herzog Albrecht von Österreich war anwesend, und mit ihm und anderen Fürsten wurde damals wohl über den Sturz König Adolfs von Nassau beratschlagt. Politischer Hauptberater König Wenzels war sein neuer böhmischer Kanzler Peter von Aspelt, der auch die polnische Politik seines Herrn plante und leitete.

Da die Habsburgerin Jutta schon kurz nach den Krönungsfeierlichkeiten an den Folgen einer Frühgeburt starb, vermählte sich Wenzel auf Wunsch einer ihm ergebenen Gruppe polnischer Adeliger und Prälaten mit Richsa-Elisabeth, der Tochter des großpolnischen Fürsten Přemyslav, der seit 1295 polnischer König war. Letzterer starb schon 1296 durch Mörderhand, und Wenzel zog wenige Jahre später, nämlich 1300, mit Heeresmacht nach Polen, um sich in Gnesen zum König erheben zu lassen. Widerstrebende Adelige wurden unterworfen und eine böhmische Verwaltung unter Hynek von Duba eingerichtet. Ein Jahr danach erlosch das Königshaus der Arpaden (1301). Ein Teil der ungarischen Großen, unter ihnen der Magnat Matuš Čák, trug dem Böhmen die Stephanskrone an, eine andere Adelsgruppe wandte sich an Karl Robert von Anjou in Neapel. Vorerst gewann Wenzel; er ließ seinen gleichnamigen Sohn, den er aus erster Ehe von Jutta von Habsburg hatte, in Stuhlweißenburg als Ladislaus V. zum ungarischen König krönen. Zum böhmischen Silberreichtum kam jetzt derjenige Ungarns. Wenzel II. schien von Fortuna überschwänglich bei seinem Bemühen begünstigt, wie im Fluge all jene Ländereien wieder in seiner Hand zu vereinigen, für deren Erwerb sein Vater Jahrzehnte gebraucht hatte. Aber ähnlich wie bei seinem Vater trat die Wende zum Schlechten ein, als der deutsche Thronstreit endgültig mit dem Sieg des Habsburgers Albrecht endete und gleichzeitig Bonifaz VIII. seine Hand vom Böhmenkönig abzog. Der Papst verweigerte nämlich die Anerkennung der polnischen Königsherrschaft Wenzels, ebenso wie er in Ungarn zugunsten der angiovinischen Ansprüche gegen Ladislaus V. Stellung bezog. Hinzu kam, daß sich inzwischen die Kurie mit König Albrecht arrangiert hatte und Albrecht nun seinerseits von Wenzel die Rückgabe Meißens und die Abtretung des Egerlandes forderte. Ein friedlicher Ausgleich schien unmöglich, da der Habsburger auch die Anerkennung seines Regalienrechtes über die Silberbergwerke Böhmens forderte, ein bewußt aggressives Ansinnen, das den Böhmen seines stärksten materiellen Rückhaltes beraubt hätte. So kam es zum Kampf. Wenzel war seit dem jähen Sturz und der Gefangennahme Papst Bonifaz' VIII. in Anagni (1303) in keiner schlechten Position. Das Papsttum schied damals, d.h. mit dem Beginn der „babylonischen Gefangenschaft" der Kirche in Avignon, für längere Zeit aus dem weltpolitischen Geschehen aus, konnte also auch gegen den Böhmenkönig keine offensive Politik mehr betreiben. Dies war durchaus eine Chance für Wenzel. Ein erster Feldzug Albrechts endete kläglich vor der königlichen Bergstadt Kuttenberg; daß der Habsburger mit den Kriegsleuten des Matuš Čák auch das barbarische türkische Reitervolk der Kumanen ins Land führte und diesen statt Gold unbeschränktes Plünderungsrecht zugestand, hatte sich militärisch nicht gelohnt. Wenzel gelang es, seinen Sohn Ladislaus, der sich in Ungarn nicht mehr gegen Karl Robert von Anjou halten konnte, samt dem ungarischen Kronschatz heimzuholen.

Das Kriegsglück hatte zwar für Wenzel II. entschieden, aber da er nach längerer Krankheit am 21. Juni 1305 starb, war der Ausgleich mit Albrecht die einzige Möglichkeit, die böhmische Krone für seinen Sohn und Nachfolger Wenzel III. (1305–1306) zu retten. Dies bedeutete unter anderem den Verzicht auf Meißen und das Egerland, sicherte aber dem Böhmen die eigene Herrschaft und den Anspruch auf Polen. Der neue, erst sechzehnjährige König, der schon als ungarischer Herrscher kaum zur Regierung fähig gewesen war, verzichtete auf die Stephanskrone zugunsten Herzog Ottos von Niederbayern, suchte aber die polnischen Thronansprüche gegen eine nationalpolitische Opposition unter Wladislaw Lokietek durchzusetzen. Zu dem geplanten Feldzug kam es jedoch nicht mehr, da Wenzel III. am 4. August 1306 im Hause des Olmützer Domdekans ermordet wurde. Wer hinter dem Attentat stand und welche Motive der Tat zugrunde lagen, ist unbekannt. Zeitgenössische Quellen vermerken lediglich, daß der letzte Přemyslide im Mannesstamm wegen seiner Unverschämtheit und Schandtaten von seinen eigenen Leuten getötet worden sei. Wenig wahrscheinlich ist hingegen, daß König Albrecht oder die Ungarn dieses Verbrechen angezettelt haben.

Wenn es auch noch die přemyslidischen Herzöge von Troppau, Jägerndorf und Ratibor gab, die einer illegitimen Verbindung Přemysl Ottokars II. entstammten und bis 1465 bzw. bis 1521 weiterlebten, entstand doch 1306 für die Böhmischen Länder die schwierige Nachfolgefrage. Eine der Schwestern Wenzels III., Anna, vermählte sich 1306 mit Herzog Heinrich von Kärnten, und dieser Fürst wurde auch von 1307 bis 1310 böhmischer König. Allerdings gelang ihm dies erst nach einem habsburgischen Zwischenspiel unter Albrechts Sohn Rudolf, der sich Böhmens rasch bemächtigte. Er konnte mit Hilfe des deutschen Königs, seines Vaters, und durch seine Heirat mit der Witwe Wenzels II., Richsa-Elisabeth, ein Jahr lang bis zu seinem plötzlichen Tode im Juli 1307 die Königsherrschaft ausüben. Der Versuch, Rudolfs Bruder, den Herzog Friedrich von Österreich, als Nachfolger in Böhmen durchzusetzen, scheiterte jedoch 1308 mit der Ermordung Albrechts I. durch Johann Parricida, einen Verwandten, dem der Habsburger sein Erbe vorenthalten hatte. Der Mörder war mütterlicherseits Přemyslide, weshalb schon unter Zeitgenossen der Verdacht laut wurde, böhmische Eifersucht auf den tatkräftigen und erfolgreichen König sei mit im Spiele gewesen – eine bedrückende Parallele zu den zeitgenössischen Vermutungen, bei der Ermordung König Wenzels III. wären die Habsburger beteiligt gewesen.

Wie es sich auch mit dieser grausigen Nachtseite dynastischer Politik verhalten mag, fest steht, daß der erste habsburgische Versuch, die Hand nach Böhmen auszustrecken, damit gescheitert war. Er sollte schließlich nach verschiedenen Anläufen erst zweihundertzwanzig Jahre später, nämlich 1526 glücken, dann allerdings auf Dauer und bis zum Ende der Habsburger Monarchie. Vorläufig jedoch, d.h. nach König Albrechts I. Tod, konnte sich Heinrich von Kärnten neuerdings in Böhmen durchsetzen, doch brachte seine Regierungszeit dem Lande nur Chaos und Unfrieden.

Bemerkenswert sind jedoch die Umstände, unter denen er in Böhmen zur Herrschaft gelangt war, weil sie Licht auf den gesellschaftlichen Wandel des 13. und frühen 14. Jahrhunderts werfen. Es war nämlich das städtische Bürgertum und damit ein großenteils deutsches Patriziat, das hier in der Nachfolgefrage erstmalig als Gruppe machtvoll ins politische Leben eingriff, nachdem es bereits lange zuvor tiefe soziale Veränderungen im Lande bewirkt hatte. Schon 1280, als es galt, die tyrannische Vormundschaft des Markgrafen Otto von Brandenburg abzuschütteln, waren die Prager Bürger als Bundesgenossen des Adels in Erscheinung getreten, und als der Landtag von 1281 eine Art Pflegschaft für den noch unmündigen Wenzel III. einsetzte, sollte dieselbe aus dem Prager Bischof, einigen böhmischen und brandenburgischen Herren und einigen Personen aus der Prager Bürgerschaft bestehen. Noch deutlicher wird das politische Gewicht des Bürgertums seit 1306. Der an den Zeitereignissen selbst beteiligte Chronist, der Königsaaler Zisterzienserabt Peter von Zittau, bezeichnete damals die Vertreter des Landes Böhmen entweder als „Barone und Bürger" oder als „Barone, Adel und Bürger". Mit anderen Worten: ein landständisches Regiment unter Einschluß der neuen politischen Kraft des Bürgertums wird hier sichtbar und wirksam. Sowohl bei der Wahl von König Albrechts Sohn Rudolf zum böhmischen Herrscher wie auch bei der Wahl Heinrichs von Kärnten 1307 wirkten Barone und Bürger zusammen. Im Jahre 1309 kam es sogar zu einem Handstreich reicher Patrizier gegen eine Adelsversammlung im Kloster Sedletz bei Kuttenberg. Namentlich genannt sind dabei die Prager Bürger Peregrin Pusch, Jakob Wolflins und Nikolaus Tausendmark. Die Barone Heinrich von Leipa, Johann von Wartenberg und Johann von Klugenstein wurden damals auf der Burg einer reichen Kuttenberger Bürgersfamilie, der Rutharde, gefangengesetzt; gleichzeitig machten Prager Bürger den Kanzler Petrus sowie Raimund von Lichtenburg und Heinemann von Duba in der Landeshauptstadt dingfest. Nach drei Monaten kam es zwischen den gefangenen Baronen und den Bürgern zu einem Vertrag, der zwar niemals verwirklicht wurde, der aber dennoch von der Macht und der hohen

Selbsteinschätzung des jungen Bürgertums Zeugnis gibt. Danach sollte künftig kein König in Böhmen gewählt werden, mit dem nicht auch die Bürger einverstanden wären. Gleichzeitig wurden wechselseitig Ehen zwischen adligen und bürgerlichen Söhnen und Töchtern vereinbart. Als Bürgschaft des Vertrages sollte der Adel fünfzehn gute Schlösser und Burgen den Bürgern von Prag und Kuttenberg übertragen. Durch Uneinigkeit brachten sich die Bürger jedoch um den Erfolg dieser Aktion. Aber schon bei dem nächsten hochpolitischen Ereignis, der Erhebung König Johanns von Luxemburg zum König von Böhmen im Jahre 1310, sehen wir sie wieder maßgeblich als Königsmacher beteiligt. Sie waren allerdings nicht allein die treibende Kraft, denn der Zisterzienserorden, der im Zuge des hochmittelalterlichen Landesausbaus Böhmens eine geistliche und gesellschaftspolitische Macht ersten Ranges geworden war, spielte hier die wichtigste Rolle. Insbesondere gilt dies für die Zisterzen Sedletz bei Kuttenberg, Goldenkron und vor allem für das přemyslidische Hauskloster Königsaal (Zbraslav) bei Prag, dessen Bedeutung für die Entwicklung und Propagierung der přemyslidischen Staatsideologie man nicht zu Unrecht mit der Rolle von St. Denis für den kapetingischen Staatskult verglichen hat. Hauptmotiv dieser klösterlichen Initiative war wohl die allgemeine Friedenssehnsucht, die Angst vor weiterer Zerrüttung des Landes und die langen, hochpolitischen Verbindungen dieses „internationalen" Ordens ins Reich. Zwischen den böhmischen Zisterziensern, dem Adel und den Bürgern kam es zu Vorverhandlungen in der Königsfrage; sie führten dann auf dem Landtag am 29. Juni 1310 zur Absendung einer Gesandtschaft an König Johann von Luxemburg. Die „gemeine Bürgerschaft" von Prag und Kuttenberg wählte nach dem Vorschlag ihrer Schöffen sechs Bürger für diese Delegation aus, daneben nahmen drei Barone und drei Zisterzienseräbte teil, d. h. das reiche Prager Patriziat stellte die stärkste Gruppe. Dieselbe Gesandtschaft, allerdings ohne die Äbte, brachte dann die Přemyslidin Elisabeth, die Tochter König Wenzels II. – sie wurde die Mutter Kaiser Karls IV. – in prunkvollem Zuge an das Hoflager des luxemburgischen Königs Heinrich VII. in Speyer, wo ihre Vermählung mit dem Königssohn Johann und dessen Belehnung mit Böhmen in feierlicher Form erfolgte. Finanziers dieser hochpolitischen Brautfahrt waren die Bürger. Da König Heinrich, der Vater Johanns, bald darauf seinen Romzug antrat – es war jener Zug, von dem sich Dante eine entscheidende Wende zum Besseren in seinem zerrütteten italienischen Heimatlande versprach –, blieb es König Johanns Aufgabe, seine böhmische Herrschaft gegen den immer noch starken Kärntner zu erobern, der Prag und Kuttenberg besetzt hielt. Johann, begleitet von seinen hervorragenden Beratern Erzbischof Peter von

Aspelt aus Mainz, Berthold von Henneberg und Ludwig von Öttingen, scheiterte zunächst vor der reichen Silberstadt Kuttenberg, wandte sich aber dann trotz des herannahenden Winters auf den Rat Peter von Aspelts gegen Prag und trat trotz ungünstiger Voraussetzungen am 3. Dezember 1310 zum Sturm auf seine künftige Hauptstadt an. Da der luxemburgisch gesinnte Teil der Bürgerschaft heimlich ein Stadttor öffnete, konnte sich die meißnische und kärntnerische Besatzung nicht halten, und Heinrich zog nach seinem Stammland Kärnten ab. Die Wettiner schlossen mit Johann einen günstigen Verzichtfrieden, in dem Leitmeritz, Brüx und Melnik an Böhmen zurückgegeben wurden. Auf dem folgenden Egerer Friedenstage von 1311 konnten alle noch schwebenden Fragen vorläufig bereinigt werden, so daß die luxemburgische Herrschaft über das Reichslehen Böhmen nunmehr eine vollendete Tatsache war. Damit begann, von bürgerlicher Initiative maßgeblich mitgetragen, die glanzvollste und „internationalste“ Epoche Böhmens im Mittelalter; vorerst zögernd zwar und mit mannigfachen Schwankungen und Rückschlägen, dann aber, unter Johanns großem Sohn Karl, umso erfolgreicher und in ihrer Wirkung nachhaltiger für Geschichte und Kultur des Landes.

Zwischen Přemysliden und Luxemburgern

„Nun will ich euch von meinem nichtigen und törichten Leben schreiben und vom Beginn meines Erdenwallens, damit es euch als ein Beispiel diene. Ich will aber nicht von der Gnade schweigen, die Gott mir gegeben hat, und von der Liebe zu geistiger Betätigung, an der ich mit Beharrlichkeit gehangen habe, damit ihr umso stärker auf Gottes Hilfe in eurem Mühen hoffen mögt, je mehr eure Ahnen und Vorgänger euch davon künden." Der Schreiber der eben angeführten Zeilen war keineswegs, wie man vermuten könnte, ein Mann der Kontemplation und der Conversio zu einem stillen, gottgefälligen Leben, sondern zu seiner Zeit der mächtigste Herrscher in Europa. Seine Zeit: das 14. Jahrhundert, eine Epoche, in der Frankreich und England zu den führenden Mächten des Kontinents wurden und Italien trotz politischer Anarchie eine geistige Position einzunehmen begann, die fast bruchlos auf das Wunder der italienischen Renaissance zuführt. Wir sprechen von Kaiser Karl IV., dem größten Fürsten der luxemburgischen Dynastie, der sich gegen einen hochbedeutenden und energischen Wittelsbacher, nämlich gegen Ludwig den Bayern, den Königsthron schrittweise erkämpfen mußte und den daher ein geistvoller Mitstreiter des Bayern, nämlich der englische Franziskaner, Philosoph und Staatsideologe Wilhelm von Occam, zweifellos die „Leuchte seines Jahrhunderts", mit grimmig-parteiischem Spott einen Söldling und Laufburschen der Päpste gescholten hat. Karl schrieb als erster und für lange Zeit noch als einziger eine Bruchstück gebliebene Autobiographie, aus der das obige Zitat stammt, eine fast monastische, von der Welt abgewandte Selbstdarstellung, deren erbaulich-predigthafter Grundton in eigentümlichem Gegensatz zu den turbulenten Ereignissen dieses Herrscherlebens steht, einer Epoche, die geprägt war von Giftmorden und kriegerischen Unternehmungen. Es gab Streit mit einem kriegs- und turnierwütigen, verschwenderischen Vater, dem der gelehrte Sohn einen recht kalten Sittenspiegel vorzuhalten für richtig befunden hat. Eine imposante Traumvision in Karls Autobiographie gilt den väterlichen Ausschweifungen, ja dem Vater wird dabei en passant die Schuld an den eigenen handfesten Verfehlungen gegeben: Die schändlichen und verdorbenen Gesellen des königlichen Vaters Johann bringen ihn bei einem Aufenthalt in Lucca, nach einer verfehlten militärischen Unternehmung, die Vater und Sohn aus Geldmangel abbrechen mußten, in die

Schlingen des Elends und der Begierde. „So von verderbten Gesellen verführt, waren wir verderbt mit den Verderbten." Am Schluß von Karls Bericht, in jenem Teil, der zwar sicher nach seiner Anweisung, aber nicht mehr von ihm eigenhändig konzipiert worden ist, überlegen Johanns beide Söhne – und hier war Karl nicht tonangebend –, wie man verhindern könne, daß der Alte an die Geldquellen Böhmens kommt. „Wenn unser Vater das Geld in die Finger bekommt, wird er es unter Rheinländern und Hennegauern verschwenden, und wir werden leer ausgehen und die Geprellten sein." Dies klingt schon weniger kontemplativ, ist aber nicht minder charakteristisch als die gelehrt-frommen Darlegungen, eindringlichen Traumgesichte und hellsichtigen Ahnungen, die in der Selbstdarstellung des späteren Kaisers einen so breiten Raum einnehmen.

Im übrigen läßt die fromm-herablassende Charakterisierung des Vaters durch den Sohn nicht erkennen, daß Johann von Böhmen weitaus mehr war als ein zerfahrener, umherziehender Kriegsabenteurer, Frauenheld und Projektemacher, denn ein gewaltiger Teil des politischen Fundamentes, auf das sich einst Karls europäische Geltung stützen sollte, war bereits von seinem Vater gelegt worden. König Johanns politische Karriere hatte durchaus unselbständig, nämlich als Schachfigur in der europäischen Politik nach der Ermordung König Albrechts I. begonnen, und ohne eigene politische Qualifikation wäre er kaum über diesen trüben Objektstatus im Kräftespiel der Zeit hinausgelangt.

Wie begann eigentlich das Spiel um das přemyslidische Erbe in Böhmen? Johanns Vater, Kaiser Heinrich VII. von Luxemburg (1308–1313), betrachtete wie sein habsburgischer Vorgänger die Länder der böhmischen Krone als heimgefallene Reichslehen, die sich Herzog Heinrich von Kärnten zu Unrecht angeeignet habe. Allerdings war der Kärntner, wie schon erwähnt, mit einer Přemyslidin vermählt, konnte also Erbrechte geltend machen. Es war sicher in erster Linie dem neuen Mainzer Metropoliten Peter von Aspelt zu verdanken, der unter König Wenzel II. sechzehn Jahre lang die böhmische Politik maßgeblich bestimmt hatte und daher die inneren Verhältnisse des Landes vortrefflich kannte, daß der theoretische Anspruch auf den Heimfall der böhmischen Lehen an das Reich durch die Verheiratung eines Luxemburgers mit Elisabeth, einer anderen přemyslidischen Erbin, verstärkt und den kärntnerischen Ambitionen erfolgreich entgegengesetzt werden konnte. Hinzu kam, daß die einflußreichen Zisterzienseräbte Konrad von Königsaal und Heidenreich von Sedletz, deren Klöster unter dem damals herrschenden Hochadelsregiment sehr zu leiden hatten, für diesen Ausweg ebenso gewonnen werden konnten wie das Prager patrizische Bürgertum. Die böhmischen Landesinteressen wurden bei diesem luxemburgischen Projekt durchaus mit ins Spiel gebracht, denn entgegen der ursprünglichen Absicht König Heinrichs VII., seinen jüngeren Bruder Walram zum böhmischen König zu machen, bestanden die Prager adeligen, geistlichen und bürgerlichen Unterhändler darauf, daß die achtzehnjährige Přemyslidin Elisabeth mit Heinrichs vierzehnjährigem Sohn Johann vermählt wurde. Damit gelangte das luxemburgische Haus zwar in Böhmen zur Herrschaft, jedoch mit einem Kandidaten, der kaum dem Knabenalter entwachsen war und der die Gewähr bot, im Lande selbst und unter den wachsamen Augen einer immer noch machtvollen přemyslidischen Partei einzuwurzeln. Peter von Aspelt sollte als Ratgeber des jugendlichen Herrschers fungieren, die Königin Elisabeth schien ein Minimum an přemyslidischer Staatstradition zu repräsentieren und fortzuführen. Die gewachsene Macht der böhmischen Stände zeigte sich bei den schwierigen Verhandlungen übrigens auch darin, daß sie Johann in einem regelrechten Wahlakt zum König erkoren, damit seine Herrschaft nicht nur durch Erbrecht und Lehnsabhängigkeit vom Reich begründet erschien. Eine komplizierte Konstellation also, die von der Realität der böhmischen Innenpolitik bald über den Haufen geworfen werden sollte. Heinrich VII. scheint sich übrigens darüber klar gewesen zu sein, wie riskant das ganze Unternehmen war, denn er forderte als Garantie von den Böhmen eine Anzahl adliger und patrizischer Bürgen, die er noch bis 1311 in Speyer festhielt. Der glücklose Italienzug des deutschen Königs, bei dem Heinrichs Gattin und sein jüngerer Bruder Walram den Tod fanden, war nicht dazu angetan, Johanns schwankende Stellung im Königreich Böhmen zu festigen. Am raschesten, wenn auch gegen starken Widerstand Heinrichs von Kärnten, ging noch die Eroberung des Landes vonstatten; sie wurde am 7. Februar 1311 mit der feierlichen Krönung Johanns und Elisabeths im Veitsdom auf dem Hradschin beendet. Aber schon die Tatsache, daß die einstimmige Akklamation des böhmischen Hochadels das Ergebnis wochenlanger, zäher Verhandlungen gewesen ist, kündigte dem Königspaar an, daß die Schwierigkeiten keineswegs überwunden waren. Sie traten sofort wieder zutage, als Johann seinen mit ihm gekommenen Beratern echte politische Kompetenzen im Lande einräumen wollte. Neben Peter von Aspelt waren dies vor allem Berthold von Henneberg, Heinrich von Weilnau, Walter von Castell und der Landgraf Ulrich von Leuchtenberg. Das Gemeinschaftsgefühl der böhmischen Stände, also der alten „familia“ des heiligen Wenzel, mußte die neuen luxemburgischen Vertrauensmänner als Eindringlinge empfinden, und die berühmte tschechische Reimchronik des Dalimil gab diesem wachsenden ständisch-frühnationalen Mißbehagen damals beredten Ausdruck.

Andere Momente verschärften die Spannungen. Die persönliche Entfremdung zwischen Johann und Elisabeth hatte auch eine politische Dimension, denn die Königin wurde nun das Haupt einer přemyslidisch-zentralistischen Partei, die von den mächtigen Zisterzienseräbten, den Städten und einem allerdings nur kleinen Teil des Hochadels gebildet wurde. Auf der anderen Seite stand das Gros des Hochadels mit dem gewandten und ehrgeizigen Heinrich von Leipa an der Spitze. Zwar schien sich ein Kompromiß anzubahnen, als König Johann die höchsten Landesämter den einheimischen Baronen übertrug und Heinrich von Leipa zum Oberstlandmarschall ernannte. Dennoch brach der Bürgerkrieg bald darauf aus. Johann nahm einen Kriegszug an den Rhein, in dem er Ludwig dem Bayern gegen die Habsburger zur Seite stand, zum Anlaß, Böhmen zu verlassen, während Peter von Aspelt als „Generalkapitän" der böhmischen Krone die luxemburgischen Interessen im Lande mühsam genug zu wahren suchte. Er scheiterte damit und verließ im April 1317, an seiner Aufgabe verzweifelnd, das Land. Immerhin war es ihm noch gelungen, von den Habsburgern die Rückgabe Mährens zu erreichen und den Streit mit den Wettinern um die alten Ansprüche in Meißen und Thüringen beizulegen. Als es Johann nach seiner Rückkehr in die Böhmischen Länder im November 1317 wiederum nicht gelang, sich gegen den Hochadel durchzusetzen und er damals sogar mit Elisabeth nach Westböhmen flüchten mußte, vollzog er eine grundsätzliche Kehrtwendung in seiner Politik. Gegenüber dem böhmischen Hochadel warf er im Vertrag von Taus im April 1318 das Handtuch und legitimierte damit eine Entwicklung, die nach einer Unterbrechung unter seinem Sohn Karl zum Sieg der Ständeherrschaft führte, die faktisch die politisch-gesellschaftlichen Zustände Böhmens bis zur Schlacht am Weißen Berge bestimmen sollte. Das Politische hatte auch persönliche Konsequenzen: Es kam zu einer weitgehenden Trennung von Elisabeth, deren Kinder er aus dem Lande entfernte, an fremde Fürstenhöfe brachte oder in klösterliche Obhut gab. Der dreijährige Sohn Wenzel, der später an den Hof König Karls IV. von Frankreich, seines Onkels, kam, wo er den Namen Karl annahm, soll sich gegen die gewaltsame Trennung von der Mutter gewehrt haben und dafür von Johann mit zwei Monaten Dunkelhaft bestraft worden sein, ein Erlebnis, das vielleicht die kritischen Bemerkungen des Sohnes über seinen Vater etwas verständlicher macht.

Johanns Politik hat seit dieser Kehrtwendung zugunsten der „großen Politik" an Sprunghaftigkeit zugenommen, aber ziellos war sie deswegen immer noch nicht. Dies zeigte sich schon an dem unverwirklicht gebliebenen Tauschobjekt Johanns, von dem uns der zeitgenössische Chronist Benesch von Weitmühl zu berichten weiß. Der böhmische König bot Ludwig dem Bayern 1318 seine Länder gegen die Rheinpfalz an. Für

Bayern hätte dies eine machtvolle Erweiterung bedeutet, die ebenso durch die geographische Lage wie durch die engen siedlungsgeschichtlichen Brücken zwischen Böhmen und Bayern gefestigt worden wäre. Umgekehrt hätten die luxemburgischen Stammlande, flankiert von den luxemburgisch beherrschten beziehungsweise beeinflußten Erzbistümern Trier und Mainz mit der Rheinpfalz einen territorial abgerundeten, großen Block ergeben, der die Stellung dieser Dynastie im Reiche schlagartig und grundlegend verbessern mußte. Bei dem engen Rückhalt der Luxemburger am französischen Königtum zog dies gegebenenfalls weitere Vorteile auf internationaler Ebene nach sich. Es kam zwar nicht dazu, aber der Plan ist typisch für eine bestimmte Phase der europäischen Geschichte, die zwischen dem mittelalterlichen Personenverbandstaat und den modernen Nationalstaaten anzusiedeln wäre. Auf der einen Seite waren die spätmittelalterlichen Territorien durch die überall etablierte Macht der Stände relativ feste, „transpersonale“, d. h. von einer Herrscherfamilie bereits unabhängige politische Gebilde geworden, und andererseits hatte sich der Nationalismus der Völker in Europa noch kaum entwickelt – jedenfalls nicht in plebiszitärer Form –, so daß Ländertausch im allgemeinen Bewußtsein noch nicht als dynastischer „Länderschacher“ empfunden wurde, wie dies seit der zweiten Hälfte des 18. Jahrhunderts dann der Fall gewesen ist. Bayern sollte übrigens mehr als hundert Jahre später, nämlich 1436, unter jenem Herzogssohn Albrecht, der durch seine Ehe mit der schönen Augsburger Baderstochter Agnes Bernauer traurig berühmt geworden ist, noch einmal die Chance haben, das Königreich Böhmen nach dem Willen der Stände dieses Landes zu erwerben. Auch daraus ist nichts geworden, aber es reizt immerhin die historische Phantasie, sich auszumalen, welchen Gang die Entwicklung beider Länder wohl genommen hätte, wenn diese Vereinigung zustande gekommen und die Wittelsbacher Hausmacht der habsburgischen hier zuvorgekommen wäre ...

Doch kehren wir zu König Johann zurück, der – nur scheinbar paradoxerweise – durch seine Kapitulation vor den böhmischen Baronen seine endgültige Ausschaltung verhindert hatte und daher 1319 mit deren Hilfe in der Lage war, einen staatsstreichähnlichen Versuch der Königin Elisabeth zum Scheitern zu bringen, die damals mit dem Prager Patriziat und einigen Hochadeligen ihrem Gatten das politische Regiment endgültig zu entreißen suchte. Die Mehrheit der Barone stützte aber Johann, der sich auf dem Hradschin verschanzt hatte. Prag mußte kapitulieren, sechs führende Patrizier wurden verbannt, und damit wurde die Metropole bis in den Beginn der Hussitenzeit ihrer politischen Vormachtstellung weitgehend beraubt. Abt Konrad von Königsaal, der alte Ratgeber und treue

Freund der Königin, verließ nach diesem Zwist der Ehegatten zürnend den Hof, er sah sein politisches Werk zerrüttet; seither sparte denn auch die Chronik seines Klosters nicht mit harter Kritik an Johann. So war es sicher eine bösartige Übertreibung, wenn von dieser Seite aus grimmig vermerkt wurde, daß seit diesen Ereignissen das Wort des Königs im Lande „soviel wog wie das Blatt am Baume und seine Handschrift soviel wie die Scheibe Wachs, welche als Siegel daran hing". Zwar war im selben Jahr 1319 ein internationales Turnier, das Johann in Prag abhalten wollte, unter skandalösen Umständen gescheitert, der König selbst bis über den Hals verschuldet und daher zu permanenten Erpressungen des Adels genötigt. Dennoch gelangen diesem abenteuerlich-ritterlichen Herrscher, der im Gegensatz zu seinem Sohn so gut wie nichts von Gelddingen verstand, einige hausmachtpolitische Erfolge, die in die Zukunft wirken sollten.

Seine siebenjährige Tochter Margarete verlobte er mit Heinrich dem Älteren von Niederbayern und gewann dafür als „Südschiene" seiner Politik vorübergehend die Herrschaften Burghausen, Kufstein und Kitzbühl. Die Heirat Marias, der Schwester des Böhmenkönigs, mit dem französischen König Karl IV. im September 1322 sicherte für zwei Menschenalter die luxemburgische Position im Westen und schuf unter anderem die Voraussetzungen für den neuerlichen Griff der Luxemburger nach der deutschen Krone. Schon 1319 fiel Johann nach dem Tode des Markgrafen Waldemar von Brandenburg die Oberlausitz zu. Bald darauf, 1322, konnte er als Belohnung für entscheidende Waffenhilfe in der Schlacht bei Mühldorf von Ludwig dem Bayern die Reichspfandschaft Eger für immer an sich ziehen. Ebenso schien sich ein großer Erfolg anzubahnen, als 1330 Johann-Heinrich, der jüngere Sohn des Böhmenkönigs, mit Margarete Maultasch, der Erbtochter für Kärnten und Tirol, vermählt werden konnte. Da sich inzwischen Ludwig der Bayer und Johann verfeindet hatten, belehnte der Wittelsbacher die Habsburger mit Kärnten, während sich Margarete mit luxemburgischer Hilfe in Tirol, dem wichtigsten Durchgangsland nach Italien, behaupten konnte. Die Ehe mit Johann-Heinrich war unglücklich, schon wegen des höheren Alters Margaretes und wohl noch mehr durch ihre unverhohlene Freude an Macht und Herrschaft. Dagegen dürfte ihre angebliche Häßlichkeit eine spätere Erfindung böswilliger Chronisten sein. Nach zwölf Jahren wurde die Ehe durch die energische Regentin selbst gelöst, und die Wittelsbacher schienen damals, 1341, das Rennen um das tirolische Erbe zu gewinnen, doch wurden sie letzten Endes von den Habsburgern ausgestochen. Es wirft übrigens ein trübes Licht auf das Verhältnis von Geist und Macht in der Geschichte, daß zwei der erlauchtesten Geister des Jahrhunderts, die als politische Emigranten und Berater am Hofe Ludwigs des Bayern in München lebten, nämlich der Philosoph Wilhelm von Occam und der Staatstheoretiker Marsilius von Padua, in spitzfindigen Rechtsgutachten die Ehe von Margarete Maultasch mit dem Luxemburger für ungültig erklärten, um damit der erbschaftsträchtigen Heirat von Ludwigs gleichnamigem Sohn mit der Tiroler Erbin die Wege zumindest juristisch zu ebnen.

Dauerhafter waren hingegen Johanns Erfolge, die er mit alten přemyslidischen Erbansprüchen auf die Krone Polens erzielen konnte. Seit seiner Thronbesteigung trug Johann den Titel eines Königs von Polen, 1327 unternahm er einen ersten Feldzug gegen dieses Land und erreichte mit der Huldigung der oberschlesischen Herzöge von Teschen, Falkenberg, Ratibor und Oppeln einen beachtlichen Teilerfolg. Bald darauf erkannte auch der Herzog von Breslau die Oberherrschaft Johanns an; 1329 taten dies auch die oberschlesischen Fürsten von Liegnitz, Brieg, Sagan und Öls. Görlitz fiel ihm ebenfalls zu, und 1331 wurde auch Glogau zur Unterwerfung gezwungen. König Kasimir von Polen mußte 1335 den Status quo anerkennen, um dafür die Verzichtleistung Johanns auf die polnische Krone zu erlangen. Auf diese Weise war fast ganz Schlesien der böhmischen Krone einverleibt und eine solide Basis geschaffen, die Karl IV. weiter ausbauen konnte.

Weniger erfolgreich gestaltete sich die Italienpolitik Johanns, obwohl sie durchaus verheißungsvoll begann. Ludwig der Bayer hatte 1330 in Sendschreiben an die italienischen Ghibellinen Johann als seinen Verbündeten empfohlen, und innerhalb von drei Monaten konnte der Luxemburger ganz Oberitalien bis nach Lucca unterwerfen. Wenn Johann dennoch 1333 Italien wieder räumen mußte, so lag die Hauptursache weniger in den italienischen Verhältnissen selbst als in den äußerst labilen Beziehungen der drei großen Dynastien untereinander, die im 14. Jahrhundert in wechselnden Konstellationen um die deutsche Königskrone und die Kaiserwürde rangen. Luxemburger, Wittelsbacher und Habsburger warfen damals überraschend oft ihre Bündnissysteme um, wenn auf dem Schachbrett dynastischer und territorialer Macht bessere Gewinne mit anderen Partnern winkten. Der Böhmenkönig hatte dies zu spüren bekommen, als Ludwig der Bayer, dem er in der Schlacht bei Mühldorf entscheidende Waffenhilfe geleistet hatte, sowohl die gezielte wettinische Heiratspolitik Johanns zerstörte wie auch dessen Versuche, nach dem Aussterben der Askanier die Mark Brandenburg in die Hand zu bekommen. Ludwig war aber rascher und gewann Brandenburg für seinen eigenen Sohn. Auch in Italien wurde nun Johanns militärischer Erfolg zunichte gemacht, weil sich Ludwig mit den Habsburgern über Kärnten und Tirol einigte. Es würde zu weit führen, die komplizierten Konstellationen und Frontwechsel der nächsten Jahre im einzelnen darzulegen. Entscheidend wurde, daß im Endkampf um die deutsche Krone sich Luxemburg und Habsburg zusammenfanden. Auslösendes Moment war wohl Ludwigs allzu forsches Vorgehen in Tirol, wo er den luxemburgischen Gatten der Margarete Maultasch unter Beihilfe der Tiroler Landstände aus dem Lande trieb, die Ehe kassieren ließ und die Erbin mit seinem eigenen Sohn Ludwig dem Brandenburger vermählte. Damit hatte der Bayer den Bogen überspannt, und nach einem Defensivbündnis zwischen Habsburgern und Luxemburgern kam es seit 1341 zum Endkampf um die deutsche Königsherrschaft.

In dieser Phase trat bereits der junge Karl politisch in Erscheinung, der nach der Erblindung seines Vaters mit Erzbischof Balduin von Trier, seinem Oheim, die Thronkandidatur gegen den gebannten Wittelsbacher energisch betrieb. Papst Clemens VI., der französische Freund und Erzieher Karls, unterstützte ihn dabei tatkräftig, und so kam es am 11. Juli 1346 zur Wahl Karls durch die drei rheinischen Erzbischöfe und durch Rudolf von Sachsen und Johann von Böhmen. Aachen blieb allerdings der wittelsbachischen Sache treu, so daß der neue „Pfaffenkönig", der allerdings von Anfang an alles andere als ein gefügiges Werkzeug in der Hand der Kurie war, mit einer Notkrönung im Bonner Münster vorliebnehmen mußte. Sein Königtum stand damals auf so schwachen Füßen, daß er sich danach heimlich nach Böhmen durchschlagen mußte. Noch lebte Ludwig der Bayer, und als Karl mit habsburgischer Erlaubnis nach Tirol zog, um dort mit Hilfe der Landstände einen Aufstand gegen die wittelsbachische Herrschaft zu entfesseln, scheiterte er kläglich. Auch die Reichsstädte verhielten sich ihm gegenüber meist ablehnend, er mußte sich deren Gunst erst Schritt für Schritt erobern, ihnen Privilegien und Sonderrechte verleihen oder bereits vorhandene schriftlich anerkennen. Am Beginn dieser positiven Städtepolitik Karls steht der Aufstieg Nürnbergs, dessen weitverzweigte Handelsinteressen ganz Böhmen und Ostmitteleuropa erfaßten. Es hatte die alte süddeutsche Handelsmetropole Regensburg längst überrundet und ging nun einer glanzvollen Epoche als Nebenresidenz des Luxemburgers entgegen. Karl, der neunundfünfzigmal, insgesamt fast drei Jahre lang, in Nürnberg weilte und dem die Stadt mehr als vierzig Privilegien verdankte, hat bis zum heutigen Tage Nürnbergs Antlitz tief geprägt. Die von ihm prachtvoll erweiterte Kaiserburg war in der Tat ein Gegenstück zu seiner Hauptresidenz auf dem Prager Hradschin.

Das Glück, die launische Kurtisane der Weltgeschichte, war Karl günstig: Am 11. Oktober 1347 erlag Ludwig der Bayer, eine der farbigsten und am schärfsten konturierten Figuren des deutschen Mittelalters, auf der Jagd bei Fürstenfeldbruck einem Herzanfall. Karl deutete dieses Ereignis in einem offiziellen, feierlichen Brief an seine Hauptstadt Prag als ein Gericht Gottes, das den Gebannten und Feind des christlichen Glaubens wunderbarerweise noch vor Beginn des irdischen Kampfes hingestreckt habe. Als auch der neue Gegenkönig der wittelsbachischen Partei, Günther von Schwarzburg, von Karl mit einer Geldsumme abgefunden, das Feld räumte und schon 1349 starb, mußte sich der Luxemburger wahrlich als unter göttlichem Schutz stehend betrachten. Ein sicheres Gefühl höherer Hilfe scheint seiner Politik bei aller Beweglichkeit und manchmal auch Skrupellosigkeit jenes Moment ruhiger Kontinuität gegeben zu haben, deren sein großer Widersacher Ludwig weitgehend ermangelt hatte. Nur so jedenfalls läßt sich verstehen, daß bei Karl kühles, ja hartes kaufmännisches Kalkül einhergeht mit einer mystischen Frömmigkeit, die sich etwa in seiner großen privaten Reliquiensammlung äußerte. Es befanden sich für unser heutiges Empfinden manche absurde Objekte in diesem Reliquienschatz, die nur mit jener zwischen Ratio und Irrationalismus extrem schwankenden Mentalität im „Herbst des Mittelalters" einigermaßen verständlich werden. Irrationales, nämlich kultische Verehrung, wurde von ihm in durchaus zweckrationale Überlegungen einbezogen. Die intensive Pflege und Neubelebung des St. Wenzelskultes durch Karl zeigt in der Tat auf sehr eindringliche Weise, wie es dieser große Sohn einer auch politisch nicht unbedeutenden Přemyslidin verstand, seine eigene Herkunft aus der altböhmischen Herrscherfamilie zum Element eines neuen Staatskultes zu machen. Auf eine ambivalente Weise steht er damit am Ende der přemyslidischen Dynastie und Tradition, aber zugleich am Anfang der Versuche, Familiengeschichte zur Staatsideologie für Böhmen und das Reich zu erheben. Jahrzehnte nach dem faktischen Ende der Přemyslidenzeit erhält die längste und folgenreichste Epoche der böhmischen Geschichte eine neue Bedeutung: aus geschichtlichem Dasein wird ein ideologisches Modell für die luxemburgische Herrschaft in Böhmen; und je mehr sich die neue Dynastie anfangs gegen einheimische Kräfte durchsetzen mußte, umso wertvoller wurde die přemyslidische Erbfolge in weiblicher Linie, an deren Beginn der Märtyrerfürst Wenzel stand. Insofern war Karls geglückte Synthese von přemyslidisch-einheimischer und luxemburgisch-westeuropäischer Tradition sowohl krönender und Halt gebender Schlußstein wie Eckstein eines staatlichen Neubaus in Mitteleuropa.

Gesellschaft und Kultur Böhmens vom 12. bis zum 14. Jahrhundert

1. Hochmittelalterliche Siedlung und Städtewesen

Die eben geschilderten politischen Krisen haben viel mit dem gesellschaftlichen Umbruch Böhmens im 13. Jahrhundert zu tun, der das Land fortschreitend veränderte. Diesen Wandel gilt es nun näher ins Auge zu fassen. Es sind vornehmlich zwei Bereiche, in denen er sich am stärksten auswirkte: in der großen Siedlungsbewegung des Mittelalters und in der Entfaltung des Städtewesens. Kein Zufall also, daß gerade diese beiden Themen aus ideologischen Gründen zwischen Tschechen und Deutschen bis heute kontrovers sind, berühren sie doch auf empfindliche Weise das Selbstverständnis beider Völker. Die sogenannte „Ostkolonisation“, Teilvorgang eines gesamteuropäischen Phänomens in der breiten deutsch-slawischen Grenz- und Mischzone von der Ostsee bis zur Adria, wurde nicht nur von Historikern analysiert und beschrieben, sondern dieser komplexe Vorgang nahm in der kritischen Rückschau des nationalen und nationalistischen 19. und 20. Jahrhunderts ganz eigentümliche, vielfach sachfremde, eben ideologische Gehalte in sich auf. So ist die deutsche Siedlung in den Böhmischen Ländern von tschechischer Seite immer wieder und nicht ganz zu Unrecht als eine nationale „Überfremdung“ kritisiert worden. Dies ging soweit, daß die gesamte mittelalterliche Siedlungsbewegung im deutsch-slawischen Grenzraum als Ausdruck eines spezifischen „deutschen Dranges nach dem Osten“ verstanden wurde. An der teilweise erbitterten Diskussion um den Kolonisationsbegriff wird deutlich, wie rasch sich historisches oder besser „vermeintlich historisches“ Wissen in Politik und Aktualität verwandeln und Geschichte zum politischen Argument werden kann. Ähnliches gilt für die deutsche Seite, von der – manchmal bis zum Überdruß – die zweifellos erstaunliche Pionierleistung der Kolonisation nicht nur als „Großtat des deutschen Volkes“ gefeiert, sondern manchmal auch als ein politischer Herrschaftsanspruch verstanden worden ist. Wenn die Tschechen die deutsche Siedlung als Überfremdung empfanden, dann entzündete sich dieses Gefühl weniger am Kolonisationsvorgang selbst als vielmehr an dessen erst später hervortretenden Folgen, die sich in einem energischen Mitspracherecht deutscher Bauern und Bürger im Lande äußerten. Die

Rolle der deutschen Bürger am Ende der Přemyslidenzeit und beim Übergang Böhmens an die Luxemburger war ein Symptom für das Gewicht des deutschen Einflusses im Lande und ebenso für die immer enger werdende Verflechtung der Böhmischen Länder mit dem Reich. So verwundert es nicht, daß sich schon seit dem 13. Jahrhundert Stimmen finden, welche die Deutschen unfreie Eindringlinge nennen, die zunächst dienend ins Land gekommen seien, um sich dann als Herren aufzuspielen; und schon im späteren Mittelalter wird deshalb von tschechischer Seite gefordert, den Deutschen ihren Anspruch auf Gleichstellung abzuerkennen. Einen Höhepunkt dieser Kritik am Deutschtum stellt am Beginn des 14. Jahrhunderts die tschechische Reimchronik des Dalimil dar, die unter dem verheerenden Eindruck der politischen Katastrophen nach Ottokars II. Tod und der Fremdherrschaft Ottos von Brandenburg geschrieben wurde, jedoch ihre Antipathie vornehmlich gegen die landfremden Deutschen, nicht gegen die in Böhmen ansässigen richtete.

Nach unseren heutigen Erkenntnissen handelt es sich bei der deutschen Siedlung östlich von Elbe, Fichtelgebirge und Bayerischem Wald um ein Teilstück eines gesamteuropäischen Vorganges, der bereits seit der Karolingerzeit, von Westeuropa ausgehend und begleitet von technisch-organisatorischen Innovationen, fortschreitend Mitteleuropa und dann, durch deutsche Initiative und Vermittlung, auch Ostmitteleuropa erfaßte. In seinem Gefolge breiteten sich die ertragreichere Dreifelderwirtschaft und der tiefgehende Räderpflug mit senkrechter Schar, Streichbrett und Sech in ganz Europa aus. Die Bodenerträge stiegen um etwa das Doppelte und ebenso innerhalb von etwa fünf Generationen die Bevölkerung. Natürlich brachte die Massenkolonisation dem Adel, den Klöstern und besonders auch dem böhmischen König, die als Organisatoren und Förderer wirkten, große materielle Vorteile. Mit den deutschen Siedlern und Stadtbürgern wuchsen auch die Steuererträge und intensivierten sich vor allem die königlichen Herrschaftsrechte im planvoll kultivierten Neuland. Die Motivation für den Einsatz vornehmlich deutscher Siedler liegt hier klar zutage, und Ottokar II. hat 1265 in einer Urkunde die Vorteile offen anerkannt, die ihm und seiner Herrschaft aus der Urbarmachung öden Landes erwuchsen. In diesem Dokument wird Konrad von Löwendorf als Siedlungsunternehmer im Auftrag des Königs ermächtigt, Stadt und Land Politschka nach deutschem Recht zu organisieren und zu kolonisieren: „In dem Wissen, daß auf der Menge der Bevölkerung das Ansehen des Fürsten beruht und durch die große Zahl von Untertanen Ehre und Macht der königlichen Hoheit gesteigert wird, sorgen Wir dafür, daß zu Ehre und Würde Unserer Fürstentümer verlassene und unwegsame Gegenden, deren Lage dazu geeignet und passend ist, von Menschenkindern bewohnt und besiedelt werden, göttlichem Dienst und menschlicher Nutzung zum Vorteil."

Wenn hier von göttlichem Dienst die Rede ist, so scheint es sich auf den ersten Blick nur um eine urkundliche Floskel zu handeln, doch es steckt mehr dahinter, nämlich der Hinweis auf die religiöse Triebfeder der gesamteuropäischen Siedlungsbewegung, das neue Ethos der Arbeit, das mit dem Christentum in die Welt gekommen ist. Die Arbeit, vor allem die körperliche Arbeit, in der Antike als „labor" – Mühsal – verachtet und den Abhängigen und Sklaven als Standeskriterium zugeordnet, erhielt erst mit dem Christentum metaphysische Würde als innerweltliche asketische Bewährung des Menschen vor Gott. Im europäischen Frühmittelalter entfaltete sich unter Führung des benediktinischen Mönchtums diese neuartige Arbeitsgesinnung, und so ist es kein Zufall, daß in den merowingischen und karolingischen Heiligenleben des 7. bis 9. Jahrhunderts anstelle des blutigen Martyriums in der Verfolgungszeit des Christentums nunmehr der Kampf gegen Wald und Wildnis, die planmäßige Rodung, als ein Gott wohlgefälliges Werk tritt. Ohne diese grundsätzlich neue positive Wertung der Arbeit läßt sich der gewaltige gesamteuropäische Siedlungs- und Rodungsvorgang nicht erklären. Der Kampf gegen die Wildnis ist somit eine Konsequenz der Christianisierung, und nicht umsonst wird das benediktinische „ora et labora" – bete und arbeite – eine Parole der Epoche. Auf die Böhmischen Länder angewendet bedeutet dies aber, daß der Siedlungsvorgang zugleich ein Gradmesser für das Ausmaß der Verchristlichung ist. Dies erklärt sowohl den starken westlichen, nämlich deutschen und flämischen Anteil an der Kolonisation, wie auch die rasch ansteigende Beteiligung und schrittweise Integration der slawischen Bevölkerung beim Rodungswerk. Es erklärt auch die frühe und führende Rolle der Klöster, besonders der Zisterzienser und Prämonstratenser, an der Siedlung, denn hier war die religiöse Motivation am ursprünglichsten und stärksten. Daß mit dem wachsenden materiellen Erfolg auch die Dynasten und der kleinere Adel in das Besiedlungsunternehmen einstiegen, versteht sich von selbst, denn die Kolonisation brachte vermehrte Abgaben und erweiterte den eigenen Herrschaftsbereich, war also ein Politikum ersten Ranges beim Wettlauf um den Ausbau eigener Territorien. Dennoch darf der religiöse Ursprung des gesamten Landesausbaus nicht vergessen werden, weil er die Siedlung letztlich als ein christlich motiviertes Gemeinschaftswerk von Deutschen und Tschechen verständlich macht.

Läßt man somit die nationalistische Fehlinterpretation der Kolonisationsepoche in den Böhmischen Ländern beiseite, dann wird wohl niemand ernstlich bestreiten können, daß aus dem zivilisatorisch entwickelteren Westen objektiv bessere Formen der gesellschaftlich-rechtlichen Organisation ins Land kamen, genauso wie zuvor die Deutschen viele kulturelle Fortschritte aus dem Frankenreich links des Rheins empfangen haben. Das gilt etwa für das deutsche Siedlerrecht, das sich vielleicht erst als werbewirksames Angebot an die rodungswilligen Bauern Bayerns, Österreichs und Thüringens in der uns bekannten günstigen Form endgültig im Neusiedelland ausgebildet haben dürfte. Das gilt ebenso für die deutschen Stadtrechte, etwa für das Lübecker, Magdeburger, Nürnberger und Wiener Recht, in denen nicht nur Ansätze bürgerlicher Selbstverwaltung und Selbstverteidigung verankert sind, sondern auch handfeste Eigentumsrechte am Besitz im Erbfalle verbürgt wurden und – als Beginn und Voraussetzung bürgerlich-unternehmerischer Arbeit – die freie Verfügung über den eigenen Arbeitsertrag, den die mittelalterliche Grundherrschaft noch nicht kannte. Deutsche und Tschechen haben von dieser Entwicklung gleichermaßen profitiert, letztere forderten mit Erfolg immer wieder die Anwendung des deutschen Siedlerrechtes, des „ius Theutonicum", auch in ihrem Bereich. So kam es allmählich zu einer grundlegenden Verbesserung des allgemeinen Rechtsstandes der abhängigen Bevölkerung im Lande. Insgesamt war der mittelalterliche Landesausbau überall in Europa ein weitgehend anonymer, aus ungezählten, oft winzigen Teilvorgängen resultierender Prozeß der Akkulturation, der erst nach seinem Abschluß den Zeitgenossen allmählich in seiner politisch-gesellschaftlichen Bedeutung bewußt wurde.

Verfolgen wir nun wenigstens in groben Zügen den Siedlungsvorgang in den Böhmischen Ländern selbst. Er war durchaus keine spontane Angelegenheit, sondern wurde von „Unternehmern" organisiert, den „Lokatoren", die im Auftrag des Königs oder des Adels Leute anwarben und die Ansiedlung planmäßig in die Wege leiteten. Dazu war Geld und Werkzeug, waren Lebensmittelvorräte notwendig, um die rodungswilligen Bauern die ersten Jahre über Wasser halten zu können, bis die neuen, meist symmetrisch entlang einer Straße angelegten Waldhufendörfer sich selbst erhalten und für die Grundherren Erträge erbringen konnten. Anreize hierfür bot das deutsche Siedelrecht, das den Bauern meist einige Freijahre gewährte und sie später nur mit einem mäßigen Zins belastete, das ferner Freiheit von Fronarbeit und meist auch von Burgwerk oder Heeresdienst bedeutete. Für den böhmischen König spielten von Anfang an auch strategische Überlegungen eine Rolle, wenn er Grenzlandschaften und Durchgangsgebiete mit Kolonisten besiedelte und ihnen als Freibauern einen besonders günstigen Rechtsstand gab, so im Raum Elbogen, Zittau, Trautenau und an der bayerischen Grenze um Tachau. Freilich trat hier Přemysl Ottokar II. in Konkurrenz zum längst ansässigen und ebenfalls kolonisierenden Adel diesseits und jenseits der Grenzräume. Dabei bestand oft die Gefahr, daß durch die deutschen Siedlerströme aus Österreich, Bayern, dem Vogtland und Meißen der territoriale Bestand der Böhmischen Länder auch politisch gefährdet wurde, so etwa durch die südböhmischen Witigonen oder, von bayerischer Seite her, durch die Rodungstätigkeit der Grafen von Bogen.

Rodung schafft in dieser Epoche in besonderem Maße neue Herrschaftsverhältnisse, durch die der slawische Kernraum zunehmend durch deutsche Adelsterritorien eingeengt wurde. Am frühesten waren die Klöster kolonisatorisch tätig, so etwa das Zisterzienserkloster Plaß bei Pilsen und die Benediktinerabtei Kladrau bei Mies, eine Stiftung Wladislaws I., die im Zuge der Klosterreform von Zwiefalten aus besiedelt worden war. Aber auch bayerische Stifte wie Waldsassen und Windberg, die großen Besitz in Böhmen hatten, betrieben schon seit dem 12. Jahrhundert planmäßige Siedlung. Später treten im Lande selbst Ossegg, Hohenfurth und Goldenkron, Braunau und Tepl hinzu, ferner die Johanniter und der Deutsche Orden. Gerade die Bedeutung der monastischen Zentren für die Intensivierung der Landeskultur und den Prozeß der Akkulturation kann man gar nicht hoch genug einschätzen, denn auch in Böhmen, wie fünfhundert Jahre früher in Westeuropa, sorgten die Klöster durch ein allmählich unter ihrer Initiative entstehendes Kommunikationssystem auf allen Ebenen dafür, daß sich eine kohärente Gesellschaft bildete. Die jahrhundertelang isolierten Inseln des Zusammenlebens in einer frühmittelalterlichen Grundherrschaft stellten ja nur in einem sehr rudimentären Sinne „Gesellschaft" dar; Kommunikation und horizontale Mobilität vollzogen sich dabei oft nur in der rohen Form kriegerischer Züge. Erst die Kirche und speziell die monastischen Missionskirchen der großen Rodungsorden und deren Wirken für Erziehung, geistige Zusammenführung und intellektuelles Training der adligen und später der bürgerlich-patrizischen Oberschichten in der Klosterschule legten hier die Grundlagen einer mittelalterlichen Gesellschaft im Vollsinn des Wortes und schufen gleichzeitig ein politisches wie gesellschaftlich-geistiges Kommunikaktionssystem über Landesgrenzen hinaus, einen Verband, auf dem letzten Endes die eigentümliche „Internationalität" der mittelalterlichen Welt beruhte. Gesellschaftsbildend waren die Mönchsorden auch im materiellen Bereich, denn die Verbesserung der Agrarwirtschaft begann erst innerhalb der klösterlichen Grundherrschaften und wirkte sich als Trend zum rationalen Wirtschaften bald auf die gesamte Landeskultur aus. Mit Apotheke, Hospiz und Krankenhaus schuf das Kloster überhaupt erst Ansätze einer Sozialfürsorge im heutigen Sinne.

Sehr früh und intensiv wurde Mähren vom Landesausbau erfaßt. Bayerisch-österreichische Bauern besiedelten von Süden kommend das Thaya- und Marchtal, rückten bis Nordmähren und Schlesien vor und bildeten die fast geschlossenen deutschen Siedlungsinseln um Brünn und Wischau. Bischof Bruno von Olmütz (1245–1281), der wichtigste Politiker Ottokars II., und die Markgrafen von Mähren waren die zentralen Figuren der deutschen Besiedlung Mährens. Auch die waldreiche Böhmisch-Mährische Höhe wurde damals von der deutschen Besiedlung erfaßt, doch ging es dort nicht nur um die Anlage von Waldhufendörfern „aus wilder Wurzel" sondern vor allem um den Reichtum an Bodenschätzen. Auf diese Weise entstand seit dem 12. Jahrhundert die Iglauer Sprachinsel und mit ihr die königliche Bergstadt Iglau (1240), eine Gründung deutscher Bergleute, die schon nach 1250 die mächtigste Stadt neben Prag war und nach Freiberg in Sachsen die bedeutendste Silberfundstätte Europas. Das 1300/05 von König Wenzel II. gewährte, römische Rechtsvorstellungen weiterführende Iglauer Bergrecht wurde ein Muster für viele andere Gründungen dieser Art. Die Macht der böhmischen Herrscher beruhte zu einem nicht geringen Teil auf dem Reichtum ihrer Silbergruben; hier werden schon im Hochmittelalter einge Zusammenhänge zwischen Wirtschaftskraft und politischer Potenz sehr deutlich. Nach Südböhmen kamen aus dem Mühlviertel durch witigonische Initiative deutsche Siedler in den Raum Krumau, Gratzen und Prachatitz, ja es schien einige Zeit lang fast, als würde der erfolgreiche Herrschaftsaufbau der durch Kolonisation mächtig gewordenen Witigonen den böhmischen Staatsverband gefährden. In das relativ dicht bevölkerte Altsiedelland des „Böhmischen Kessels" mit der Prager Verkehrsspinne drang die deutsche Besiedlung nur am Rande ein, nämlich um Budweis und im Bereich der Böhmisch-Mährischen Höhe. Dagegen wurden die breiten, die böhmischen Grenzgebirge flankierenden Waldgürtel von der Besiedlung aus den angrenzenden deutschen Landschaften erfaßt. Bayerische Siedlungsformen prägten den Böhmerwald und das Egerland, mainfränkische das nordwestböhmische Niederland; Thüringen und Obersachsen schickte Bauern und Handwerker nach Nordböhmen in die reich gegliederten, landschaftlich so schönen Regionen zwischen Brüx, Tetschen, Leipa und Böhmisch-Kamnitz, während ins anschließende Ostböhmen vor allem Siedler aus Schlesien kamen. Doch wurden die einzelnen Regionen immer wieder auch durch andere Siedlerströme aufgefüllt und durchmischt. So bildeten sich auf kolonialem Boden die ostdeutschen Neustämme. Nur Süd- und Westböhmen gehörten fast ganz zur altstämmischen Sprachlandschaft Bayerns. Im waldreichen Nord- und Ostböhmen entstanden die planmäßig angelegten, stillen Waldhufendörfer. Sie waren das Ergebnis harter Rodungsarbeit und bezeugten schon durch ihre Entstehung, daß der slawische Landesbewohner dabei nicht gewaltsam verdrängt worden ist.

Von den Südhängen des Erzgebirges bis zum sonnigen Elbetal hinab und über das Lausitzer und Iser-Gebirge bis ins Riesengebirge und in die anschließenden Sudeten erfolgte die deutsche Besiedlung nicht als gewaltsamer Einbruch, sondern sie entwickelte sich fast unmerklich und friedlich. Daß es dennoch bald danach auf tschechischer Seite mißtrauische und kritische Stimmen gab, hing eher mit den politischen Folgen der deutschen Siedlung zusammen. Man erkannte, daß vor allem Přemysl Ottokar II. die deutschen Neusiedler auch als Waffe gegen die Herrschaftskonkurrenz des einheimischen Adels einsetzte. Abt Neplach von Opatowitz berichtet im 14. Jahrhundert rückblickend zum Jahre 1277 von Maßnahmen des Königs gegen den feindlich gesinnten Landesadel; er habe das vor allem durch Begünstigung der Deutschen getan. Die Hauptgegner des Herrschers waren nach dieser Quelle die südböhmischen Witigonen, die aber ihrerseits die deutsche Besiedlung in ihrem Herrschaftsbereich gefördert hatten. Mit anderen Worten: nationale Gesichtspunkte spielten in dieser Auseinandersetzung gewiß keine Rolle, die deutschen Siedler wurden von Königtum und Adel buchstäblich wie Bauern auf dem Schachbrett, nämlich als herrschaftssichernd, gegeneinander eingesetzt. Wenn Abt Neplach (1322–1368) etwa achtzig Jahre später diese Vorgänge unter nationalen, antideutschen Vorzeichen sah, dann mag dies für seine Epoche aufschlußreich sein, nicht aber für die Přemyslidenzeit und die Siedlungsperiode selbst.

Eine besondere Stellung besaß das Egerland. Als altes staufisches Reichsland war es bis 1266 reichsunmittelbar; die Přemysliden suchten aber seit Ottokar II. immer wieder die Hand auf dieses Gebiet zu legen, bis es 1314, allerdings wesentlich verkleinert, als Reichspfandschaft an Böhmen ging. Ludwig der Bayer hatte sich durch diese Übertragung die Stimme Johanns von Böhmen für seine Wahl zum deutschen König gesichert und überdies 20000 Mark dafür erhalten. Noch František Palacký äußerte sich deshalb 1845 als offizieller böhmischer Landeshistoriker gutachtlich dahingehend, daß das Egerland im engeren Sinne nicht zur Krone Böhmens gehöre. Aus dem alten, umfangreicheren Egerland, der heutigen Oberpfalz, gingen Siedler ins Tachauer Gebiet; dort werden seit 1251 deutsche Dörfer genannt. Die oberpfälzischen Reformklöster Kastl und Reichenbach am Regen wirkten durch die Verwandtschaftsbeziehungen ihrer Stifter auf die Neugründungen Kladrau und Vilémov und förderten damit die Kolonisation über die Grenze hinweg. Aus der Mark Meißen, die lange Zeit auch enge politisch-dynastische Beziehungen zu Böhmen hatte, kamen elbaufwärts Kolonisten nach Tetschen und Aussig, also in ein schon lange altslawisch besiedeltes und als Kleingau politisch organisiertes Gebiet. Vom Zittauer Raum wurde das Land östlich des Polzen bis Reichenberg und Friedland erschlossen, während fränkische Bauern über den Erzgebirgskamm kommend das Egertal erreichten. Vom Norden her, nämlich aus Schlesien, kultivierten Kolonisten den Hirschberger Kessel, das Waldenburger Bergland und das Braunauer Ländchen, die Grafschaft Glatz, Freiwaldau und das Gesenke um Bennisch und Römerstadt. Östlich des Sperriegels von Iser- und Riesengebirge kamen deutsche Siedler, von Ottokar II. gerufen, ins Trautenauer Land, und von der oberen Oder her wurde im nordöstlichen Mähren der Schönhengstgau, später eine berühmte „Musiklandschaft" Böhmens, kolonisatorisch erschlossen. Auch hier war Bischof Bruno von Olmütz der leitende Organisator.

Gleichzeitig und parallel hierzu entfaltete sich vom přemyslidischen Burgensystem und von den Adelssitzen aus der tschechische Landesausbau vom Landesinneren her gegen die Peripherie. Auch hier wurde eine Art Siedlerfreiheit als Anreiz gewährt, die „Lhota", die jedoch allmählich vom besseren „ius Theutonicum" verdrängt wurde. Viele Dörfer Böhmens und Mährens gingen zum deutschen Recht über, ein Vorgang, der für die Gesamtbevölkerung einen rechtlichen und sozialen Aufstieg mit sich brachte. Ähnlich wie im germanisch-romanischen Grenzraum treten schon seit dem Spätmittelalter sprachlicher Ausgleich und ethnische Assimiliation in Erscheinung; ältere tschechische Siedlungskammern wurden dabei allmählich germanisiert, etwa an der mittleren Eger und an der Elbe, während vorgeschobene deutsche Dörfer im innerböhmischen Bereich vom tschechischen Umland bald aufgesogen wurden. Ähnliches läßt sich übrigens auch bei den zahlreichen Städtegründungen des 13. und 14. Jahrhunderts feststellen, in denen durch den normalen sozialen Aufstieg innerhalb der Stadt überall dort der tschechische Volksteil die Oberhand gewann, wo kein deutschsprachiges Umland vorhanden war. Ausgleichsprozesse dieser Art fanden schon lange vor der Hussitenzeit statt, sie wurden durch diese Epoche dann nur verschärft und beschleunigt. Das bleibende Ergebnis der Kolonisationszeit – bleibend bis zum Jahre 1945 – war die Zweisprachigkeit der Böhmischen Länder und damit auch die enge bevölkerungsstrukturelle Verflechtung mit dem Reich, die von nun ab nicht mehr nur dynastisch-politischen, sondern auch sprachlich-ethnischen Charakter trug. So hatte ein genereller Vorgang, den man nicht ganz zu Unrecht auch als „Vergetreidung Europas" bezeichnete und der durch agrartechnische Neuerungen eine Ertragssteigerung von 100–150 % mit sich brachte, für Böhmen wie für Ostmitteleuropa noch ganz spezifische Folgen. Sie können mit dem Begriff der deutsch-slawischen Wechselseitigkeit umschrieben werden – von nun ab ein neues, großes und spannungsreiches, oft dramatisches Thema der böhmischen Geschichte.

Der zweite gesellschaftsverändernde Trend der europäischen, wie der böhmischen Kulturentwicklung war die Entfaltung des Städtewesens, ein Vorgang, der eng und teilweise ursächlich mit dem Landesausbau verbunden war und die gewaltige Steigerung der Agrarproduktion zur Voraussetzung hatte. Auch die mittelalterliche Stadt und ihre zivilisatorische Bedeutung für Böhmen ist seit langem ein neuralgischer Punkt im geschichtswissenschaftlichen Dialog zwischen Tschechen und Deutschen. Faßt man die Kernpunkte dieser Diskussion zusammen, so läuft sie darauf hinaus, daß von deutscher Seite das böhmische Städtewesen, sieht man vom frühen Herrschaftszentrum Prag und von der hussitischen Gründung Tabor ab, hauptsächlich als Ergebnis deutschen Einflusses betrachtet wurde. Zweifellos vermittelt die kartographische Darstellung der verschiedenen Einflußbereiche etwa des Magdeburger, Nürnberger und Wiener Stadtrechts in den Böhmischen Ländern ein suggestives Bild intensiver deutscher Prägung. Hinzu kommt die Tatsache, daß in den Städten bis zur Hussitenzeit ein deutsches Bürgertum und Patriziat von ausschlaggebender Bedeutung gewesen ist, und zwar sowohl ökonomisch wie auch gesellschaftlich-politisch. Gegen eine Überbewertung des deutschen Städtewesens ist von tschechischer Seite ins Feld geführt worden, daß man bislang das Gewicht der alten militärisch-politischen Zentren, besonders der přemyslidischen Burgen als Verwaltungsmittelpunkte und Kristallisationskerne frühstädtischen Lebens unterschätzt habe. Ebenso verweist man mit Recht auf die bereits sehr differenzierte Sozialstruktur zentraler Orte in der Epoche vor der deutschen Kolonisation. Seit man in der allgemeinen europäischen Stadtgeschichtsforschung die Bedeutung von Burgen und ministerialischen Verwaltungszentren für die Entwicklung des Städtewesens erkannt hat und diese herrschaftlichen Strukturen stärker als bisher neben den dynamischen Faktor des Fernhändler- und frühen Unternehmertums in Rechnung stellt, sieht man auch die böhmisch-mährische Stadtentwicklung differenzierter. Das quasi offizielle Kriterium für den städtischen Charakter einer Siedlung ist nicht mehr die Stadtrechtsverleihung durch den Landesherrn oder Dynasten, diese bildet nur den Endpunkt einer langgestreckten kontinuierlichen Entwicklung. Vielmehr ist es eine Vielzahl von Elementen, welche die Entwicklung einer präurbanen Siedlung zur Stadt bewirkt; das Stadtrecht erscheint nur noch als ein konstitutives Moment unter anderen Faktoren. Es schreibt gleichsam einen erreichten Entwicklungsstand fest. Hierzu kommt eine weitere Erkenntnis, die wir der intensiven Forschung über die Formen der Kontinuität zwischen Antike und Mittelalter verdanken, die Erkenntnis nämlich, daß der erfolgreichen Übernahme und Anverwandlung einer neuen, höheren Kulturstufe erst eine gesellschaftsstrukturelle Annäherung und Angleichung der Partner vorausgegangen sein muß. Einsichten dieser Art sind auch für die Böhmischen Länder wertvoll, weil sie ein altes Hindernis der Verständigung aus dem Wege räumen helfen, die ältere Auffassung nämlich, daß eine vollentwickelte deutsche Stadtkultur mit frühbürgerlichen Lebensformen eine primitivere, streng feudalistisch organisierte, agrarische und „unfreie" Zivilisation gleichsam mit einem Ruck abgelöst habe, daß der Unterschied zwischen Deutschen und Tschechen also weitgehend zusammenfalle mit dem Status einer siegreichen fortschrittlichen, quasi „liberalen" Stadtkultur gegenüber einer unterlegenen älteren und „reaktionären" feudal-archaischen Sozialordnung. Die politisch verschärfte Antithetik: hier deutsche Stadt und deutsche Freiheit und dort slawische Agrargesellschaft und slawische Unfreiheit ist aber eine gefährliche Simplifikation.

Näher an der geschichtlichen Wirklichkeit ist die heute von Tschechen wie Deutschen vertretene Auffassung, daß es im Zuge der allgemeineuropäischen Akkulturation, d.h. der Intensivierung aller Lebensbereiche und der Verdichtung der Siedlungsräume durch Landesausbau und technisch-organisatorische Innovationen, auch in den Böhmischen Ländern eine bodenständige Entwicklung zum Städtewesen hin gegeben hat, einen Trend, der dann durch die bereits fortgeschritteneren Formen des westlichen, sprich deutschen Einflusses verstärkt, modifiziert und in seiner späteren historischen Gestalt verwirklicht worden ist.

Betrachtet man unter solchen Aspekten die böhmische Stadtentwicklung im europäischen Rahmen, dann ergibt sich etwa folgendes Bild: Ähnlich wie in Westeuropa die mittelalterliche Stadt zwar oft an eine spätantike civitas oder an einen Bischofssitz anknüpfte – wobei aber vielfach eine Verlagerung der Siedlungsschwerpunkte eintrat, weil die neue, mittelalterliche Stadt sich an ein Kloster am alten Stadtrand oder an ein neues politisches Herrschaftszentrum, etwa eine Herrenburg anschloß – zeigt auch die Topographie der böhmischen und mährischen Städte meist eine deutliche Verlagerung gegenüber dem alten Herrschaftsmittelpunkt. Das war in der Regel eine přemyslidische oder adlige Burg oder ein vom König gegründetes und privilegiertes Kloster. Schon in dem frühesten städtischen Privileg Böhmens, der Urkunde von 1223 für Mährisch-Neustadt, zeigt sich sehr klar ein topographisch-ethnischer Dualismus der Siedlung: den deutschen Neusiedlern wird das Magdeburger Recht nach dem Vorbild der Bürger von Freudenthal gewährt, und bald danach, 1234, erfahren wir auch den Namen der alten tschechischen vorstädtischen Siedlung, nämlich Uničov; 1258 heißt der Ort „Nova civitas, Uniczow alio nomine nuncupata" – Neustadt, mit anderem Namen Uniczow. Beide Siedlungskerne, der tschechische wie der deutsche, sind also im Ortsnamen festgehalten, und zwar als Bezeichnung für eine nunmehr zusammengeschlossene Stadt. Seit dem 13. Jahrhundert findet sich immer häufiger das deutsche Marktrecht (ius forense) als Indiz für den starken deutschen Zuzug in neue oder erweiterte nichtagrarische Zentren. Die aus dem deutschen Bereich kommende städtische Rechts- und Eigentumsordnung wurde übrigens auch von den böhmischen Zeitgenossen als Fortschritt empfunden, denn eine chronikalische Nachricht zu 1272 besagt, daß damals Přemysl Ottokar II. mit seinen Beratern das Magdeburger Recht sammelte und auswählte, „was zur Schaffung einer besseren Rechtsordnung im Königreich vorteilhaft sein könne".

Auch in Brünn sind vor der Stadterhebung tschechische und deutsche Siedlung topographisch getrennt, außerdem ist eine Wallonensiedlung bezeugt. Das Privileg von 1241 sicherte der Stadt das Wiener Stadtrecht; die Brünner Stadtordnung wurde dann ein Vorbild für Böhmen und Mähren. Znaim war ebenfalls vor der Stadtwerdung eine ethnisch differenzierte Siedlung, die zudem eine ungarische Kolonie (vicus Ungarorum) besaß; wie Brünn lehnte sie sich an eine Herrscherburg an. Die in einer Urkunde von 1234 in Znaim erwähnten „urbani" waren daher wohl keine Bürger im herkömmlichen Sinne, sondern přemyslidische Dienstleute, Ministerialen – Dienstmannen also, mit überwiegend tschechischen Namen. Die Stadtrechtsverleihung als abschließender konstitutiver Akt bezog sich übrigens nicht nur auf die Rechts- und Verwaltungsform des privilegierten Gemeinwesens, sondern deutet zumeist auch auf einen topographischen Strukturwandel hin. Oft kommt es dabei zu Stadterweiterungen wie in Prag, Olmütz, Znaim, Königgrätz und Brünn. Von der Bedeutung der Bergbaustädte Iglau und Kuttenberg war schon in anderem Zusammenhang die Rede.

Mit der Erwähnung Prags, als dem komplexesten Fall einer Stadtentwicklung in den Böhmischen Ländern, wenden wir uns den sehr verschiedenartigen Wegen und Möglichkeiten zu, die zur mittelalterlichen Stadt im Vollsinne führen konnten. Hier steht an erster Stelle der kontinuierliche Aufstieg alter Herrschaftszentren zu städtischen Gemeinwesen, die dem böhmischen Herzog und König nicht nur als Stützpunkte der Verwaltung dienten, sondern durch die regelmäßigen Abgaben aus Handels- und Gewerbetätigkeit seit dem 12. Jahrhundert auch rasch steigende Einnahmen brachten. In besonderem Maße gilt dies für die drei Prager Städte, die um 1300 ein Areal von etwa 140 ha umfaßten; die wichtige Altstadt allein bedeckte 80 ha. Das durch seinen Silberbergbau bedeutende Kuttenberg (Kutná Hora) umschloß immerhin ein Areal von 71 ha, alle anderen Städte, auch Brünn, Olmütz und Pilsen, waren wesentlich kleiner. Prag bildete nicht nur den Herrschaftsmittelpunkt inmitten der „böhmischen Verkehrsspinne", sondern durch die Bistumsgründung, seine zahlreichen Kirchen und Klöster sowie durch den Wenzelskult auch das religiöse Zentrum. Schon die Adalbertsvita des Johannes Canaparius spricht von der „sancta civitas Praga"; Papst Gregor VII. bezeichnete 1074 die Prager Burg als „prepositura et castrum s. Wenzlai" – Propstei und Burg des heiligen Wenzel –, womit der Doppelcharakter als Festung und Kultmittelpunkt sehr präzise erfaßt ist, und der Chronist Cosmas nennt nach 1100 die Fürsten- und Bischofsstadt die Herrin „ganz Böhmens": „totius Bohemiae domina". Die Bedeutung Prags als Handelszentrum ist ja, wie schon erwähnt, durch den Bericht des Ibrāhīm Ibn Ja'kub für das 10. Jahrhundert gesichert.

Im 11. Jahrhundert folgen dann auch die Residenzen des mährischen Nebenlandes Olmütz, Brünn und wohl auch Znaim. Die städtische Entwicklung in Mähren scheint generell rascher vorangeschritten zu sein als in Böhmen, sieht man von der Metropole an der Moldau ab. Vor 1253, dem Herrschaftsantritt Přemysl Ottokars II., haben außer Prag folgende Siedlungen bereits städtischen Charakter: Kladrau, Saaz, Aussig, Leitmeritz, Königgrätz, Jamnitz, Znaim, Brünn, Göding, Olmütz, Gewitsch, Mährisch-Neustadt, Bennisch, Freudenthal und Troppau. Eger und Königsberg an der Eger gehörten damals und noch lange Zeit nicht zu Böhmen, müssen also außer acht bleiben. Eine zeitgenössische Quelle über den Aufstand des jugendlichen Ottokar gegen seinen Vater König Wenzel I. berichtet im Jahre 1249 über diesen Herrscher, er habe die Stadt Prag und andere Marktorte ummauern lassen. Bei der Schilderung der turbulenten Ereignisse unterscheidet der Chronist genau zwischen der Stadt Prag (civitas) und der Prager Burg (castrum, urbs). Prag war somit damals topographisch und verwaltungsmäßig-sozialstrukturell nicht mehr ein bloßer Annex der Herrscherburg, sondern eine selbständige Einheit – eben eine „civitas", ein Ausdruck, den derselbe Autor nur noch für Saaz und für das auch kirchlich bedeutsame Leitmeritz verwendet. Daß wir es in Prag mit einem politisch wie militärisch potenten Bürgertum und Patriziat zu tun haben, beweist auch die Tatsache, daß sich in der Prager Altstadt ähnliche Geschlechtertürme und Wohnburgen befanden, wie wir sie aus den mächtigen Stadtstaaten Italiens und aus der Handelsmetropole Regensburg kennen.

Aus naheliegenden, nationalen Gründen war in der Forschung die Rolle des Deutschtums in Prag, seine Herkunft und sein zahlenmäßiges und politisches Gewicht stark umstritten, doch scheint sich heute ein weitgehender Konsens der Meinungen anzubahnen. Ausgangspunkt der Kontroverse ist der sogenannte Freiheitsbrief Herzog Sobieslaws II. von 1176/78 für die Deutschen im Prager Suburbium, der Altstadt, eine Urkunde, die uns nur in zwei Abschriften des 15. Jahrhunderts überliefert ist und die daher in einzelnen Passagen hinsichtlich ihrer Echtheit angezweifelt wurde. Es handelt sich im wesentlichen um die Regelung der Rechtsstellung der Deutschen, aber auch der Juden und Romanen gegenüber den tschechischen Untertanen des Herzogs. Man hat dieses Privileg daher als „Kollisionsnorm" zwischen verschiedenen Rechtssystemen bezeichnet, die sich auf verschiedene Prager Bevölkerungsgruppen bezog. Entsprechend der Personalität mittelalterlichen Rechts handelt es sich um ein ethnisches Gruppenrecht und um einen Sonderstatus speziell für die Deutschen. Wichtig sind vor allem diejenigen Bestimmungen, in denen der Herzog den „Theutonici" ihre bisherigen Gewohnheiten garantiert und festschreibt, nämlich ihr Gesetz und Recht seit der Zeit König Wratislaws, besonders das Recht der Pfarrerwahl, das Zugeständnis des eigenen deutschen Richters und die Genehmigung, weitere Deutsche aus anderen Ländern aufnehmen zu dürfen. Bußgeldzahlungen sollen in Regensburger Münze erfolgen, ein Hinweis auf die engen Beziehungen zur bayerischen Metropole, aus der wohl viele Prager Kaufleute stammten. Zur Heerfahrt außerhalb Böhmens waren die Bürger nicht verpflichtet, doch sollten die Deutschen, wenn sich der Herzog auf einem Kriegszuge außerhalb Böhmens befand, mit zwölf Schilden jedes Prager Tor bewachen, ein Zeichen dafür, daß wir es bereits mit einer gemeindlichen Organisation zu tun haben, die Verteidigungsaufgaben erfüllte. Weitere Bestimmungen des Privilegs lassen erkennen, daß die Deutschen Haus und Besitz zu freiem Eigen besaßen und ungeschmälert vererben konnten. Der berühmte Satz in Artikel 13: „Wißt, daß die Deutschen freie Leute sind!", bedeutet in erster Linie, daß diese Bevölkerungsgruppe nicht der generellen Jurisdiktion des Fürsten unterstand wie die übrigen Landesbewohner, sondern ein Sonderrecht genoß, wie es auch anderswo in Europa Fernkaufleuten und Unternehmern gewährt worden ist. Bei Tötungsdelikten war allerdings der Fürst Gerichtsherr, ebenso wenn ein Deutscher Diebstahl verübte.

Aus der deutschen Kaufmannsgemeinde entwickelte sich allmählich die Prager Altstadt, die dann unter König Wenzel I. zwischen 1235/40, dank der Initiative des damaligen Prager Münzmeisters Eberhard aus der Familie der Welfl, als Stadt im vollen Rechtssinne sich konstituieren konnte. Etwa achtzig Jahre lang finden sich im Altstädter Rat nur deutsche Namen, ab 1326 treten tschechische Namen hinzu. Mit dem zunehmenden politischen Gewicht der Handwerker und ihrer Innungen im 14. Jahrhundert verstärkt sich der tschechische Anteil. Allerdings wird man sich davor hüten müssen, aus den Ratslisten und den Stadtbüchern zuverlässige Daten über das Zahlenverhältnis zwischen Deutschen und Tschechen insgesamt gewinnen zu wollen, da im allgemeinen nur die obere und mittlere Schicht der Bürger in den schriftlichen Quellen faßbar ist, weil sie allein steuerpflichtig war, nicht jedoch die breiten Unterschichten, bei denen sicher der tschechische Volksteil überwog.

Unter Přemysl Ottokar II. entstand dann auf dem linken Moldauufer durch Erweiterung der alten Vorburg eine neue Stadt, nämlich die Kleinseite: „Minor civitas Pragensis sub castro Pragensi“. Auch im Rate dieser Siedlung gibt es anfangs nur deutsche Namen. Da aber sehr bald tschechische Namen auftauchen, ist es fraglich, ob wirklich 1257 Ottokar bei der Neuanlage die tschechische Bevölkerung aus dem Suburbium am Fuße des Hradschin vertrieben und dafür Fremde angesiedelt hat. Schon vor der Mitte des 14. Jahrhunderts besitzen aber die Tschechen im Kleinseitner Rat die Mehrheit. Bemerkenswert ist, daß im Unterschied zur Altstadt, die dem Nürnberger Recht folgte, diese Neugründung von Anfang an mit Magdeburger Recht ausgestattet war. Die dritte Prager Stadt, die „Neustadt“, entstand erst 1343 als eine ausgesprochene Reißbrettschöpfung Karls IV., der Hradschin schließlich 1350 als untertänige Stadt des Burggrafen und damit als rechtlich gesonderter Herrschaftsbezirk des Königs; dort herrschte fast ausschließlich das tschechische Bevölkerungselement. Königliche Burgen an Handelsstraßen bildeten auch den Kern städtischer Siedlungen in Leitmeritz, Königgrätz, Saaz (1265), Brüx (1253) und Altpilsen, wo 1266 bereits drei Kirchen bezeugt sind; ferner in Kouřim, das schon vor 1261 nach Magdeburger Recht lebte. In Mähren gehörte zu diesem Typus der städtisch erweiterten Burgsiedlung Troppau (1224). Troppau und Brünn waren auch die ersten Orte mit Jahrmarktprivilegien (1243, 1247) und Maut- und Zollbefreiung. Ein weiterer Stadttyp, der sich vornehmlich in Mähren findet, war die Handwerker- und Händlersiedlung, die mit Hilfe des Herrschers oder Grundherren Privilegien erlangte und auf diese Weise ebenfalls viele Deutsche anzog. Das bereits erwähnte Mährisch-Neustadt gehört dazu, dessen Stadtrecht nach Magdeburger Muster seinerseits Vorbild für die Städte Jamnitz (1227), Göding (1228) und Gewitsch (1258) geworden ist. Eine Sonderform ist die privilegierte Bergstadt, die zur Silberförderung gegründet und mit besonderen Rechten ausgestattet wurde, um für Spezialisten im Bergbau attraktiv zu sein. Mies, das auf tschechisch Stříbro (Silber) heißt, entstand für sächsische Bergleute um 1200, Iglau folgte zwischen 1240 und 1243, bald danach auch Deutsch-Brod und nach 1275 die reichste Silberbergbaustadt der böhmischen Krone, nämlich Kuttenberg (Kutná

Hora). Man kann geradezu von einem „Silberfieber" des 13. Jahrhunderts sprechen, denn Klöster wie Stadtbürger ließen sich vom König oft im vorhinein Eigentumsrechte an Ländereien übertragen, unter denen man Silberadern vermutete. Das gilt etwa für das Kloster Saar oder für die Troppauer Bürger, die an den Bennischer Silbergruben beteiligt waren und ebenso für die Brünner Bürger, die Silberbergbau auf dem Gebiet des Klosters Dubravnik betrieben. Auf der Grundlage des Iglauer Bergrechtes kam es unter König Wenzel II. zu einer Kodifikation des Bergrechts (Jus regale montanorum) für das neue Bergbauzentrum Kuttenberg, als dessen Verfasser man den italienischen Rechtsgelehrten Goccius von Orvieto vermutet.

Mit dem stark bürgerlichen Anteil an der Silberproduktion war auch die große Rolle vorwiegend deutscher Bürger im königlichen Münzwesen gegeben. So hängt das erstmals in Brünn nachweisbare Bürgertum eng mit der dortigen Münzgenossenschaft zusammen; 1237 wird als königlicher Münzer ein Brumo genannt. König Přemysl Ottokar II. gedenkt 1265 der großen Dienste, die ihm und schon seinem Vater der Münzmeister Eberhard bei Einrichtung und Aufbau der meist von Deutschen bewohnten Gallusstadt in Prag erwiesen hatte. In Pisek erhielt der Bürger Heinrich das Recht, Münzen zu schlagen; in Kaaden bekam es Merklin „der Reiche", als Entschädigung für Schulden, die Wenzel II. bei ihm hatte, ein Zeichen für die wachsende politische Rolle des (bürgerlichen!) Geldes. Prager Bürgern wird das Silberprobieramt und die staatliche Einnahme aus dem Goldbergregal verpfändet. Vielleicht war es diese zunehmende Abhängigkeit vom deutschen Patriziat, die Wenzel II. 1300 dazu brachte, eine generelle Münzreform von Florentiner Kaufleuten durchführen zu lassen. Als Kuriosum sei erwähnt, daß einer der Florentiner Finanzspezialisten ein Verwandter Dante Alighieris, des größten Dichters Italiens gewesen ist. Geld und Geist sind offenbar nicht so weit voneinander entfernt, wie manchmal behauptet wird. Die toskanischen Bankiers organisierten jedenfalls die Prägung der neuen und dauerhaften Einheitswährung Böhmens, die in ganz Europa ein angesehenes Zahlungsmittel werden sollte, nämlich des „Prager Groschens".

Auch die Blüte des Bergwesens war Teil der deutschen Kolonisation, denn die böhmischen Herrscher holten aus dem Reich Fachleute aus Sachsen, dem Harz und Tirol zu günstigen Arbeitsbedingungen ins Land und damit fortgeschrittene Arbeitstechniken; der deutsche Ursprung vieler bergmännischer Ausdrücke in der tschechischen Sprache legt davon noch heute Zeugnis ab. Daneben spielten aber auch wallonische und italienische Bergbauspezialisten eine wichtige Rolle. Iglau war im 13. Jahrhundert, wie schon erwähnt, zweifellos die wichtigste Bergstadt.

Die Sonderrechte für die herbeigerufenen Bergleute bildeten daher auch die Grundlage für die frühe Ausbildung des Iglauer Stadtrechts im Privileg von 1249, dem frühesten Stadtrecht im přemyslidischen Herrschaftsbereich. Die Urteile der Iglauer Geschworenen und Bergleute wurden als Muster von den übrigen Bergstädten Böhmens und Mährens, aber auch von den meisten ober- und niederungarischen Bergstädten sowie von dem obersächsischen Montanzentrum Freiberg übernommen. Seit dem Ende des 13. Jahrhunderts lief Kuttenberg in der Silberproduktion Iglau den Rang ab. Wenn König Albrecht von Wenzel II. den Zehent aus den Kuttenberger Gruben oder 80000 Mark Silber fordern konnte, dann zeigt dies die ungewöhnliche Produktionskraft Kuttenbergs. Die technischen Innovationen im Bergbau wurden aber auch anderweitig nutzbar gemacht, denn Iglauer und Kuttenberger Bergleute galten als Spezialisten für den Bau von Belagerungsmaschinen.

Die stärkste städtische Gründungswelle ist mit Přemysl Ottokar II. verknüpft; unter ihm entstand ein auch politisch wirksames Verbundsystem königlicher und vom König privilegierter und geförderter Städte. Die Planmäßigkeit dieses Vorganges erhellt auch daraus, daß man dabei ältere Siedlungen an strategisch günstigere Orte verlegte, wobei das städtische Recht in die neue Siedlung mitwanderte beziehungsweise bei dieser Gelegenheit verbessert und erweitert wurde. Dies gilt etwa für Kolín, Hohenmauth, Pisek, Pilsen, Chrudim, Bydschow, Beraun, Littau und Ungarisch-Hradisch. Für die Kontinuität zwischen alttschechischer Siedlung und hochmittelalterlicher Stadt spricht es übrigens, daß wir nur wenige Stadtgründungen „aus wilder Wurzel" haben. Zu diesen gehören Politschka, Nymburk und Budweis, letzteres eine strategische Gründung der Přemysliden inmitten geschlossenen witigonischen Adelsbesitzes. Zahlreich sind dagegen jene Städte, die uns seit der zweiten Hälfte des 13. Jahrhunderts in Privilegien genannt werden, die aber schon wesentlich früher und zumeist als tschechische Siedlungen entstanden sind: Taus, Tachau, Kaaden, Aussig, Laun, Tetschen, Braunau, Glatz, Klattau, Melnik, Beraun, Tschaslau, Böhmisch-Brod, Josefstadt, Leitomischl, Moldauthein, Jägerndorf, Lundenburg, Přelouč und Kremsier. Da der König städtisches Leben, Handel und Gewerbe durch Judenprivilegien, Bannmeilenrechte, Stapelrechte und Straßenzwang direkt und indirekt förderte, standen auch fast alle Städte des Landes in unmittelbarer Beziehung zum Herrscher, dessen Beamte die königlichen Interessen innerhalb der städtischen Bannmeile wahrnahmen. Auch der Stadtrichter war als Schultheiß Bevollmächtigter des Königs im Stadtgericht; die bürgerliche Autonomie hielt sich also in engen Grenzen.

Dies war ein wesentlicher Unterschied zu den Reichsstädten, in denen die Emanzipation von der Obrigkeit und die Ausbildung genossenschaftlicher Formen des politischen Lebens viel stärker ausgeprägt war. Immerhin findet sich seit den vierziger Jahren des 13. Jahrhunderts in den böhmisch-mährischen Städten der Rat als Hauptorgan der Selbstverwaltung, er wurde jährlich von der städtischen steuerpflichtigen Oberschicht, den „cives maiores" oder „potentiores" gewählt; der König behielt aber ein Bestätigungsrecht. Seit 1281 tauchen in den Quellen für Znaim, Leitmeritz und für das staufische Eger Bürgermeister auf. Den höchsten Grad städtischer Autonomie erreichten aus naheliegenden Gründen die königlichen Bergstädte, allen voran Iglau, dessen Stadtrecht alle gesetzgebende Gewalt den besitzenden Bürgern zuschrieb. Die Schöffensprüche des Iglauer Oberhofes wurden deshalb beispielhaft für viele andere Städte. Für Mähren gilt vielfach auch das Leobschützer Recht von 1270 als Muster der eigenen städtischen Ordnungen. Mochte es daher auch für die Städte der Böhmischen Länder eine breite Skala von rechtlicher Stellung und politisch-herrschaftlicher Organisation geben, die sich zwischen den beiden Polen Königsschutz und Bürgerfreiheit in den verschiedensten Ausformungen verwirklichte, so kann doch kein Zweifel darüber bestehen, daß mit dem voll entfalteten städtischen Leben ein neuer und entscheidender Faktor, gleichsam eine „dritte Kraft" zwischen Herrschern und Beherrschten sich etablierte und künftighin den historischen Prozeß maßgeblich mitgestaltete. Mit dem urbanen Leben gewann aber auch die allgemeine Kulturentwicklung eine qualitativ neue Dimension, der wir uns nun zuwenden wollen.

2. *Kirche und Mönchtum*

Kirche und geistige Kultur waren im 12. und 13. Jahrhundert noch in vielen zentralen Bereichen identisch, mochten auch mit der Entfaltung des höfischen Lebens und der städtischen Zivilisation erstmalig Knospen und Blüten einer verfeinerten Laienkultur sichtbar werden. Das wachsende Selbstbewußtsein des Klerus, wie es sich im „Großen Privileg" von 1222 für die böhmische Kirche auch organisatorisch dokumentierte, und vor allem der monastische Frühling der hochmittelalterlichen Reformorden, bis hin zu den stadtbezogenen Bettelorden des 13. Jahrhunderts, wirkte sich in einer zweiten, vertiefenden Welle der Christianisierung des Volkes aus. Erst jetzt kann man von einer vollentfalteten christlichen Volkskultur sprechen. Es war daher nur folgerichtig, daß sich seit dem 13. Jahrhundert neue Formen der Frömmigkeit und des Religions- und Bibelverständnisses entwickelten. Breite religiöse Massenbewegungen und, damit verknüpft, ein begleitender Strom häretischer Lebens- und Glaubensformen waren die Folge der „Tiefenchristianisierung" des Hochmittelalters. Inquisitionsprotokolle aus dem ersten Drittel des 14. Jahrhunderts zeigen Böhmen – hundert Jahre vor Jan Hus am Ende der Přemyslidenzeit – in voller geistiger Gärung. Auflehnung gegen den Terror der Inquisition, vor allem seitens der reichen Stadtbürger, die meist die begehrten und lukrativsten, potentiellen Opfer bildeten, war an der Tagesordnung. Zumeist handelte es sich um waldensische Gruppen, deren Widerstand gegen die offizielle Kirche keineswegs Folge einer Pauperisierung war, sondern viel eher wachsendem bürgerlichen Selbstbewußtsein durch wirtschaftlichen Erfolg entsprang. Die Ketzerei kam also nicht aus dem Milieu sozialer Randgruppen, sondern keimte innerhalb des aktiven frühbürgerlichen Kerns der böhmischen Gesellschaft, wie der damaligen europäischen Gesellschaft insgesamt. Das Verbund- und Kommunikationssystem der religiösen Massenbewegungen, innerhalb dessen die Ketzer ja nur ein von der offiziellen Kirche kriminalisiertes Segment bildeten, war weitreichend und so „international" wie die Kirche selbst. Für die Böhmischen Länder hatten besonders die Verbindungen nach Österreich Bedeutung. Ebenso gibt es schon sehr früh Beziehungen zu Beginen und Begarden und damit zu den Anfängen einer frühen emanzipatorischen Frauenbewegung unterhalb und am Rande der Amts- und Herrschaftskirche. Es ist daher nur scheinbar überraschend, daß sich die Ketzerei in Böhmen zu Beginn des 14. Jahrhunderts vor allem unter der gesellschaftlich am weitesten fortgeschrittenen Gruppe findet, nämlich beim deutschen Bürgertum. Erst im weiteren Verlauf des Jahrhunderts zog der tschechische Bevölkerungsteil bewußtseinsmäßig nach, womit die gesamte sozial-religiöse Bewegung in den „Hussitismus" einzumünden begann. Gegenüber der traditionellen Überbewertung des Einflusses von John Wiklif auf Jan Hus wird man daher die bodenständigen gesellschaftlichen und religionsgeschichtlichen Voraussetzungen der mit Jan Hus verbundenen Revolution mehr als bisher in Rechnung stellen müssen.

Damit ergibt sich aber von selbst die Notwendigkeit, den geistigen Anteil der Kirche am Akkulturationsprozeß stärker ins Licht zu rücken, denn schließlich war die Kirchenorganisation und der lebendige Verbund der Ordensgründungen untereinander das vitalste und wichtigste Kommunikationssystem, durch welches Böhmen mit der gesamteuropäischen Entwicklung verknüpft wurde und seinerseits wieder auf sie zurückwirkte. Dabei spielten die Klostergründungen über die Landesgrenzen hinweg eine große Rolle. Dies gilt bereits für die Klöster des Benediktinerordens, wie an der Geschichte und den alten Westbeziehungen von Břevnov ersichtlich, bei denen diejenigen zu Bayern im Vordergrund standen. Břevnov zeigt aber auch, wie wichtig Schutz und Förderung durch das Herrscherhaus waren, und oft verbirgt sich hinter Vorgängen, die man generell als Reform registriert, vor allem auch eine Ausweitung des Einflußbereiches der přemyslidischen Klöster. Am klarsten ist dies bei der Übernahme des ursprünglich ostkirchlich-slawischen Klosters Sazawa durch den 1097 eingesetzten Abt Diethard von Břevnov; es waren sicher auch politische Gründe, welche die Přemysliden veranlaßten, auch Sazawa dem westlichen, katholischen Ritus zu unterwerfen. Přemyslidische Gründungen aus dem Geiste der Břevnover Reform sind auch Trebitsch (1101) und Kladrau (um 1108) sowie das 1164 von der Königin Judith gestiftete Benediktinerkloster Teplitz. Eine Adelsgründung nach dem Vorbilde von Břevnov und Sazawa war hingegen Postelberg (um 1120). Obwohl die Benediktinerklöster nach ihrer ursprünglichen Bestimmung jeweils in sich geschlossene monastische Einheiten darstellten, läßt sich an der wachsenden Vorrangstellung von Břevnov doch erkennen, daß sich auch unter den Benediktinern ein überregionaler Verbund unter dem Schutze des Herrscherhauses auszubilden begann. Bezeichnend ist hierfür eine Fälschung des 13. Jahrhunderts, wonach angeblich Papst Johannes XV. schon 993 dem Abt von Břevnov den ersten Rang nach dem Prager Bischof und zugleich den „Primat" unter den böhmischen Bischöfen zugestanden hatte. Man kann für das 12. Jahrhundert fast schon von einer „Kongregation" der Benediktinerklöster in den Böhmischen Ländern sprechen. Klosterreform und přemyslidische Oberaufsicht sind gleichsam die religiöse und weltlich-politische Seite dieser Erscheinung, die sich dann in verstärktem Maße – und im wesentlichen von der monastischen Entfaltung im Reich beeinflußt – bei den neuen Reformorden der Prämonstratenser und Zisterzienser ausbildete. Dies geschah allerdings in Böhmen, wie überall in Europa, in Konkurrenz mit den alten Benediktinerkonventen, die vielfach durch Klöster der neuen Orden ersetzt wurden, ein Vorgang, der nur sehr oberflächlich mit dem Begriff der Klosterreform abzudecken ist, sondern eher auf ein oft schwieriges Neben- und Gegeneinander verschiedenartiger monastischer Ideale hinauslief.

Die Prämonstratenser kamen um 1142 aus Steinfeld in der Eifel nach Strahov, wo dank der großzügigen Stiftungen Waldislaws II. und seiner österreichischen Gemahlin Gertrud eine der größten Klosteranlagen Mitteleuropas entstand. Ebenso besiedelte dieser neue Reformorden 1148 Seelau und beteiligte sich über Strahov auch an den mährischen Klostergründungen Kanitz bei Brünn und Klosterbruck bei Znaim. Prämonstratenserkonvente entstanden von Strahov aus in Doxan und Leitomischl, ferner in Mühlhausen, Tepl und Chotieschau. Von Dunwald bei Köln wurde Launiowitz als Kloster für Prämonstratenserinnen ins Leben gerufen. Die verwandtschaftlichen Verbindungen zwischen Přemysliden und Diepoldingern waren maßgeblich für die Entstehung des ersten Zisterzienserinnenklosters in Böhmen, Sedletz (1142/43), das als Filiation der Diepoldingergründung Waldsassen aufblühte. Das gleiche gilt für die Zisterze Ossegg (1149). Der Rodungsorden der Zisterzienser, der für die gesamte ostmitteleuropäische Landeserschließung so wichtig geworden ist, schuf sich auch in den Böhmischen Ländern zahlreiche Zentren für seine Arbeit. Nach der ersten Gründung Sedletz entstanden 1144 von Langheim aus die Zisterze Plaß nördlich von Pilsen und von Ebrach aus Nepomuk südlich Pilsen. Plaß wiederum rief die Tochterklöster Welehrad und Münchengrätz ins Leben; von letzterem ging 1149 die Stiftung von Heiligenfeld bei Třebechowitz aus. In Prag errichteten die Deutschherren, die Johanniter und die Kreuzherren mit dem roten Stern ihre Häuser; ebenso ließen sich die Kreuzherren in Kaaden und Mnetin nieder. In der zweiten Hälfte des 13. Jahrhunderts erlebten die Böhmischen Länder eine neue Blüte klösterlicher Gründungen nach dem Vorbilde von Cîteaux. Dieses burgundische Ur- und Hauptkloster des strengen Zisterzienserordens wurde 1098 in einer Einöde gegründet und entfaltete sich im Laufe des 12. und 13. Jahrhunderts zu einer machtvollen, das ganze christliche Europa umspannenden Organisation. Die ragende Figur war im 12. Jahrhundert Bernhard von Clairvaux, die „Chimäre" seiner Zeit. Für Ostdeutschland und Ostmitteleuropa wurde der Orden vor allem als Träger und Organisator von Rodung und Landesausbau bedeutsam, aber auch seine engen Verbindungen mit Dynastien brachten ihm großes Ansehen und politischen Einfluß. Das gilt für das wittelsbachische Bayern ebenso wie für Böhmen. So entstanden der Zisterzienserinnenkonvent Porta Coeli in Tischnowitz als Grabkloster Přemysl Ottokars I. und seiner Gemahlin Konstanze, ferner die Männerklöster Saar auf der Böhmisch-Mährischen Höhe (1251), Hohenfurth (1259) und Goldenkron (1263) im Böhmerwald und schließlich, ebenfalls als přemyslidische Begräbnisstätte und Lieblingsgründung nahe der Hauptstadt, 1292 die Zisterze Königsaal, deren Äbte – wie bereits geschildert – auch politisch eine mächtige Position einnahmen. Königsaal wurde das Zentrum einer spezifisch přemyslidischen Geschichtsschreibung unter den Äbten Otto und Peter von Zittau. Ähnlich wie das kapetingische St. Denis bei Paris wurde es Träger einer sakralen böhmischen Staatsideologie und spielte auch nach dem Aussterben des einheimischen Fürstenhauses eine wichtige Rolle beim Übergang der Krone an die Luxemburger. Der Stifterkönig von Königsaal, Wenzel II., wurde von Peter von Zittau geradezu zum

Landesheiligen erhoben, eine verblüffende zeitgenössische Parallele zur sakralen Erhöhung Ludwigs des Heiligen in Frankreich durch seine Kultstätte St. Denis; verblüffend vor allem deshalb, weil, anders als bei dem asketischen Kreuzfahrer Ludwig, die menschlich-allzumenschlichen Seiten Wenzels auch dem Chronisten Peter sicher bekannt gewesen sind. Das gleichsam Artifizielle einer solchen religiösen Typisierung tritt hier recht seltsam in Erscheinung; sieht man vom typisch hagiographischen Beiwerk ab, dann reduziert sich die Heiligkeit des illiteraten Königs Wenzel auf die Fähigkeit, umfangreiche Abschnitte aus der Heiligen Schrift auswendig zitieren zu können. Dante hingegen nannte den ritterlichen König kurzweg einen Lüstling und faulen Fresser – scharfe Drastik und ideologische Verklärung stehen sich hier schlicht und unaufhebbar gegenüber, und keine betuliche Harmonisierung kann diesen schroffen Gegensatz wegreden.

Auch in solchen scheinbar nebensächlichen Dingen kündigt sich das Spätmittelalter als Epoche der gesellschaftlichen Konfrontationen und der Revolutionen unüberhörbar an; die Kirche als geistlich-geistiges Gefäß der Gesellschaftsordnung gerät damit zuerst in den Sog kritischer Anfragen. Dies war umso unvermeidlicher, als die klösterlichen Zentren zugleich die Erziehungsstätten für die Kinder des Königshauses und des Adels waren. Der Přemyslide Adalbert, später Erzbischof von Salzburg, und ebenso Heinrich-Břetislaw, den wir als Bischof und Herzog bereits kennen, wurden beispielsweise in Strahov erzogen. Die Kirche selbst trug aber auch durch die Tätigkeit der neuen Bettelorden dazu bei, das alte Bündnis zwischen Adel und Kirche – bislang eine Konstante des Früh- und Hochmittelalters – in Frage zu stellen. Franziskaner und Dominikaner, beide einer tiefgreifenden religiösen Bewegung entwachsen und vom Papsttum zur „Kanalisierung" dieses religiösen Aufbruchs breiter Volksschichten eingesetzt, wurden seit dem Beginn des 13. Jahrhunderts innerhalb weniger Jahrzehnte zu einer ganz Europa erfassenden kirchlich-monastischen Kraft, die vor allem das junge städtische Leben formte. Vom Papsttum zur Ketzerbekämpfung eingesetzt, gerieten beide Orden, besonders aber die Nachfolger des heiligen Franziskus, oft selbst in den Verdacht häretischer Neigungen. Die immer stärker werdende Forderung nach der biblischen Armut der Kirche gemäß dem Vorbild der Apostel war ja nicht zuletzt ihr eigenes Programm, und als auf dem Konzil von Vienne 1323 die Lehre von der Armut der Kirche und der Armut Christi und seiner Apostel als Häresie verurteilt wurde, standen die Franziskaner gleichsam zwischen den Fronten. Als wortgewaltige Volksprediger mobilisierten sie einerseits das religiöse und damit auch das gesellschaftliche Selbstbewußtsein breiter städtischer Schichten, andererseits erfreuten sie sich auch gerade der Förderung der Fürsten. Dies war in Böhmen nicht anders als im übrigen Europa.

Der erste Franziskanerkonvent kam durch Agnes, die fromme Tochter Přemysl Ottokars I. ins Land. Sie gründete 1233 das erste reich dotierte Prager Franziskanerkloster und Spital St. Franz an der Prager Brücke und ebenso ein Klarissenkloster, in das sie selbst als Äbtissin eintrat. In rascher Folge entstanden zwischen 1230 und 1253 Minoritenklöster in Olmütz, Brünn, Leitmeritz, Kaaden, Znaim, Königgrätz, Troppau, Beneschau, Glatz und Mies. Unter Přemysl Ottokar II. und Wenzel II. faßten dann die Franziskaner in Pilsen, Jägerndorf, Bechyně, Feldsberg und Hohenmauth Fuß; Klarissenklöster wurden nach St. Franz in Prag auch in Olmütz, Znaim und Eger errichtet. Der deutsche Einfluß war von Anfang an stark, nicht nur wegen des städtischen Arbeitsbereiches der Minoriten, sondern auch wegen der engen geistlichen Beziehungen der Prinzessin Agnes zu einflußreichen deutschen Brüdern wie Konrad von Worms und Theoderich von Kuttenberg. Außerdem wirkte sich hier aus, daß Böhmen bis etwa 1254 zur sächsischen Ordensprovinz gehörte. Der tschechische Minorit Peter Odranec begleitete 1261 Berthold von Regensburg, den berühmtesten Ordensprediger, auf einer Missionsreise durch die Böhmischen Länder; er war dabei als Dolmetscher tätig. Ungeachtet dieser, die Völker übergreifenden kirchlich-missionarischen Tätigkeit, die bis 1284 in der böhmischen Ordensprovinz einunddreißig Konvente hervorgebracht hatte, meldete sich neben ersten sprachlich-ethnischen Spannungen bereits ein leidiges Thema an, das bis in die Vorgeschichte der hussitischen Bewegung reicht. Kunigunde, die zweite Gattin Přemysl Ottokars II., beschwerte sich als eifrige Förderin der Minoriten in den siebziger Jahren beim Kardinalprotektor des Ordens über die Zurücksetzung der tschechischen Brüder gegenüber den deutschen. Bei den Dominikanern, die besonders von Přemysl Ottokar II. unterstützt wurden, scheinen die nationalen Differenzen anfänglich eine geringere Rolle gespielt zu haben, vielleicht auch deshalb, weil der Predigerorden am stärksten in Mähren wirkte und die Böhmischen Länder ursprünglich zur polnischen Ordensprovinz gehörten, bis 1307 der sächsische Provinzial, Philosoph und Mystiker, Meister Eckhart als Generalvikar in Böhmen eine eigene Provinz mit einundzwanzig Konventen organisierte. Albertus Magnus (1193–1280), eine andere theologisch-philosophische Leuchte der Epoche, war schon zuvor zweimal als Visitator und Kreuzzugsprediger nach Böhmen gekommen. In Prag entstand 1226 bei St. Clement am Pořič, in einem überwiegend deutschen Stadtteil, das erste Dominikanerkloster; wenige Jahre später wurde der Konvent an die Judithbrücke verlegt. Weitere Niederlassungen entstanden in den folgenden Jahren in Olmütz, Königgrätz, Brünn, Iglau, Turnau, Deutsch-Gabel, Leitmeritz, Znaim, Nimburg, Kolin, Budweis, Klattau, Teschen, Laun, Pisek, Chrudim, Beraun, Troppau, Eger, Pilsen und anderen Orten. Das älteste Dominikanerinnenkloster wurde in Brünn 1240 gegründet; es folgten Konvente in Königgrätz, Olmütz, in der Prager Altstadt (St. Lorenz und Anna), auf der Kleinseite (Johannes der Täufer und Anna), in Luditz und in Kralupp bei Komotau.

Seit 1263 kam aus Bayern der neue Orden der Augustinereremiten nach Böhmen; Papst Urban IV. hatte ihn Přemysl Ottokar II. empfohlen. Nach den frühen Gründungen im grenznahen Stockau bei Taus und St. Maria in Insula bei Beraun war dann die wichtigste das Thomaskloster auf der Prager Kleinseite. Es folgten Niederlassungen in Marienkron bei Mährisch-Trübau und Šopka bei Melnik, beides adlige Stiftungen. Auf Wenzel II. geht das 1288 gegründete Kloster Taus nahe der bayerischen Grenze zurück; es wurde mit Regensburger Augustinereremiten besiedelt. Schließlich sind für diese Epoche noch die Magdalenerinnenklöster zu nenen, die sich besonders gefährdeter Frauen annahmen und in Dobřany bei Pilsen, in der Prager Altstadt, in Sulau bei Kaaden, in Mies, in Zahras bei Brüx und im mährischen Daleschitz Frauenkonvente ins Leben riefen.

Schon die jeweilige Zugehörigkeit all dieser Orden zu verschiedenen deutschen Ordensprovinzen beweist zur Genüge, wie sehr die neuen Gemeinschaften die geistigen Verbindungen zwischen den Böhmischen Ländern und dem Reich verstärkten, ja man kann sogar von einer „geistlich-monastischen Kolonisation“ sprechen, die, in genauer Parallele zur Siedlungsbewegung, nach einer stark deutschbestimmten Anfangsphase die böhmischen Eigenkräfte förderte und entwickelte. Arnold Toynbees Begriffspaar von „challenge and response“, von der Herausforderung und Antwort als den weiterführenden Bewegungskräften im historischen Prozeß, wäre auch für diese Vorgänge, die sich in allen großen Rand- und Ausbauzonen der europäischen Welt vollzogen, anwendbar.

3. Literatur und bildende Kunst

Das gilt auch für die geistige Entwicklung, für das Buchwesen und die literarische Entfaltung insgesamt; man hat für diese Epoche sogar von einer „Explosion“ der Buchkultur in den Böhmischen Ländern gesprochen. Schon das 12. Jahrhundert gab mit etwa dreißig Klostergründungen der Prämonstratenser und Zisterzienser der geistlich-literarischen Kultur einen neuen Aufschwung, im 13. Jahrhundert haben dann vor allem die

Bettelorden mit mehr als neunzig Konventen in fast allen städtischen Zentren der Böhmischen Länder den allgemeinen Akkulturationsprozeß beschleunigt. Der planmäßige Ausbau der Pfarrorganisation im späteren Mittelalter schuf einen gesteigerten Bedarf an Büchern und liturgischen Handschriften, und mit der Entstehung des Universitätswesens, an dem die Bettelorden einen so hervorragenden Anteil hatten, wurde das Buch erstmalig von einem Sakralgegenstand zu einem notwendigen Arbeitsinstrument. Dies war die Geburtsstunde des Gelehrtenstandes, oder, wenn man es modern ausdrücken will, des „Intellektuellen". Vorläufer dieser Entwicklung waren im Hochmittelalter die Dombibliotheken in Prag und Olmütz. Seit der Mitte des 12. Jahrhunderts wird Strahov ein Zentrum reger Sammel- und Schreibtätigkeit, und wenn es sich zumeist auch um die Rezeption und Wiederverbreitung von Handschriften und Ideen aus dem bayerisch-österreichischen, rheinischen und thüringisch-sächsischen Bereich handelte, wurde doch damit die Grundlage für die eigene geistige Entfaltung gelegt, die ja mit Cosmas' Chronik am Beginn des Jahrhunderts bereits einen überraschend frühen und reifen Höhepunkt erreicht hatte. Seit dem Ende des 13. Jahrhunderts entstanden in Böhmen illuminierte Handschriften, etwa im Prager Nonnenkloster St. Georg und im Brünner Zisterzienserinnenkloster; beide Konvente standen mit přemyslidischen Prinzessinnen in enger Verbindung. Inhaltlich bezeugen diese Werke den Beginn der böhmischen Mystik um 1300, die dann im přemyslidischen Hauskloster Königsaal ihren geistigen Mittelpunkt fand. Der Geist mystischen Denkens und Fühlens durchweht etwa den Briefwechsel des Historikers und Abtes Peter von Königsaal († 1339) mit Abt Johannes von Waldsassen. Dem Geist der Zeit, der auf religiöse Erziehung und geistliche Ermahnung ausgerichtet war, entsprechen auch Peters Predigten und lateinische Lehrgedichte für junge Kleriker sowie ein Brief des Propstes Dietrich an die Altbrünner Zisterzienserinnen. Gerade die Zisterzienser hatten ja nicht zufällig mit ihrem großen Ordensbruder Bernhard von Clairvaux die mittelalterliche Hochblüte der wortgewaltigen Missions- und Volkspredigt eingeleitet, die dann zur wesentlichen Aufgabe der Bettelorden werden sollte. Der Aufstieg der jeweiligen Volkssprachen in die Literatur ist mit dieser „Tiefenchristianisierung" durch Predigt und Traktat ursächlich eng verknüpft, enger jedenfalls als mit der literarischen Kultur einer hauchdünnen ritterlichen Oberschicht, die sich in Minnelied, Epik und Spruchdichtung einen neuen weltlichen „Spielraum" des Geistes schuf. Aus Königsaal ging später, nach 1350, auch das erste böhmische Buch von europäischer Bedeutung hervor, das mystische Werk vom Granatapfel („Malogranatum"), dessen Gedanken noch auf das Exerzitienbüchlein des Ignatius von Loyola einwirkten. Bei der Klostergründung schon hatte Wenzel II. 1292 einen Teil des Stiftungsvermögens für den Ankauf von Büchern bestimmt. Es spricht für die Internationalität mittelalterlicher Bildung, daß die Mönche viele Bücher in Paris, dem geistigen Zentrum Europas, einkauften.

Das Thomas-Stift der Augustinereremiten auf der Prager Kleinseite besaß eine bedeutsame Handschriftensammlung und erhielt später die wertvolle Bibliothek des frühhumanistischen Kanzlers und Bischofs Johann von Neumarkt, Dichter des „Ackermann aus Böhmen". Weitere klösterliche Bücherschätze sammelten sich in Břevnov, in Plaß, in Mühlhausen, im Kollegiatskapitel von Melnik und im südböhmischen Hohenfurth. Ferner gibt es Hinweise darauf, daß Přemysl Ottokar II. und sein Sohn Wenzel II. eigene Bibliotheken mit astronomischen Werken und mit Texten des Minnesangs besessen haben; es waren dies die ersten größeren Büchersammlungen Böhmens in der Hand gebildeter Laien. In Wenzels Hofkreis entstand die in achtsilbigen Reimpaaren gedichtete tschechische Alexandreis, von der leider nur Bruchstücke erhalten sind. Vorbilder dieser Dichtung waren das am ritterlichen Musenhofe des Königs sicherlich bekannte Alexanderepos Walters von Châtillon und dessen deutsche Bearbeitung durch den Deutschböhmen Ulrich von Etzenbach. Es ist merkwürdig, daß sich trotz der regen Beziehungen Böhmens zu den Zentren der höfischen Literatur in Frankreich und Deutschland kaum Handschriften antiker Autoren in böhmischen Bibliotheken finden; das sollte sich erst mit dem Frühhumanismus in den Hofkreisen Karls IV. ändern.

Die tschechische Literatur, deren Vorläufer die kirchenslawischen „pannonischen Legenden" von Konstantin-Kyrillos und Methodios (9. Jh.) und die Wenzelslegende des 10. Jahrhunderts waren, fand im 11. Jahrhundert in Sazawa ihre Pflege; das Kloster hatte eine Schreibschule, aus der kirchenslawische (glagolitische) Handschriften hervorgingen. Unter dem Künstler-Abt Bozedech, der selbst malte und Holz und Elfenbein schnitzte, erreichte es seine Blüte, doch als nach König Wratislaws Tod die Slawenmönche 1096 endgültig vertrieben wurden und Benediktiner aus Břevnov das Kloster übernahmen, fand dieser hoffnungsvolle Beginn einer nationalsprachlichen Kirchenliteratur ein jähes Ende. Die Tatsache, daß damals und noch für lange Zeit die kirchenlateinische Literatur die Oberhand in den Böhmischen Ländern behielt, hängt wiederum mit der rasch wachsenden Verknüpfung der Böhmischen Länder mit dem Reich und der Reichskirche, dem Rigorismus der gregorianischen Kirchenreform und den neuen, „internationalen" Orden des 12. und 13. Jahrhunderts zusammen. Es war dies ein wohl unaufhaltsamer Integrationsvorgang, als dessen Konsequenz sich der deutsche Einfluß zuerst in lateinischem Sprachgewand, später auch durch deutsche Literatur im kirchlichen Bereich wie bei Hofe durchsetzte. Nur so ist es erklärlich, daß erst mit dem Erstarken der volkssprachlichen Literatur im Gefolge der Wirksamkeit der Bettelorden und ihrer Massenpredigt am Beginn des 14. Jahrhunderts wiederum eine tschechische geistliche Literatur hervortritt. Es war dies vor allem ein Legendenzyklus mit Geschichten aus dem Neuen Testament, aus den apokryphen Evangelien und aus der „Legenda Aurea" des Jacobus a Voragine, dem klassischen kirchlichen Volksbuch des Spätmittelalters. Ein zweiter Legendenzyklus, der besonders mit der Prokop-Legende schon stark patriotische Züge aufweist, entstand in der zweiten Hälfte des 14. Jahrhunderts. Einige Kirchenlieder sind jedoch älteren Ursprungs, so das berühmte „Hospodine pomiluj ny" – Herr erbarme dich unser – aus dem 11. Jahrhundert, ferner das im 12. Jahrhundert entstandene St. Wenzelslied „Svatý Václave"; der heilige Přemyslide war also damals bereits im allgemeinen Bewußtsein der überragende Landespatron Böhmens. Im 14. Jahrhundert entwickelten sich auch aufgrund mittellateinischer, mittelhochdeutscher und altfranzösischer Vorbilder die Anfänge eines tschechischen kirchlichen Dramas und Passionsspiels, etwa das Spiel von der „fröhlichen Magdalena" – Hra veselé Magdaleny –, dessen lyrische Partien frühe Beispiele einer weltlichen volkstümlichen Liebeslyrik in tschechischer Sprache sind. Am Beginn des 14. Jahrhunderts regt sich auch im Gefolge der Volkspredigt und damit der christlichen Massenerziehung der Bettelorden eine satirisch-didaktische Tendenzdichtung in tschechischer Sprache, so etwa in den „Zehn Geboten Gottes", die zu jedem Gebot ein unterhaltsames und oft auch drastisches Beispiel geben.

Die höfische Literatur kam dagegen im Medium der deutschen Sprache seit 1200 nach Böhmen, und hier war es vor allem der Hof Přemysl Ottokars II. und seines Sohnes Wenzel II., der nach dem Verfall des babenbergischen Musenhofes in Wien zum Mittelpunkt ritterlichen Lebens und Dichtens wurde. Reinmar von Zweter, ein Schüler Walthers von der Vogelweide, und ebenso der Tannhäuser, lebten als fahrende Sänger zeitweise am přemyslidischen Hofe. Nach ihnen waren es der oberdeutsche Meister Sigeher und der Tiroler Friedrich von Sonnenburg, die in ihren Liedern das Lob der böhmischen Fürsten sangen. Auch Ulrich von dem Türlin fand in seinem „Willehalm" begeisterte Worte für Přemysl Ottokar II.; Ulrich von Etzenbach, der erste in Böhmen selbst geborene mittelhochdeutsche Dichter, verglich in seinem Alexanderepos diesen großen Přemysliden sogar huldigend mit dem antiken Helden seines Romans. Um 1290 entstand als dessen zweites Werk „Wilhelm von Wenden", eine literarische Apotheose für seinen königlichen Gönner

Wenzel II. Diesem Herrscher zugeordnet ist auch das Werk Heinrichs von Freiberg, der wohl aus dem Meißnischen stammte, aber am přemyslidischen Hofe und im Dienste des böhmischen Hochadels wirkte. Heinrich war, wie Gottfried von Straßburg, dessen „Tristan" er fortsetzte, ein bürgerlicher Literat von gelehrter Bildung. Als seine wichtigsten Gönner gelten, neben dem König, Johann von Michelsberg und Raimund von Lichtenburg. Wenzel II. – Mittelpunkt dieses genußfrohen ritterlichen Kreises – ist uns selbst als Dichter von mittelhochdeutschen Minneliedern bekannt, modisch-pretiösen Gebilden einer höfischen Spätkultur, die anderwärts schon verklungen war.

Mit den vielen Klostergründungen des 12. und 13. Jahrhunderts entfaltete sich auch eine deutschsprachige religiöse Dichtung in den Böhmischen Ländern; später kamen auch häretische Texte aus waldensischen Kreisen hinzu, so die „Schrift des neuen Gezeuges" vom Ende des 14. Jahrhunderts. Wie stark das Stadtbürgertum deutsch geprägt war, beweist noch die Nachricht der Königsaaler Chronik, daß Blanca von Valois, die erste Gemahlin Karls IV., als sie nach Böhmen kam, eifrig deutsch lernte, „um sich dem Volke in Böhmen angenehm zu machen". Denn, so fährt der Chronist fort, „fast in allen Städten des Reiches (d. h. des Königreiches Böhmen) und bei Hofe ist in dieser Zeit die deutsche Sprache gebräuchlicher als die böhmische".

Die Geschichtsschreibung hat mit Cosmas von Prag schon im frühen 12. Jahrhundert einen Höhepunkt an Lebendigkeit und freimütiger Parteilichkeit erreicht. Dieser Chronist ist ein selbstbewußter Tscheche, den Deutschen gegenüber sehr kritisch, aber nur selten gehässig, ein eifriger Parteigänger der Prager Kirche, aber dort, wo sein Bericht Zeitgeschichte ist, auch vorsichtig, denn – so bekennt er offenherzig-verschmitzt – eine Darstellung der Gegenwart berge Gefahren, so daß es vorteilhaft sei, über die Gegenwart zu schweigen. Forschern im Bereich der Zeitgeschichte dürfte es manchmal ebenso zumute sein ... Ein Geistlicher der Prager Kirche hat Cosmas' „Chronik der Böhmen" weitergeführt, während etwas später ein Mönch in Sazawa unter Abt Sylvester mit der Geschichte seines Klosters zugleich wichtige, allgemein interessierende Nachrichten bis zum Jahre 1162 für uns bewahrt hat. Ebenfalls dem 12. Jahrhundert gehören die chronikalischen Werke des Kaplans Vincentius von Prag und des Abtes Gerlach von Mühlhausen an, beides Berichterstatter mit weitem politischen Blick, deren intime Kenntnisse von den Geschehnissen der Zeit beträchtlich sind und aktive Beteiligung verraten. Für das 13. und 14. Jahrhundert stellt dann die zeitnahe Geschichtsschreibung des přemyslidischen Hausklosters Königsaal unter den Äbten Otto und Peter von Zittau einen Höhepunkt dar, ferner die Hofchronistik des Beneš von

Weitmühl, daneben die des sogenannten Pulkawa, die Chronik des Prager Domherren Franz und die tschechische Reimchronik des Dalimil (um 1300), ein pseudonymes Werk mit antideutscher Tendenz, in dem sich die national vermittelten sozialen Spannungen und Konfrontationen des späteren 14. und des 15. Jahrhunderts sehr nachdrücklich ankündigen – insgesamt alles Werke, die zumeist erst in die Epoche Karls IV. gehören, aber auch wichtige Quellen für die vorausgegangenen Jahrzehnte darstellen.

Seit dem Hochmittelalter entwickelte sich in den Böhmischen Ländern auch eine eigene Buchproduktion. Man verfertigte, anfangs noch unter deutschem Einfluß, prachtvolle Handschriften. Schon an der Wende vom 11. zum 12. Jahrhundert zeichnet sich um den sogenannten Codex Vyšehradensis eine „böhmische Malerschule" ab, die zwar sicher aus der bayerischen Buchmalerei hervorgegangen ist, aber bereits sehr eigenständige Züge aufweist. Salzburger Herkunft sind die Buchschreiber Hildebert und Evewin, die sich in einer Handschrift der Prager Kapitelsbibliothek, die vor 1150 entstand und den „Gottesstaat" des Kirchenvaters Augustinus enthält, selbst in humorvoller Art verewigt haben. An seinem Schreibpult wird Hildebert von einer Ratte gestört, die sich auf einem bereits gedeckten Tisch gütlich tut, bis sie der Schreiber zornig verfolgt. Böhmische Beziehungen zu Salzburg spiegeln sich auch in dem prachtvollen Ostrower Psalter (um 1200) wider, dessen drei ganzseitige Bilderblätter die thronende Gottesmutter, die Kreuzigung und die Dreifaltigkeit, umgeben von den Evangelistensymbolen, darstellen. Im 13. Jahrhundert reichert sich die ältere, byzantinisierende Buchmalerei Böhmens mit italienischen Elementen an; ein Beispiel dafür ist etwa der reiche Bilderschmuck einer Bibel aus dem Prager Franziskanerkloster (um 1300), die bereits gotische Stilformen zeigt und die als ein künstlerisches Indiz für die rasche Ausbreitung der Minoriten und ihres neuen religiös-künstlerischen Stilempfindens gelten kann. Nach dem Mittelrheingebiet und auf zisterziensische Vermittelung weist eine Gruppe frühgotischer Handschriften, die Elisabeth, die Gemahlin König Wenzels II. zwischen 1315 und 1323 für das von ihr gestiftete Brünner Zisterzienserinnenkloster Aula Sanctae Mariae anfertigen ließ. Um 1320 tritt uns dann auch eine Přemyslidin als Künstlerin entgegen, nämlich die Äbtissin Kunigunde, Tochter Přemysl Ottokars II., die im Prager St. Georgskloster ein Passionale schrieb und prachtvoll bebilderte. Auch geistesgeschichtlich ist dieser Codex bemerkenswert, denn ein Teil der Texte entstand auf Anweisung Kunigundes, die eine gelehrte Frau mit mystischen Neigungen gewesen sein muß. Voll entfaltete sich die Buchmalerei dann vor allem unter Karl IV. und dessen Sohn Wenzel, der als systematischer

Handschriftensammler Bücher von hinreißendem ästhetischem Raffinement in seiner Hofbibliothek vereinigte.

Die Architektur in den Böhmischen Ländern, vor allem der Sakralbau, erlebte bis zum Beginn des 14. Jahrhunderts einen stürmischen Aufschwung, der sich in luxemburgischer Zeit noch einmal steigerte, um dann mit den schweren Zerstörungen der Hussitenzeit ein jähes Ende zu finden. Mehr als zweihundertfünfzig kirchliche Bauten entstanden in vorromanischer und romanischer Zeit, ihnen folgten zahlreiche zisterziensische Klosteranlagen und frühgotische Bürgerkirchen und ebenso die Predigtkirchen der Bettelorden. Im Silberbergbauzentrum Kuttenberg gab es im 13. Jahrhundert vier gotische Hallenkirchen, ebenso finden sich schon frühe Kirchen dieses Typs in den Randzonen Böhmens, in Eger, Aussig und Iglau. Die Mittellage Böhmens, seine rechtsgeschichtlich greifbare Aufgliederung in die Stadtrechtslandschaften des Magdeburger, Nürnberger und Wiener Rechts, erklärt auch die Vielfalt architektonischer Vorbilder und Einflüsse. Dies gilt schon für die romanische Epoche, in der Böhmen zwei großen Architekturlandschaften zugeordnet war: einer nordwesteuropäisch-norddeutschen, die unter anderem den Westturm, das massive Westwerk, das Chorgerüst und den Stützenwechsel brachte, und einer süddeutsch-mediterranen Einflußzone, aus der vor allem der Dreiapsidengrundriß, die Rotunde und der Apsissaal stammten. Mit der Gotik wandelte sich seit dem 13. Jahrhundert nicht nur der Bautypus, sondern diese in Frankreich am Vorbild von St. Denis entwickelte Baukunst hatte neben dem Herrscher und den adligen Auftraggebern nun auch eine neue Trägerschicht: das städtische Bürgertum. Die Bauleidenschaft ging von den alten feudal-hierarchischen Orden der Benediktiner und auch noch der Zisterzienser und Prämonstratenser auf die städtischen Bettelorden und ihre Bedürfnisse für eine dauernde Volksmission über. Es wäre allerdings falsch, Architekturstile in allzu strikte Beziehung zu Gesellschaftsschichten zu setzen, denn zu den frühesten Schöpfungen der egerländischen und böhmischen Gotik gehören die staufischen, přemyslidischen und bischöflichen Burgkapellen, die zumeist der Profanarchitektur des Herrschaftszentrums, dem Palas, einverleibt waren. Zisterziensergotik findet sich am frühesten im Hallenlanghaus von Münchengrätz und im Kathedralchor der Waldsassener Tochtergründung Sedletz, dessen Struktur vorbildgebend für bestimmte Formen der mitteleuropäischen Sondergotik wurde. Am Beginn des 14. Jahrhunderts zog die Hochgotik mit den Bürgerkirchen und den Gotteshäusern der Bettelorden in Böhmen ein. Allein in Prag entstanden kurz nacheinander die Minoritenkirche des Agnesklosters – als Stiftung der Schwester Wenzels I. zwischen 1234 und 1280 erbaut –, St. Jakob und

St. Thomas als Sakralbau der Augustinereremiten und später, unter Karl IV., die Karmeliterkirche Maria Schnee, die als steiler Innenraum von 6 Jochen noch 3 m höher war als das Langhaus des Veitsdoms. Nach Gründung der Prager Altstadt wurde um 1232 sowohl die Galluskirche als religiöser Mittelpunkt für die deutsche Kaufmannschaft und die deutschen Bürger erbaut, als auch die Nikolauskirche als Pfarr- und Schwurkirche der deutschen Kaufleute. Letztere war, wie der Name sagt, auch Tagungsstätte der bürgerlichen Selbstverwaltung vor dem Rathausbau. Gotisch war auch bereits der dreischiffige Vorläuferbau der heutigen Teynkirche, die schon seit romanischer Zeit Zentrum der landfremden Prager Kaufmannschaft gewesen ist. Der bereits in anderem Zusammenhang erwähnte monumentale Klosterbau von Strahov, den König Wenzel I. 1142 für Prämonstratenser errichtete, reicht wie das Mutterkloster Steinfeld noch in die romanische Bauperiode zurück; 1256 wurde die Basilika gotisch erneuert. Auch das Georgskloster auf dem Hradschin, eine Gründung des 10. Jahrhunderts, wurde nach dem großen Burgbrand 1142 unter der Äbtissin Bertha durch den Baumeister Wernher umgebaut und wesentlich erweitert. Im 14. Jahrhundert erhielt es eine neue gotische Fassade.

Neben dem Sakralbau, der dann während der Hussitenzeit überall in Böhmen schwere Einbußen erlitt, erlebte im 12. und 13. Jahrhundert die Stadtbaukunst als logische Folge der städtefreundlichen Politik der Přemysliden einen Aufschwung, der sich besonders am Prager Beispiel ablesen läßt. Um die Mitte des 11. Jahrhunderts hatte Herzog Břetislaw die Palisadenumwallung des Burgbezirks durch eine starke Mörtelmauer ersetzt, sein Nachfolger Spytihniew erbaute anstelle der Veits-Rotunde einen romanischen Dom nach Regensburger Vorbild als neuen Sakralmittelpunkt der Herzogsburg. Unter Wratislaw II. (1061–1092) schien es für einige Zeit, als würde sich das Zentrum přemyslidischer Herrschaft wegen der handfesten Auseinandersetzung mit dem bischöflichen Bruder Jaromír-Gebhard vom Hradschin auf die neugegründete Burg und das Kapitel Vyšehrad verlagern, doch war dies nur ein vorübergehendes Ausweichen. Immerhin hatten seit dieser Zeit die Pröpste von Vyšehrad das Kanzleramt bei Hofe inne, und der Krönungszug nahm seither von dort seinen Ausgang. Das Vyšehrader Krönungsevangelium von 1086 erinnert noch an die Glanzzeit dieses Fürstensitzes. Zur selben Zeit bildete sich um den fürstlichen Teynhof als Kern eine Händler- und Kaufleutesiedlung am rechten Moldauufer, aus der dann zwischen 1230 und 1232 durch die Initiative König Wenzels I. und des Münzmeisters Eberhard die Prager Altstadt als Stadtgründung im eigentlichen Sinne, d. h. rechtlich-verwaltungsmäßig getrennt vom herrschaftlichen Burgbereich, hervorging. Zwischen 1125 und 1139 erneuerte und verstärkte Herzog Sobieslaw die Befestigungswerke der Burg; von den drei damals erbauten Tortürmen ist heute noch das gewaltige, 40 m hohe „schwarze Tor" erhalten. Derselbe Fürst begann auch den Neubau des Palas nach dem Vorbilde der staufischen Pfalzbauten in Nürnberg, Eger und auf der Wartburg. Der imposante Saal im Erdgeschoß mit 48 m Länge und 10,40 m Breite gibt noch heute einen Eindruck von der Großartigkeit dieser romanischen Architektur. Die Weihe der Allerheiligenkapelle an der Ostseite des Wohn- und Repräsentationsbaus im Jahre 1182 gilt als Anhaltspunkt für die Fertigstellung des Burgneubaus. Parallel dazu lief die schon erwähnte Erweiterung der Georgskirche, die man im frühen 13. Jahrhundert mit Wandmalereien und plastischem Schmuck nach dem Vorbilde von Halberstadt ausstattete.

Für den Ausbau Prags wurde dann auch die zweite Ehe König Wladislaws mit Judith, der Tochter des Landgrafen von Thüringen, bedeutsam. Sie betrieb nicht nur den Ausbau von Kloster Strahov, sondern mit ihrem Namen ist auch der imposante Bau der ersten Prager Steinbrücke über die Moldau verbunden. Die Judithbrücke, mit einundzwanzig Bogen und 514 m Länge ein technisches Meisterwerk, das seine Vorbilder in Regensburg und Würzburg übertraf, bewirkte zugleich durch die Umleitung des Verkehrsstroms eine Umstrukturierung der Prager Stadtlandschaft; besonders betraf dies den Fernhandelsweg vom Altstädter Ring aus bis zum Hradschin und dem Kloster Strahov. Mit der Ummauerung und Befestigung der Prager Altstadt, die etwa 1253 abgeschlossen wurde, und der Gründung der Kleinseite im Jahre 1257, der die rechtliche Sicherung durch das Nürnberger beziehungsweise Magdeburger Stadtrecht zur Seite ging, war die přemyslidische Stadtarchitektur in ihren wesentlichen Zügen abgeschlossen. Es folgte dann noch unter Přemysl Ottokar II. die Erweiterung des Palas durch einen großen Saal im Obergeschoß und einen vorgelagerten Arkadenbau; leider sind diese Bauten nicht mehr erhalten. Damals wurde auch die Allerheiligenkapelle gotisch erneuert und an der Nordseite des Veitsdoms ein – ebenfalls nicht mehr vorhandener – gotischer Kreuzgang erbaut. Sowohl durch die fieberhafte Bautätigkeit unter Karl IV., die das Bild Prags entscheidend verändern sollte, wie auch besonders durch die nachfolgenden Zerstörungen der Hussitenzeit ist vieles Schöne und Wertvolle im Prager Stadtbild entweder vernichtet oder durch Neubauten in andere architektonische Zusammenhänge eingegliedert worden, so daß es manchmal schwerfällt, der erstaunlichen Bauleistung in der přemyslidischen Glanzepoche des 12. und 13. Jahrhunderts gerecht zu werden. Es bedarf vielfach der gelehrten kunsthistorischen Rekonstruktion, um hinter dem Wandel der Zeiten, zu dem auch die rücksichtslosen Kahlschläge des Barock im gotischen „Architekturwald" der Prager Städte gehören, das prachtvolle Bild einer Fürstenresidenz zu erkennen, eines sowohl geschichtlich gewachsenen wie politisch und architektonisch geplanten Herrschersitzes, dem sich im damaligen Europa nur wenige Plätze an die Seite stellen konnten. Um es überspitzt zu sagen: Böhmen und Prag im Früh- und Hochmittelalter und besonders dann im 13. und beginnenden 14. Jahrhundert stellt mehr dar als nur die Vorgeschichte der glanz- und krisenreichen Luxemburgerzeit. Es ist vielmehr die eigentliche politische und kulturelle Aufbruchsepoche der Böhmischen Länder, eine in sich ruhende, aber auch weit nach Mittel- und Ostmitteleuropa ausgreifende Epoche unter einer Herrscherfamilie, die aus ihren eigenen Reihen den Landespatron und das eigene, sakrale Herrschaftssymbol hervorgebracht hatte: jenen heiligen Wenzel, der wie keine andere Figur die religiöse, dynastische und politische Einheit des Landes bis zum heutigen Tage verkörpert.

Rückblicke und Ausblicke

1. Über Möglichkeiten, die böhmische Geschichte zu sehen

„Der Historiker, der blind ist für den Tag, ist auch blind für vergangene Tage." (Ludwig Marcuse) Dieses Wort eines zeitgenössischen Philosophen scheint eine Selbstverständlichkeit auszudrücken, eine Selbstverständlichkeit, die vielleicht in den letzten Jahren allzusehr unter dem Schlagwort „Engagement" zerredet wurde, die aber dennoch wahr und wirklich ist. Es gibt wohl nur wenige Bereiche, in denen man den engen, vitalen Zusammenhang von jeweiliger Gegenwart und geschichtswissenschaftlicher Perspektive klarer erkennen kann als an der Geschichte der Böhmischen Länder und der Tschechoslowakei, und hier wiederum vor allem am deutsch-tschechischen Verhältnis und seinem historiographischen Reflex. Dies ist keineswegs so zu verstehen, als ob die Geschichtsschreibung gleichsam vom politischen Geschehen determiniert würde; eine solche Auffassung wäre grob simplifizierend und würde das Verhältnis von „Wissenschaft und Interesse" – um eine gängige Formel zu gebrauchen – nur als rasch wechselnde Nachfolgeerscheinung einer willkürlich angenommenen Aktualität erklären und damit degradieren. Dennoch: daß ein vitaler, motivierender Zusammenhang zwischen Gegenwart und Geschichte besteht, wird niemand ernstlich leugnen, und gerade die diffizile, katastrophenreiche Realität der tschechisch-deutschen Beziehungen vermag die schwierige Interdependenz von Geschichtsbewußtsein und Politik sichtbar zu machen. Darum geht es in dem nachfolgenden Epilog, und zwar exemplarisch und auswahlweise. Es wäre ein in jeder Beziehung erschöpfendes, ja unmögliches Unterfangen, die Ergebnisse einer ungemein fruchtbaren geschichtswissenschaftlichen Diskussion hier im Hinblick auf unser quasi propädeutisches Vorhaben voll ausbreiten zu wollen, und schon gar nicht sollte man dies am Ende einer Geschichtsdarstellung tun.

Zu Beginn ein Wort darüber, welche Rolle Geschichte und Geschichtsschreibung seit dem 19. Jahrhundert beim „Wiedererwachen", dem „obrození" des tschechischen Volkes, bei seiner neuzeitlichen Selbstfindung und Selbstidentifikation, spielten und welchen realen Stellenwert darum Geschichte für die Tschechen, aber auch für die Deutschen der Böhmischen Länder immer hatte und weiterhin haben wird. Was Geschichte und Geschichtsbewußtsein für das tschechische Volk seit seinem politisch-sozialen Wiederaufstieg im 19. Jahrhundert bedeuten, läßt sich am anschaulichsten an der großen Vaterfigur der Tschechen, dem überragenden Nationalpolitiker und Historiker František Palacký (1798–1876) darlegen, einer Gestalt, an der man die enge, lebendigste Verquickung von politischem Wollen und geschichtlichem Selbstverständnis studieren kann. Viele Themen der tschechischen Geschichtsforschung, und zwar gerade Themen, die das deutsch-tschechische Verhältnis berühren, sind von diesem Manne erstmals gültig formuliert worden und – was am erstaunlichsten ist – bis zum heutigen Tage bestimmend für das tschechische Selbstverständnis geblieben. Palackýs Lebensgang veranschaulicht fast exemplarisch die Entwicklung des tschechischen Geisteslebens aus einer wohlwollenden, manchmal begönnernden adelig-ständischen und einer deutschsprachigen, meist bürgerlichen, romantisierenden Klientelschaft zu einer kraftvollen, ja stürmischen Eigenentfaltung, die zwangsläufig die Aufgliederung der barocken böhmischen Kultureinheit in einen tschechischen und deutschen Kulturkreis nach sich zog, eine Spaltung, die trotz weiterlaufender wechselseitiger Beeinflussung nicht mehr rückgängig gemacht werden konnte. Da die Neuentfaltung der tschechischen Geisteskultur im 19. Jahrhundert zugleich ein wesentlicher Teilvorgang der tschechischen Nationswerdung war, zeichnet sich das tschechische Geistesleben jener Epoche und darüberhinaus bis zur Gegenwart durch eine besonders enge Verknüpfung mit der Politik und mit allen elementaren Existenzfragen der tschechischen Nation aus; es ist in bemerkenswerter Weise nationalpädagogisch geprägt. Dabei war es keineswegs so, wie es die tschechische und die deutschböhmische, später sudetendeutsche Selbstinterpretation ihres jeweiligen „nationalen Erwachens" wollte, daß sich eine Wiedergeburt von klar abgegrenzten Völkern, von ethnisch geschlossenen Sozialkörpern vollzog, über die lediglich ein paar Jahrhunderte nationaler Lethargie hinweggegangen waren, Völker, die nun von eifrigen Patrioten einer neuen Blütezeit ihres geschichtlichen Daseins entgegen geführt wurden. Vielmehr handelt es sich bei dieser geistigen und politischen Bewußtwerdung, die auf tschechischer Seite von Jungmann, Palacký, Rieger und ihrem Kreis eingeleitet worden ist, um die nationale, d. h. um die am deutlichsten in Erscheinung tretende Seite einer Umgliederung des gesamten Sozialkörpers der Böhmischen Länder, um einen gesellschaftlichen Strukturwandel also, der in Böhmen – wie allenthalben in West- und Mitteleuropa – das 18. vom 19. Jahrhundert trennt. Diese Umgliederung hatte sich aus dem Übergang von einer ständisch-agrarischen Gesellschaft zu einer sowohl horizontal wie vertikal mobilen, industrialisierenden Massengesellschaft ergeben, wobei die neuen, durch ökonomische Merkmale unterschiedenen Gesellschaftsgruppen teils im Bunde mit, teils im Gegensatz zu den Resten der einstmals maßgeblichen ständischen Gesellschaft sich politisch wie geistig eine ideelle Rechtfertigung ihrer Existenz suchen mußten. Eine solche Rechtfertigung vermochte vornehmlich das Geschichtsbewußtsein zu liefern, womit sich zuerst das sozial arrivierende Bürgertum ein Erbrecht, eine Ahnen- und Heroengalerie, Geschichtstiefe, Geschichts- und Sendungsbewußtsein verschaffte. Das Geschichtsbewußtsein der aufsteigenden Schichten konnte freilich nicht individuell-genealogisch sein, wie das „natürliche" Geschichtsbewußtsein des Adels, weil dem durch die Wirtschaft aufsteigenden Bürgertum des Industriezeitalters historisch relevante persönliche Familienerinnerungen fehlten. Daher konnte nur ein kollektives Geschichtsbewußtsein entstehen, das mit mehr oder weniger Recht an das alte, ständisch-genealogische historische Bewußtsein anknüpfte, dieses jedoch mit dem Merkmal der Sprachnation verband. Durch solche Verschmelzung von Geschichte und Sprache entstand für historisch zur Anonymität verurteilte, jedoch wirtschaftlich zu Macht gekommene, breite bürgerliche Schichten eine nationale Gesamterinnerung, mit anderen Worten: der Nationalismus als die historisch motivierte Ausdrucksform bislang weitgehend geschichtsloser, zur politischen Macht drängender bürgerlicher und kleinbürgerlicher Schichten. Dieser geistig-gesellschaftliche Vorgang läßt sich – wie gesagt – gleichsam biographisch am Entwicklungsgang František Palackýs ablesen. Seine Begeisterung für das tief in die böhmische Geschichte hinabreichende, genealogisch-historische Selbstbewußtsein des Adels, in dessen Häusern er verkehrte – der Sternberg, Clam-Martinic, Thun und Kolorat – und dessen Genealogien er wissenschaftlich erarbeitete, wurde sehr bald der unmittelbare Impuls für sein großes Geschichtswerk, in dem Palacký – selbst ein Arrivierter aus der individuell geschichtslosen Masse – das altständisch-genealogische Selbstbewußtsein des Adels mit dem Merkmal der tschechischen Sprachnation verband und letzteres wiederum durch die Verherrlichung des Hussitismus, also durch ein kollektives Phänomen – wie er meinte – untermauerte und stärkte. So formte sich aus der alten, ständisch-genealogischen Erinnerung das gesellschaftlich-politische Gesamtbewußtsein für ein sich allmählich sozial emanzipierendes tschechisches Volk.

Die politische Leistung Palackýs ist daher identisch mit seiner nationalpädagogischen: Er verpflichtete bürgerliche, aufsteigende Gesellschaftsschichten auf sein Geschichtsbild, sein produktiver Blick in die Vergangenheit hatte futurische Wirkung, er war als Historiker nicht nur rückwärts gerichtet, sondern auch ein nach vorwärts in die Zukunft blickender Prophet. Damit hatte er historische Erinnerungen gänzlich anderer

Art für eine sich ständig verbreiternde soziale Schicht annektiert, mit der dieses kollektiv umgemünzte Geschichtsbewußtsein zum allgemeinen Nationalgefühl expandierte. Gerade deshalb konnte auch die erzwungene politische Windstille des Neoabsolutismus der fünfziger Jahre des 19. Jahrhunderts dem In-die-Tiefe-Wachsen des historischen Nationalbewußtseins der Tschechen nichts anhaben, da es mit dem wirtschaftlich bedingten Wachstum der bürgerlichen Schichten zwangsläufig an Gewicht zunahm und seit den sechziger Jahren in der jungtschechischen Bewegung dann auch kleinbürgerlich-proletarische Kreise erfaßte. Daraus erklärt sich noch ein anderes: Je reicher die „annektierten" historischen Erinnerungen einer Nation waren, umso berechtigter mußten ihre politischen Gegenwartsforderungen erscheinen. Daher der erbitterte, manchmal groteske publizistische Kampf zwischen Tschechen und Deutschböhmen um die Einreihung großer geschichtlicher Gestalten in ihre nationale Ahnengalerie; historische Größe wurde beiderseits zum Rechts- und Herrschaftsanspruch umgemünzt. Gleichzeitig gab Palackýs Interpretation der böhmischen Geschichte als eines ständigen Kampfes friedlichen Slawentums gegen eine deutsche feudale Überherrschung, die zur Entfremdung der tschechischen Führungsschichten vom eigenen Volke geführt habe, der unaufhaltsam wachsenden nationalen bürgerlichen Kulturschicht des tschechischen Volkes eine eindeutige Frontstellung gegen das Deutschtum; eine Frontstellung, die wiederum ziemlich genau der wirtschaftlichen wie der soziologisch definierbaren fortschreitenden Trennung von Deutschen und Tschechen entsprach und dem Aufbau einer eigenen tschechischen Gesellschaftspyramide eine plausible ideologische Begründung und Vertiefung verlieh. Durch die Wendung gegen den „deutschen Feudalismus" als eines fremden Phänomens stärkte Palackýs Geschichtsbild ebenso das national-tschechische bürgerliche Bewußtsein, wie es auch den böhmischen Adel, soweit er sich mit der tschechischen Nationalbewegung liierte, zu liberalen Bekenntnissen zwang. Gleichzeitig war damit die Transformierung eines sozial begründeten Gegensatzes in einen nationalen bewirkt, der viele politische Energien des aufsteigenden Bürgertums im tschechischen wie im deutschböhmischen Lager vom politischen Kampf des Liberalismus und Demokratismus auf den Nationalitätenkampf umleitete. Dies lief aber letztlich auf eine Schwächung der konstitutionellen und demokratischen Kräfte insgesamt hinaus.

2. Einige deutsch-tschechische Kontroversthemen

Wenn nachfolgend noch einmal einige Fragen der mittelalterlichen Geschichte Böhmens herausgehoben werden, die vor allem das deutsch-tschechische Verhältnis in der Vergangenheit und in der Interpretation der Geschichtswissenschaft betreffen, so soll damit keineswegs der Auffassung Vorschub geleistet werden, als gäbe es keine genuine böhmische und tschechische Geschichte. Böhmen war von Anbeginn eine slawische Herrschaftsbildung und ist dies natürlich trotz enger Beziehungen zum deutschen Nachbarn mehr oder weniger immer geblieben. Eben diese Geschichte eines in der Substanz slawischen Staatswesens, was immer dies im Laufe des Mittelalters bedeutet haben mag, gilt es aber im Kontext des wachsenden deutschen Einflusses, d. h. im mitteleuropäischen Zusammenhang, darzustellen.

Für deutsche Leser scheint es sinnvoll, einen Einstieg in die Geschichte des Nachbarlandes bei den deutsch-tschechischen Problemen zu suchen, so neuralgisch sie auch im einzelnen sein mögen. Nur aus diesem eher „didaktischen" Gesichtspunkt, nicht aus einem vagen Glauben an eine allzu leicht zu mißdeutende „Schicksalsgemeinschaft" von Deutschen und Tschechen in den Böhmischen Ländern seien hier noch einmal einige Themen deutsch-tschechischer Vergangenheit aufgegriffen, an denen sich sowohl Palackýs produktiver, „futurischer" Blick in die Vergangenheit verdeutlichen läßt, wie damit wohl auch das unmittelbare Interesse des deutschen Lesers angesprochen werden kann. Ein vollständiger historiographischer Überblick kann und soll dies aber nicht sein, dieser würde den Rahmen des Buches sprengen.

Beginnen wir mit dem bereits erwähnten Feudalismus-Problem. Palacký nimmt, nach hegelschem Vorbild, auch für die böhmische Geschichte ein Fortschreiten der Zentralisation an, wobei sich Zentralisation und Zivilisation wechselseitig fördern und stützen. Drei Phasen glaubt er dabei feststellen zu können:

1. die slawische Urverfassung bis auf König Přemysl Ottokar II. (1253);
2. den Feudalismus von Přemysl Ottokar II. bis zu Ferdinand II.;
3. den Absolutismus von Ferdinand II. bis zur Gegenwart.

In enger Anlehnung an ähnliche Vorstellungen der zeitgenössischen deutschen Rechts- und Verfassungsgeschichte bemerkt er in der slawischen Urverfassung die „gänzliche Abwesenheit eines politischen Ständeunterschiedes in Böhmen" und leugnet demgemäß, daß es damals Privilegien, Immunitäten und Sonderrechte gegeben habe. Ähnlich wie die damalige deutsche Rechtsgeschichte spricht er von „allgemeiner Gleichheit vor dem Gesetz und der gleichen politischen Berechtigung aller Volksklassen". Im selben Atemzuge jedoch behauptet Palacký, daß es damals einen Adel gegeben habe, dessen Vorrangstellung er jedoch nur im größeren Landbesitz sieht. Erst durch das Eindringen des deutschen Feudalismus seit Přemysl Ottokar II., also in der zweiten Phase der Zentralisation, soll sich ein politischer Ständeunterschied gebildet haben, in dessen Gefolge Rechtsungleichheit, Privilegien, Immunitäten entstanden. Die Rechtsungleichheit wird also zum deutschen Import gestempelt, wobei die Art und Weise, in der Palacký von diesem Vorgang spricht, keinen Zweifel darüber läßt, daß er darin ein negatives Moment sieht: „Nach Böhmen und Polen verpflanzt, wo es keine Eroberer und Eroberten gab, mußte dieses System (des Feudalismus) notwendig den Charakter einer Usurpation aus Egoismus annehmen." Ohne es zu bemerken, hatte Palacký damit sein eigenes, von Hegel übernommenes Schema des wechselseitig sich bedingenden Fortschritts von Zivilisation und Zentralisation aufgegeben und gegen die suggestive Idee eingetauscht, daß sich in der Geschichte Böhmens ein deutsches feudalistisches und ein slawisches, quasi urdemokratisches Prinzip gegenübertraten.

Mit der Behandlung der dritten Zentralisationsphase, in welcher der Ständefeudalismus vom absolutistischen Königtum überwölbt und abgelöst wurde, kommt Palacký zu einem ihm wesentlichen Punkt: zur künftigen Rolle der Stände. Dabei greift er geschickt auf seine vorige Annahme zurück, daß der Feudalismus deutscher Herkunft sei. So kann er sich in dieser den böhmischen Ständen zugedachten Schrift die kühne Feststellung erlauben, daß „feudalen Ständen alle Elemente des Fortbestandes in unserer Zeit mangeln und immer mangeln werden, daß somit jeder Versuch, sie in alter Form zu erhalten oder ins Leben wieder einzuführen, an der Unmöglichkeit scheitern müsse. Ich spreche aber ausdrücklich von feudalen Ständen" – so fährt er fort – „nicht von der Aristokratie überhaupt; denn letztere ist ein natürliches Produkt jeder gesellschaftlichen Ordnung, das von jeher überall bestanden hat und auch immer und überall bestehen wird." Auch wenn er es nicht ausdrücklich sagt, legt Palacký hier den böhmischen Ständen nahe, daß eine Abkehr von überholten feudalen Formen zugleich eine Reinigung von einer deutschen institutionellen Überfremdung sei; denn Adel habe es ja auch in der vorfeudalen Epoche gegeben und werde es immer geben. Damit wird der böhmischen Aristokratie gleichsam eine ideologische Brücke gebaut, auf der sie nach dem deutschen „feudalistischen Sündenfall" wieder in den Schoß der Nation zurückkehren kann. Man sieht, der deutsche Einfluß ist in diesem Konzept stark auf das Phänomen des Feudalismus reduziert;

dementsprechend erscheint auch die deutsche Besiedlung der Randgebiete Böhmens durch „Kolonisten" als eine Begleiterscheinung der feudalen Infiltration, eine folgenschwere Verquickung von Historie und Politik. Diese pseudohistorische Argumentation geht bis zu dem bösen Wort Masaryks von 1918, die Deutschen seien nur als „Kolonisten und Immigranten" ins Land gekommen, d. h. als „Gäste" der Tschechen.

Ein weiteres Problem der deutsch-tschechischen Nachbarschaft im Mittelalter muß hier auch angesprochen werden, weil es ebenfalls schon Topos-Charakter besitzt, nämlich die Frage der Abhängigkeit oder Selbständigkeit Böhmens vom mittelalterlichen Deutschen Reich. Dabei spielt übrigens der schon erwähnte Tribut von hundertzwanzig Ochsen, den Böhmen seit der Karolingerzeit an den Frankenkönig zu entrichten hatte, eine komische, fast leitmotivische Rolle. Auch diese Frage hatte bereits Palacký in seiner seit 1836 erscheinenden „Geschichte Böhmens" angeschnitten und damit eine Diskussion eröffnet, die im 20. Jahrhundert verständlicherweise an Brisanz für das deutsch-tschechische Verhältnis gewinnen mußte, ging es doch dabei um die Vorformen des Verhältnisses zu Deutschland, mit dem sich die junge Tschechoslowakische Republik seit 1918 in den mannigfachsten Formen immer wieder konfrontiert sah. Palackýs rechtshistorische Theorie eines von Anfang an unabhängigen böhmischen Staates stritt konsequent eine enge staatsrechtliche, d. h. für das Mittelalter vor allem lehensrechtliche Bindung Böhmens an das Reich ab und interpretierte die zweifellos vorhandenen Beziehungen als rein persönlich-dynastischer Natur, wie sie sich aus der jeweiligen politischen Lage und den daraus resultierenden Heiratsverbindungen zwischen den Přemysliden und den deutschen Herrschern ergaben. Nach dem Ende des Alten Reiches im Reichsdeputationshauptschluß von 1803 und dem scheinbaren Zusammenbruch des Deutschen Bundes in den Wirren der Revolution von 1848 – bis zu diesem Zeitpunkt hatte ja das tschechische Volk als Teil der westlichen Reichshälfte der Donaumonarchie fraglos zum Deutschen Bunde gehört – besaß dieses Thema eine weit über das historische hinausgehende politische Brisanz, implizierte es doch im Grunde auch die Frage nach dem künftigen Verhältnis von Tschechen und Deutschen. Denn wenn auch der Historiker kein Prophet ist, weist er doch mit seiner Deutung der Vergangenheit schon unwillkürlich selbst in Gegenwart und Zukunft. Noch aktueller erscheint die Frage nach dem staatsrechtlichen Verhältnis zwischen Tschechen und Deutschen im berühmten Absagebrief Palackýs vom 11. April 1848 an den Fünfzigerausschuß des Frankfurter Vorparlaments, worin er dessen Einladung ablehnte, als Tscheche an den Beratungen dieses Gremiums teilzunehmen. Die von Ernst Moritz Arndt beschworene tausendjährige Verbindung Böhmens mit dem Reich wird in diesem Brief als rein dynastisch abgelehnt und mit der Beendigung aller feudalen Verhältnisse und Bindungen durch die Revolution für gegenstandslos erklärt. Der Zusammenhang zwischen nationalpolitischen Gegenwartszielen und Geschichtsinterpretation ist hier mit Händen zu greifen, und bis in die gegenwärtige geschichtswissenschaftliche und historisch-publizistische Diskussion wird von den Tschechen jeder Versuch, die Verflechtung Böhmens mit dem mittelalterlichen deutschen Reich stark zu betonen, als ein indirekter politischer Angriff gegen ihre Eigenständigkeit gewertet. Umgekehrt war und ist jede Selbständigkeitsbestrebung der tschechischen Nation von historischen Analysen begleitet, die den roten Faden echter oder vermeintlicher Eigenständigkeit vor allem gegenüber dem deutschen Nachbarn möglichst weit in das Dunkel der Geschichte hinabverfolgen möchten. Dies beginnt mit Josef Kalouseks „böhmischer Staatsrechtstheorie" von 1870, die – ganz im Sinne Palackýs – eine kontinuierliche Eigenstaatlichkeit der Böhmischen Länder, also Böhmens, Mährens und Schlesiens, sowohl im mittelalterlichen deutschen Reich als auch innerhalb der Habsburgermonarchie postulierte. Diese historisch-politische Vorstellung blieb im großen und ganzen das Credo der kritischen tschechischen Geschichtswissenschaft vor und nach dem Ersten Weltkrieg, bis hin zu Václav Vaněček, der nach dem Zweiten Weltkrieg – psychologisch verständlich, aber wissenschaftlich fragwürdig – die These dahingehend vergröberte, daß die Beziehungen des Reiches zu Böhmen seit jeher lediglich auf brutaler Unterdrückung beruht hätten. Jaroslav Goll und Václav Novotný, die bedeutendsten Historiker der älteren Generation, hatten das Problem mehr verfassungsgeschichtlich eingegrenzt, sie meinten, daß es sich nur um eine lehensrechtliche Bindung an das Reich gehandelt habe. Auf deutscher Seite glaubte Wilhelm Wegener demgegenüber noch 1959 beweisen zu können, daß der Herrschaftsanspruch des deutschen Königs über Böhmen kein Ausfluß des universalen, allenfalls hegemonialen Kaisertums gewesen sei; Böhmen wie Mähren hätten vielmehr dem Kern des mittelalterlichen Imperiums, dem deutschen Königreich, angehört. Ohne im einzelnen nun diese Diskussion näher darzulegen, deren politische Relevanz für das deutsch-tschechische Verhältnis auf der Hand liegt, sei doch vermerkt, daß auch Wegeners Position problematisch ist, denn der deutsche König hatte in Böhmen-Mähren weder Königsgut und Königsgut verwaltende Reichsministerialen, noch konnte er, wie in der Reichskirche, in Böhmen Bistümer und große Abteien besetzen (von einem Sonderfall unter Barbarossa abgesehen), noch hielt er, wie es im Reich selbstverständlich war, bei seinem Herrschaftsantritt in Böhmen einen Königsumritt. Königsgut, Kirchenherrschaft und Königsumritt sind aber wesentliche Merkmale der deutschen Reichsverfassung des Mittelalters. Wo sie, wie in Böhmen-Mähren, fehlen, kann also keine Rede von einer wirklichen Herrschaft des deutschen Königs sein. Wenn man sich aber vor Augen hält, daß im Investiturstreit die Přemysliden die treuesten Mitstreiter Heinrichs IV. waren und umgekehrt der salische Kaiser viel zur inneren Festigung der přemyslidischen Herrschaft in Böhmen beigetragen hat, dann löst sich dieses Problem der „Abhängigkeit" Böhmens vom Reich von selbst in sein reales Substrat auf: Das Zusammengehen von Saliern und Přemysliden, später von Staufern und Přemysliden, war für beide eine wertvolle Hilfe im Kampf um die Festigung ihrer Herrschaft gegen innere Gegner. Nationale Aspekte im modernen Sinne spielten hierbei überhaupt keine Rolle, es ist rein ahistorische Ideologie, sie nachträglich in diese Beziehungen hineindeuten zu wollen. Gerade diese wirkliche Wechselseitigkeit in den deutsch-böhmischen Beziehungen wurde in den vorausgegangenen Abschnitten immer wieder herausgearbeitet, weil sie in der Tat fast leitmotivischen Charakter hat.

Dies gilt auch für das bis heute heiß diskutierte Problem der sogenannten Ostkolonisation, das von tschechischer Seite lange Zeit und nicht ganz zu Unrecht als ein Phänomen der „Überfremdung" verstanden worden ist. Es braucht nicht näher ausgeführt zu werden, welche Rolle die Ostkolonisation, der Landesausbau des Mittelalters, in der Diskussion um den vielberufenen „deutschen Drang nach dem Osten" gespielt hat und immer noch spielt. Hier geht es also auch um ein zentrales Problem des deutsch-tschechischen Verhältnisses in Vergangenheit und Gegenwart, wie schon T. G. Masaryks oben zitierter Ausspruch vom Dezember 1918 über die Deutschen „als Immigranten und Kolonisten" beweist. Immigrant und Kolonist – das impliziert die Vorstellung, daß die Deutschen der Böhmischen Länder, die sich nach 1918 Sudetendeutsche nannten, auch nach siebenhundert Jahren in Böhmen kein volles Heimatrecht besitzen konnten, daß es hier nationale Prioritäten und Prärogative gab, denen sich diese 3 ½ Millionen Deutsche zu beugen hatten. Die Aktualität historischer oder vermeintlich historischer Aussagen im Nationalitätenkampf wird hier wiederum unmittelbar sichtbar.

Es würde den Rahmen dieser abschließenden Überlegungen sprengen, wollte man auch nur in groben Umrissen versuchen, die gesamte geschichtswissenschaftliche Fachdiskussion um den Landesausbau in den Böhmischen Ländern zu skizzieren. Nur die Grundlinien dieser Kernfrage des deutsch-tschechischen Dialogs seien hier nachgezeichnet. Während von deutscher Seite – man muß schon sagen, bis zum Überdruß – die Pionierleistung der Kolonisation als „Großtat des deutschen Volkes" in mannigfachen Variationen geschildert worden ist, empfanden die

Tschechen diese – wie sie meinten – sich in ihrem eigenen Lande etablierende engere Nachbarschaft schon früh als eine Überfremdung – weniger den Kolonisationsvorgang, Rodung und Landesausbau an sich, als dessen sich später einstellende Folgen. Schon seit dem 13. Jahrhundert finden sich Stimmen, welche die Deutschen als unfreie Eindringlinge bezeichnen, die zunächst dienend ins Land gekommen seien, um sich dann als Herren aufzuspielen, und schon im späteren Mittelalter wird deshalb von tschechischer Seite gesagt, die Deutschen hätten keinen Anspruch auf Gleichstellung im Lande. Einen Höhepunkt dieser Kritik an den Deutschen stellt im 14. Jahrhundert, wie erwähnt, die Chronik des Dalimil dar. Nun wird nach dem heutigen Stande unserer wissenschaftlichen Erkenntnisse niemand leugnen wollen, daß die Ostkolonisation nur ein Teilvorgang innerhalb eines ganz Europa umfassenden Landesausbaus und Kultivierungsvorganges war, der bereits seit der Karolingerzeit, von Westeuropa ausgehend und begleitet von technischen Innovationen wie der Einführung des Räderpflugs und der Dreifelderwirtschaft, fortschreitend Mitteleuropa und dann, durch deutsche Vermittlung, auch Ostmitteleuropa erfaßte. Es hat wenig Sinn, darin einen spezifischen „deutschen Drang nach dem Osten" sehen zu wollen. Ebenso wird man nicht ernstlich bestreiten können, daß mit dem deutschen Siedlerrecht und den deutschen Stadtrechten, dem Lübecker, Magdeburger, Nürnberger und Wiener Recht, entwickeltere und objektiv bessere Formen der gesellschaftlich-rechtlichen Organisation nach Böhmen und in die anderen ostmitteleuropäischen Länder kamen. Auch die heutige tschechische Geschichtswissenschaft erkennt dies an, wenn sie auch betont, daß in der städtischen Entwicklung bereits vor den deutschen Städtegründungen ein Entwicklungsgrad erreicht war, der überhaupt erst die sinnvolle Übernahme westlicher Verfassungs- und Organisationsformen möglich machte.

Was lange Zeit solchen objektiven Erkenntnissen über die realen Bedingungen der deutsch-tschechischen Nachbarschaft im Zeitalter der Ostkolonisation im Wege stand – und zwar im allgemeinen Bewußtsein wie in der geschichtswissenschaftlichen Fachdiskussion – war ein merkwürdiges, vom modernen Nationalismus genährtes „Blockdenken", das den gesamten komplizierten, von vielen regionalen Faktoren bestimmten Vorgang des Landesausbaus in Böhmen als eine planmäßige Konfrontation zwischen Slawen und Deutschen, zwischen tschechischer Nation und deutscher Nation ansah. Davon kann in Wahrheit keine Rede sein; es handelte sich vielmehr um einen weitgehend anonym gebliebenen Vorgang, der sich aus zahllosen Einzelaktionen mit jeweils unterschiedlichen Ursachen zusammensetzte, ein Mosaik gleichsam, das erst im nachhinein ein deutliches

Bild ergeben hat. Sozialgeschichtliche Forschungsmethoden auf beiden Seiten haben in den letzten Jahrzehnten viel nationalistischen Schutt und viele ebenso ehrwürdige wie schädliche Ladenhüter beiseitegeräumt. Hier kann man wirklich von einem Nutzen der Geschichtswissenschaft für das allgemeine Bewußtsein beider Völker sprechen.

Es wird oft darüber gelächelt, daß die Geschichtswissenschaft auch eine ihrer Aufgaben darin sieht, wenigstens ex post vergangenen Zeiten und Geschlechtern Gerechtigkeit widerfahren zu lassen. Ist dies eine nutzlose Spielerei, ein Hobby für Leute mit schwachen Nerven, ein Opiat, um die Wirklichkeit ertragen zu können? Ich glaube nein! Einer Person, einer Gruppe, Partei oder Nation im ruhigen Rückblick Gerechtigkeit widerfahren zu lassen, sie in ihrer Situation zu verstehen, kann traumatische Barrieren abbauen helfen, kann Wunden im Bewußtsein von Personen, Gesellschaften und Minderheiten heilen, die unter Umständen zu kollektiven Krankheiten und Gruppenaggressionen führen und damit zu einer Gefahr für die gesamte Gesellschaft werden, nämlich dann, wenn sie nicht rechtzeitig erkannt, nüchtern überdacht und rational analysiert werden. Wenn die Geschichtswissenschaft in diesem Sinne hilft, kollektive Fehlurteile und damit potentielle Aggressionen abzubauen, leistet sie auch einen wichtigen Beitrag zur Gegenwartsbewältigung.

Ein letzter Punkt sei noch angesprochen, der dem Verfasser – selbst ein böhmisches Landeskind und gefühlsmäßig oft zwischen den Begriffen „böhmisch" und „sudetendeutsch" hin- und hergeworfen – sehr am Herzen liegt, nämlich die Besorgnis, man möchte aus eigener innerer Betroffenheit die Größenordnung böhmischer Fragen überschätzen, und zwar maßlos überschätzen, einfach aus „Heimatliebe" – verwenden wir getrost dieses altmodische oder schon wieder modisch-nostalgische Wort. Beispiele solcher Art gibt es leider genug, wo sich ansprüchlicher Provinzialismus zum „Nabel der Welt" hochstilisiert und damit selbst einer unfreiwilligen Komik ausliefert. Behalten wir diese Gefahr ernsthaft im Auge, wenn der Versuch unternommen werden soll, die Frühzeit und das Mittelalter der Böhmischen Länder im Kontext der europäischen Entwicklung zu überblicken und ihren Stellenwert innerhalb derselben zu ermitteln. Nehmen wir – etwa im Hinblick auf die Einordnung des Großmährischen Reiches in den europäischen Kulturhorizont des 9. Jahrhunderts – diese Gefahr der Selbstüberschätzung nicht auf die leichte Schulter und versuchen wir dennoch, die Probleme „im Herzen Europas" am Standard eben dieses Subkontinents zu messen, wobei wir nebenbei auch im Auge behalten sollten, daß unser heutiges Europa, wie gerade auch der „Prager Frühling" des Jahres 1968 gezeigt hat, bei weitem nicht so „out of date" und ohne Zukunftsperspektiven ist, wie uns die europäischen Anbeter der Supermächte in einer Art von subtilem Selbsthaß glauben machen wollen.

Aktualität und Wichtigkeit unseres Themas dürfte aber noch in einem anderen, historisch wie ideologisch gleichermaßen bedeutsamen Bereich liegen. Nach dem Zweiten Weltkrieg erlebte die deutsche neuzeitliche Geschichtsschreibung eine bemerkenswerte Renaissance des klassischen deutschen und europäischen Geschichtsbildes Leopold von Rankes. Es war dies einerseits ein Wiederanknüpfen an unbelastete, weil noch nicht nationalistische Traditionen. Andererseits war es aber auch eine ausgesprochene Rückzugsposition aus der Aktualität historischen Geschehens, die sich negativ auf Rang und Bedeutung wissenschaftlicher Geschichtsschreibung auswirkte, nämlich als geistiger Terrainverlust gegenüber anderen Disziplinen. Eine weitere Gefahr war ursächlich damit verbunden. Ranke hatte die Geschichte Europas als Werk und Ergebnis der welthistorischen Synthese zwischen den romanischen und germanischen Völkern verstanden, einer Synthese, die sich seit dem Ende der Spätantike in mannigfachen Formen ausgebildet hatte. Es liegt auf der Hand, daß mit dieser Interpretation, die politisch-geographisch nur allzugut in die harte ideologische Konfrontation des „Kalten Krieges" paßte, die historisch und kulturell so reiche und vielgestaltige slawische Welt gleichsam von selbst eliminiert, aus dem geschichtlichen Bewußtsein verdrängt oder zumindest an den Rand des westeuropäischen Selbstverständnisses verwiesen wurde. Ranke-Renaissance und die Ideologie eines abendländisch-karolingischen Großreiches, wie sie für die fünfziger Jahre oft typisch war, hängen enger zusammen, als es auf den ersten Blick erscheinen mag. Dem entspricht haargenau die Isolierung, der die jeweiligen Osteuropa-Institute an den Universitäten vielfach ausgesetzt waren, vor allem was die Rezeption ihrer Arbeit und Lehrinhalte in der allgemeinen Lehrerausbildung anbetrifft – ein Zustand, der teilweise bis heute nicht überwunden ist. Was von Geschichte und Kultur Ost- und Ostmitteleuropas damals noch ins allgemeine Bewußtsein vermittelt wurde, lief in der Publizistik vielfach unter dem – gelinde gesagt unzureichenden – Aspekt der „deutschen Kultur- und Pionierarbeit im Osten", mit anderen Worten: die Völker östlich der deutschen Sprachgrenze wurden mehr oder weniger zu bloßen Objekten des historischen Prozesses degradiert. Eine Ausnahme machte vielleicht die Literatur über die ehemalige Donaumonarchie, wo Völker der verschiedenartigsten ethnischen Herkunft – Deutsche, Slawen, Romanen, Madyaren und Juden – jahrhundertelang in enger kultureller Symbiose lebten, einer Symbiose, der es unter wechselnden Konstellationen allerdings nicht an dramatischen Antagonismen gemangelt hatte. Dennoch: es ist heute ein Gemeinplatz, wenn man sagt, daß gerade in diesem Vielvölkerstaat Formen des Zusammenlebens und der politisch-gesellschaftlichen Integration erprobt, verworfen und neu entwickelt worden sind, deren Modellhaftigkeit für europäische oder gar atlantische Zusammenschlüsse klar zutage liegt, auch was die Gefahrenquellen, Fehler und möglichen Gegenkräfte anbelangt, die heute der Zwang zur Integration notwendigerweise mit sich bringt. Aber gerade diese faszinierende Modellhaftigkeit und Prototypik der habsburgischen Gesamtgeschichte, in der sowohl die Böhmischen Länder wie die Slowakei eine Schlüsselstellung eingenommen haben, begründet die Berechtigung eines Aspektes, demzufolge dieser historische Raum Brennspiegel europäischer Entwicklungen war und ist. Damit ist beileibe nicht gemeint, daß der Raum der heutigen Tschechoslowakei immer im Mittelpunkt der geschichtlichen Entwicklung gestanden hätte, denn oft sind sowohl die Böhmischen Länder wie auch die Slowakei kaum mehr als Objekte großer Politik gewesen. Es geht vielmehr um die enge, oft exemplarisch komplizierte Verflechtung politischer, gesellschaftlicher, ethnischer, religiöser und ideologischer Probleme seit dem Mittelalter, durch deren Analyse und Darstellung man gleichsam als „pars pro toto" zentrale Bereiche europäischer Entwicklungen konzentriert und auf relativ überschaubarem Raum in den Griff bekommen kann, ganz gleich, ob Böhmen nun „Objekt" oder „Subjekt" der Geschichte gewesen ist.

Rückblickend lautet daher unsere These: Die Geschichte der Böhmischen Länder versteht keiner, der in engem Spezialistentum nur das Böhmische sieht; Exemplarisches wird allein im europäischen Vergleich sichtbar, wobei der Vergleich nicht etwas nachträglich Hinzugekommenes sein kann, sondern ein methodisches Prinzip der Darstellung bleiben muß. Diese These sei an einigen Beispielen verdeutlicht, wobei sich der Verfasser die Freiheit nimmt, in einzelnen Fällen exemplarisch über das Mittelalter hinaus bis an die Schwelle der Gegenwart zu gehen. Auszugehen ist dabei von der schon erwähnten Tatsache, daß Böhmen eine genuin slawische Herrschaftsbildung war und im Grunde immer geblieben ist, trotz der engen Beziehungen zu einer zeitweise dominierenden andersartigen Umwelt. Für den vergleichenden Gesellschaftshistoriker ist es faszinierend zu beobachten, daß sich an der slawisch-germanischen Grenz- und Mischzone genau dieselben Phänomene wiederholen wie etwa dreihundert Jahre zuvor in den breiten romanisch-germanischen Kontaktzonen Galliens, der Rheinlande und des Donauraums. So wie im Westen unter dem Einfluß des Christentums, speziell der monastischen Kultur, Franken und Gallorömer im 6. und 7. Jahrhundert zu einer neuen Gesellschaft und damit zur Kernzelle Europas verschmolzen, so bewirkte auf ähnliche Weise die Christianisierung und die aus ihr erwachsende feudale

Kultur in den Böhmischen Ländern und an der Donau eine neue Gesellschaft, die im Zeichen des christlichen Glaubens die älteren und regional begrenzten gentilizischen Formen ablöste und der Přemyslidenherrschaft jene Kraft und Geschlossenheit gab, die ihre erstaunliche Eigenständigkeit gegenüber dem deutschen Königtum wesentlich mitbegründete. Der neue, d.h. christliche Kult, der den Landesmittelpunkt auch religiös beglaubigte, war in diesem Falle – wie anderswo – der ,,Kitt archaischer Staatlichkeit". Die Parallelen zu Polen und zum Reich der Stephanskrone drängen sich hier von selbst auf. Abhängigkeit oder Anlehnung an die europäische Mitte, an Kaiser und König, sind keine meßbaren, quasi eindimensionalen Größen, und schon gar nicht handelt es sich um historische Konstanten über lange Zeiträume hinweg. Erst wenn man die Stellung des Arelats, Lothringens, Reichsflanderns und Reichsitaliens als vergleichbare Beziehungen zum Reich hinzunimmt, kann man die Rolle Böhmens im Gefüge des mittelalterlichen Europas genauer bestimmen. Eine langandauernde Sonder- und manchmal Vormachtstellung der europäischen Mitte des mittelalterlichen Reiches läßt sich aber wohl kaum leugnen; das wird man auch anderweitig im mittelalterlichen Europa beobachten, sei es in der sich bildenden skandinavischen Staatenwelt, sei es im Westen, wo die Ottonen eine so bedeutsame Rolle bei den Anfängen der kapetingischen Königsherrschaft spielten. In der Geschichte Böhmens ist diese Vormachtstellung allerdings – wie wir gesehen haben – zeitweise besonders ausgeprägt.

Mit dem Aussterben der Přemysliden im Mannesstamm durch die Ermordung König Wenzels III. im Jahre 1306 und vor allem mit der anfangs zögernden, dann energischen Inbesitznahme des verwaisten Königreiches durch die luxemburgische Dynastie wurden für mehr als ein Jahrhundert die Böhmischen Länder Herzland des Reiches: Böhmische Krone, deutsche Krone und Kaiserkrone waren in einer Hand vereinigt. Ein labiles, aber jahrzehntelang klug austariertes Gleichgewicht zwischen Land, Reich und Imperium entstand, dessen wesentliche Elemente in der Goldenen Bulle Karls IV. von 1356 festgeschrieben wurden und die teilweise bis zum Ende des Alten Reiches im Jahre 1803 strukturbestimmend blieben. Die Epoche Karls war aber zugleich auch ein Dreh- und Wendepunkt der böhmischen Geschichte. Französische, westeuropäische Kultur überformte stärker denn je die einheimische, tschechische und deutsche Gesellschaft und schuf eine neue zivilisatorische Blüte von höchstem gesamteuropäischen Rang, ja, vom luxemburgischen Böhmen gingen fast alle innovatorischen Impulse aus, die in Politik, Recht, Literatur und Kunst Ostmitteleuropa erfaßten und formten.

Aber diese fast fieberhafte kulturelle Entfaltung im ,,Herzland Europas", die mit dem Namen Karls IV. verbunden ist, liegt jenseits des hier zu behandelnden Zeitraums. Demgegenüber schien es heute mehr denn je nötig aufzuzeigen, daß die přemyslidische Spätzeit, vor allem die Epoche König Přemysl Ottokars II., des „Goldenen Königs", nicht nur ein Vorspiel der luxemburgischen Glanzperiode gewesen ist. Vielmehr stellt sie in sich selbst einen Gipfel der böhmischen Geschichte dar. Sie wurde auch deshalb grundlegend für die weitere Geschichte dieses Landes, weil damals im wesentlichen die Zweivölkergeschichte Böhmens begann, die in unserem Jahrhundert durch Schuld auf beiden Seiten schrittweise zerstört worden ist. Die Jahre 1918, 1938, 1939 und 1945 markieren diesen bedrückenden Vorgang zielstrebig-pedantischer Selbstzerstörung einer langen ethnisch-kulturellen Symbiose zwischen Tschechen und Deutschen, der es zwar nie an Antagonismen und dramatischen Peripetien gemangelt hatte, die aber dennoch groteskerweise noch bis in eine Zeit hineinreichte, als sich in Europa die Flegeljahre des Nationalismus bereits ihrem hoffentlich unwiderruflichen Ende zuneigten. Daß in diesen wenigen Jahren ein anderes Grundthema der europäischen wie der böhmischen Geschichte, nämlich das Phänomen der Massenemigration, auf schauerliche Weise für Deutsche und Tschechen zum Tragen kam, steht auf einem anderen Blatt.

3. Europäische Aspekte: ein Ausblick auf die weitere Geschichte der Böhmischen Länder

Mit der luxemburgischen Dynastie bricht für die Böhmischen Länder bekanntlich eine reiche Epoche der politischen und kulturellen Internationalität an. Die zivilisatorische Ausgereiftheit Westeuropas treibt im Kernland Böhmen gleichsam auf neuem Grunde eine erstaunliche Blüte hervor, die sich auch optisch manifestiert: Der Papstpalast in Avignon und der Hradschin in Prag sind die größten gotischen Wohnpaläste, die uns erhalten sind. Für die Internationalität des spätmittelalterlichen Böhmen ist die Prager Universitätsgründung von 1348 ein sichtbares Zeichen. Damit nähern wir uns den geistigen Anfängen des Hussitismus, einem Phänomen, das erst in den letzten Jahrzehnten durch gesellschaftsgeschichtliche und religionssoziologische Untersuchungen aus der thematischen Verengung einer älteren, vornehmlich nationalen Betrachtungsweise herausgelöst werden konnte. Gesamteuropäische Faktoren waren auch hier wirksam und machen den exemplarischen Charakter dieser Bewegung aus: so etwa die europäische Sozialentwicklung des Spätmittelalters, die in der Entfaltung frühbürgerlicher Gesellschaftsstrukturen kulminierte, ferner der Verfall der Grundrenten, der durch die Pest nur akzentuiert, aber nicht ausgelöst wurde und schließlich zu jenen Zuständen überleitete, die man schlagwortartig mit dem Begriff „Krise des Feudalismus“ umschrieben hat.

Brennspiegel europäischer Entwicklungen ist Böhmen im 14. und 15. Jahrhundert auch insofern, als in Prag – wie in Paris, Oxford, Bologna und andernorts – an den Universitäten eine internationale Intelligenz entstand, die sich besonders aus den Bettelorden mit ihrer erstaunlichen horizontalen und vertikalen Mobilität rekrutierte, eine Intelligenz, welche wiederum die institutionelle Voraussetzung der scharfen Kritik an der alten Herrschafts- und Adelskirche, an ihrem Fiskalismus und ihren Prärogativen war. Einerseits wurde die Forderung nach Emanzipation des Staates von der Papstkirche laut, eine Forderung, die sich des neu entdeckten Instrumentariums des Aristotelismus bediente. Andererseits ergab sich aus solchen Gedanken fast zwangsläufig der Ruf nach einer gereinigten, spiritualisierten „armen Kirche“, ein Ruf, der seit den Anfängen der gewaltigen, ganz Europa ergreifenden religiösen Laienbewegung im 12. Jahrhundert, aus der einst die Bettelorden hervorgegangen sind, nicht mehr verstummt war. Der Konziliarismus als eine kirchenpolitische Theorie, die das Papsttum zugleich reformieren und politisch entmachten wollte, war in diesem Sinne eine ausgesprochene „Universitätsideologie“, deren sich die politischen Gewalten aber dann zu ganz konkreten, meist innenpolitischen Zwecken erfolgreich bedienten. Aus diesem Milieu der Universitäten und der Bettelorden kamen vornehmlich jene Angriffe, die von Denkern wie Marsilius von Padua und Wilhelm von Occam, den geistigen Vätern des „Konziliarismus“ vorgetragen und international leidenschaftlich zur Diskussion gestellt wurden. Seit ihrer Zeit stand das Thema des allgemeinen, über dem Papst stehenden Konzils auf der Tagesordnung der Reichs- und Kirchenpolitik in Europa, bis es im 15. Jahrhundert mit den Konzilien von Konstanz und Basel eine – freilich recht andersartige – Realisierung fand. Die Scheiterhaufen für Jan Hus und Hieronymus von Prag und die internationalen Folgen der Hinrichtung dieser Bekenner zeigen jedoch, daß die ursprünglich religiösen und gesellschaftlichen Antriebskräfte der konziliaren Bewegung nicht mehr durch rein politische Übereinkommen zwischen Kurie und Reich unter Verschluß gehalten werden konnten. Gleichzeitig wird an diesem Gang der Entwicklung deutlich, wie rasch die böhmischen Dinge in den Brennpunkt Europas traten. Dies jedoch war nur möglich, weil die böhmische Stadtkultur des 14. und 15. Jahrhunderts eine vitale Variante der west- und mitteleuropäischen städtischen Zivilisation des Spätmittelalters war, und zwar in einer zeittypischen Verflechtung von sozialer und religiöser Dynamik, die sich im Zweivölkerland Böhmen noch durch eine frühnationale Komponente komplizierte und verschärfte. Sowohl John Wiklif wie Jan Hus stehen in diesem großen europäischen Zusammenhang. Beide werden als Repräsentanten einer neuen intellektuellen und gesellschaftlichen Szenerie im spätmittelalterlichen Europa überhaupt erst verständlich.

Gehen wir wiederum eine Phase weiter, dann bieten sich die Böhmischen Länder vom 15. bis zum 17. Jahrhundert als Paradebeispiel des europäischen Ständestaates dar. Dieser vom Adel regierte böhmische Ständestaat lag zuerst auf der englischen Entwicklungslinie, d. h. es zeichnete sich der Trend ab, die Ständeherrschaft als Parlament zu etablieren und zu institutionalisieren mit der Aussicht, diese ursprünglich adelige Körperschaft schrittweise nach unten zu öffnen und zum Parlament im heutigen Sinne, nämlich zur demokratischen Gesamtrepräsentation der Nation zu erweitern. Mit der Schlacht am Weißen Berg wurde diese Möglichkeit 1620 zunichte. Habsburg erzwang eine Umpolung auf das zweite europäische Entwicklungsmodell, nämlich auf das französische, d. h. auf den schrittweise zentralisierenden Absolutismus, der alle notwendigen staatlichen Institutionen in seiner Hand vereinigte und überdies als Waffe gegen die Machtkonkurrenz des Adels verwandte. Wie anderswo in Europa war etwa die Bauernbefreiung in Österreich ein wirksames Mittel der Dynastie zur Demontage der böhmischen Adelsherrschaft und ihrer alten grundherrlichen Rechte; die böhmischen Stände wurden wegen ihrer vorherigen Bedeutung besonders hart von dieser staatlichen Reformpolitik in Mitleidenschaft gezogen und „domestiziert". So sehr es auch dem habsburgischen Absolutismus letztlich gelang, ganz in Parallele zur französischen und preußischen Entwicklung, die Stände seinem politischen System einzuordnen – was wiederum exemplarisch an den Verhältnissen des Königreiches Böhmen abzulesen ist –, der „englische Trend" blieb gerade beim böhmischen Adel als eine Art Unterströmung noch bis ins 19. Jahrhundert, ja bis zum Ende der Monarchie lebendig. Erinnert sei in diesem Zusammenhang an den Kampf des wittelsbachischen Kurfürsten Karl Albrecht gegen Maria Theresia um die Kaiserkrone, ein Kampf, bei dem die böhmischen Stände 1741/42 wiederum eine bemerkenswert selbständige, antihabsburgische Rolle spielten. Die zeitweilige Parallelität ständisch-böhmischer und nationaltschechischer Bestrebungen wird schließlich auch an der Rolle Graf Leo Thuns im Frühjahr 1848 sichtbar, der damals versuchte, als böhmischer Gubernialpräsident eine selbständige böhmische Landesregierung zu schaffen, in der sich der Adel mit dem national-tschechischen Bürgertum gegen den habsburgischen Wiener Zentralismus verbinden sollte. Der Antagonismus zwischen Adel und Fürst reicht im Grunde auch hier bis ins Mittelalter, nämlich bis in die Glanzzeit der Přemysliden zurück. Am Beispiel der separatistischen Prager Landesregierung unter Leo Thun wird zugleich ein Faktum deutlich, das für das ganze 19. Jahrhundert, und nicht nur in Böhmen, folgenreich geworden ist: Die Stände, der Adel, waren gegenüber dem zentralisierenden Absolutismus Schützer und Förderer des tschechischen Frühnationalismus. Am Lebensweg Palackýs etwa ist diese zeitweise Konvergenz der politischen Interessen von Adel und nationalem Bürgertum beispielhaft abzulesen. Auch hier drängen sich die europäischen Parallelen auf: etwa die Rolle des polnischen Adels als Refugium des Nationalbewußtseins der Polen oder die Funktion der madyarischen Gentry innerhalb des modernen ungarischen Nationalismus – Phänomene, die wiederum weit ins Mittelalter zurückweisen.

Kehren wir noch einmal zur Schlacht am Weißen Berge und deren Folgen zurück, denn gerade hier läßt sich der exemplarische Charakter böhmischer Geschichte am besten demonstrieren. Es ist das geradezu klassische Muster einer Umtransponierung, ja Sublimierung gescheiterter politischer Energien in geistige Kraft auf Jahrhunderte hinaus, wie sie vor allem die von der Gegenreformation vertriebenen Böhmischen Brüder und ihr Bischof Jan Amos Komenský innerhalb der europäischen Religions- und Bildungsgeschichte in vorbildlicher Weise geleistet haben. Gerade das Beispiel des großen Pädagogen Komenský besäße einen außerordentlichen Stellenwert in einer zu schreibenden Geschichte Europas als einer Geschichte von Emigrationsbewegungen. Es wäre dies zugleich eine erregende innere Sozial- und Geistesgeschichte Europas, die auf ganz natürliche Weise über nationalstaatliche Beschränkungen des Blickfeldes hinaus das Auge für die innere Einheit dieses Kontinents schärfen könnte, aber auch für seine tiefen inneren, gleichsam dialektischen, produktiven Spannungen, ohne daß man dabei zu falschen Harmonisierungsversuchen der Geschichte Europas Zuflucht nehmen müßte.

Hier nur einige Andeutungen und Aperçus: Man könnte bei den weltgeschichtlichen Folgen der Vertreibung der Juden durch Kaiser Titus anfangen, man müßte die unerhört befruchtende Wirkung der irischen und der angelsächsischen mönchischen Emigration des Frühmittelalters hinzunehmen, die in der Form der „peregrinatio religiosa“, also einer asketischen Heimatlosigkeit, auf dem Kontinent Missions- und Bildungsgeschichte geworden ist. Ähnliches gilt für die kulturell so bedeutsame spätmittelalterliche und frühneuzeitliche katholische Diaspora der Iren und Schotten überall in Europa: Ausgelöst zumeist durch konfessionelle Verfolgungen in der Heimat, wirkte sie auf dem Kontinent im Dienste der geistlichen und gesellschaftlichen Festigung der Gegenreformation. Vergessen wir dabei nicht die konfessionelle Gegenseite; Paul Hazard hat für das 17. Jahrhundert geistvoll die hugenottische, frühaufklärerische Emigration in den Niederlanden und im protestantischen Europa geschildert, die Entscheidendes für das moderne wissenschaftliche Denken Europas leistete und einer bis dahin unerhörten geistigen Freiheit dieses Kontinents den Weg ebnete. Damit sind wir wiederum bei Jan Amos Komenský, dem letzten Bischof der Böhmischen Brüdergemeinde, dem Begründer moderner Erziehung und Didaktik. Er war im Gegensatz zu den meisten hugenottischen Emigranten eher eine irenische Natur, höchste Sublimierung des böhmischen Protestantismus und späthussitischer Traditionen. In ihm personalisiert sich jene für Emigrationen so typische Umformung von politischer Dynamik in geistige Produktivität und schöpferische Spiritualität bei meist kümmerlichen äußeren Lebensumständen. Erwähnen wir schließlich für das 19. und 20. Jahrhundert die folgenreichen ostmitteleuropäischen Emigrationen, besonders die polnische unter Fürst Adam Jerzy Czartoryski (1770–1861), die sich in Paris zu einer propagandistisch-ideologischen Großmacht entwickelte, einer Emigration, durch deren geistigen Einfluß das zaristische Rußland bis an die Schwelle des Ersten Weltkrieges zum großen „Buhmann" des europäischen Liberalismus und Demokratismus wurde. In diesen Zusammenhang gehört auch der große politische Erfolg und Durchbruch zur nationalen Eigenständigkeit, den während des Ersten Weltkrieges die aktiven ostmitteleuropäischen Emigrationen, also Polen, Serben, Rumänen, Tschechen und Slowaken, im Westen erreichten. Damit fassen wir wiederum die Aktualität und gesamteuropäische Bedeutung der böhmischen Geschichte, eine Aktualität, die durch Emigrationen der folgenden Zeit bis zum Epochenjahr 1968 und danach schmerzlich akzentuiert wird.

Emigrationen – so betrachtet – verleihen der europäischen Entwicklung gleichsam eine reale innere Dialektik von Bestehendem und Erstrebenswertem, sie sind im hegelschen Sinne Negation der Negation, also positiv. Emigrationen sind bis zum heutigen Tage der Nährboden für geistige Hochleistungen, die aus extremen Situationen hervorgepreßt werden, weil Emigranten einfach gezwungen sind, einen politischen und kulturellen Gegenentwurf zu den Werten des feindlichen Establishments in der Heimat zu entwickeln. Ganze Völker sehen sich in „self-fulfilling prophecy" plötzlich anders, als sie sind, und suchen sich auf diesen Vorentwurf hin zu entfalten. Mit anderen Worten: die freie Emigration gibt zugleich den Anstoß zu einer politischen Pädagogik im weitesten Sinne. Dies gilt für die erfolgreiche tschechische und slowakische Emigration des Ersten Weltkrieges ebenso wie für alle leidenschaftlichen Kritiker der böhmischen und slowakischen Entwicklung in der Gegenwart. Es gilt ebenso für die positive Rolle, die die Sudetendeutschen nach ihrer Vertreibung im Jahre 1945 in der Wirtschaft, Gesellschaft und Kultur der Bundesrepublik, aber „inoffiziell" auch in der DDR spielen konnten. Aus derselben Quelle der permanenten Selbstkritik eines Volkes durch innere und äußere Emigrationen kommt auch der nationalpädagogische Charakter der tschechischen Kultur, ein Phänomen, das bis zur Gegenwart die große Rolle des tschechischen Schriftstellers innerhalb seiner Gesellschaft erklärt, der hier – wie in Frankreich der écrivain – Gewissen, Erzieher und Vorbild der Nation war und ist. Das Schauspiel eines sich selbst durch kulturelle Leistungen konstituierenden und artikulierenden, gleichsam zu sich selbst kommenden Volkes, das zugleich in ständigem Wettbewerb und Austausch mit dem deutschen Nachbarn sich selbst definiert, – dieses Schauspiel übt bis zum heutigen Tage eine starke Faszination aus, ja, es hat – ich scheue das pathetische Wort nicht – etwas Ergreifendes.

Kehren wir noch einmal zu unserer These, dem Modellcharakter Böhmens, zurück: zwei Tatbestände seien noch erwähnt, um auch den hartnäckigsten Zweifler davon zu überzeugen, daß die Geschichte der Böhmischen Länder exemplarisch-europäisch in einem ganz spezifischen Sinne ist. Die Transzendierung des extremen Nationalismus in der altösterreichischen Arbeiterbewegung unter Viktor Adler, Karl Renner und Bohumíl Šmeral wäre der erste wichtige Tatbestand. Hier wurde erstmals in Europa ernsthaft versucht, die zerstörerischen Antagonismen des Nationalismus vor allem zwischen Deutschen und Tschechen aus dem Wege zu räumen. Die Erfahrungen, die dabei auf beiden Seiten gesammelt wurden, sollten auch für unsere Gegenwart und ihre Nationalismen nicht umsonst gemacht worden sein. Seltsam genug, aber historisch leicht erklärlich, daß am entgegengesetzten Ende der Sozialpyramide, beim Hochadel und in der hohen Staatsbürokratie der Donaumonarchie, aber auch in der Kirche, starke supranationale Bindekräfte lebendig waren, die dieses „Kleineuropa" der Donaumonarchie genauso erhalten wollten, wie es die supranationale Arbeiterbewegung beabsichtigte.

Der europäischen wie der Weltkultur gehört schließlich jene Prager Sternstunde um die Jahrhundertwende an, bei der als Ergebnis einer langen und oft wechselvollen jüdisch-deutsch-tschechischen Kultursynthese jene Literatur entstand, deren bestürzende Modernität und Aktualität nicht zuletzt auf ihrem besonders bei Franz Kafka manifesten seismographischen Charakter beruht. Erschreckend, wie Kafkas Werk künftige innere Bedrohungen der europäischen Zivilisation signalisierte und auf beklemmende Weise zu Wort kommen ließ, sie erstmals „auf den Begriff brachte". Mit den internationalen wissenschaftlichen Konferenzen, die 1963 und 1965 in Libice über Kafka und die deutschprager Literatur abgehalten wurden, spannt sich wiederum der Bogen bis zum Prager Frühling des Jahres 1968, der inzwischen schon Geschichte geworden ist und im Rückblick zu Epilog und wohl auch melancholischer Betrachtung verleitet.

4. Neuansätze der Geschichtsschreibung

Epilog und melancholischer Rückblick liegen scheinbar auch für den Historiker nahe, wenn von der jähen Beendigung des deutsch-tschechischen Zusammenlebens in den Böhmischen Ländern im Jahr 1945 die Rede sein muß. Auch hier ging es um eine gewaltsam erzwungene Emigration einer nach Millionen zählenden Bevölkerung, die in das blutige Räderwerk des Zweiten Weltkriegs geriet. Man könnte vom tragischen Ende eines langwährenden Familienzwistes sprechen, denn es gibt wohl kaum einen Sudetendeutschen, der nicht auch tschechische Vorfahren hat, und umgekehrt wohl auch nicht allzu viele tschechische Familien ohne deutsche Verwandtschaft. Was oben für die Herausforderung und Chance des Emigrationsschicksals gesagt worden ist, gilt ebenso für die Deutschen aus den Böhmischen Ländern: Auch sie sind aufgerufen, ihre Emigration nicht nur als passiv erlittenes Schicksal hinzunehmen und zu beklagen, sondern sie sollen und können Vorkämpfer einer europäischen Gesinnung sein, die wenigstens für unseren Kontinent die Schrecken und Katastrophen des Nationalismus ein für allemal beenden hilft. Die mittelalterliche Geschichte bis zur sogenannten „Kolonisationsperiode" mag dabei als Lehrbeispiel dafür dienen, daß die wechselseitige Durchdringung zweier Kulturen und Sprachen nicht zwangsläufig zur Konfrontation führen muß. Ein neues, dem verkrusteten, nationalstaatlichen Denken abholdes und eher regionalistischen Ideen verpflichtetes europäisches Geschichtsbild kann gerade an der Geschichte des böhmischen Mittelalters jene Werte und wechselseitigen Bereicherungen verschiedener Völker und Kulturen sichtbar machen, die aus einem gemeinsamen, nämlich europäischen Schicksal erwuchsen.

Freilich, so notwendig und wichtig ein neues europäisches Geschichtsbewußtsein für eine gerechte Würdigung der Geschichte der Böhmischen Länder wäre, so schwierig war (und ist) der Weg dahin; Tschechen wie Sudetendeutsche müssen sich hier oft gemeinsam an die Brust schlagen – doch sollte dies nicht die einzige Gemeinsamkeit bleiben. Es gibt bis heute genug Hindernisse auf diesem Wege zur Wahrheit, Hindernisse übrigens, die manchmal inzwischen selbst aus historiographischen Konstrukten zu geschichtsmächtigen historischen Ideologien geworden sind, weil sie Identifikationsmodelle für die Gesamtnation boten oder zumindest zu bieten schienen. Das gilt beispielsweise für die mit ideologischer Sprengkraft geladene Forschungsgeschichte über Jan Hus, den tschechischen Reformator und über den Hussitismus insgesamt. Mit dieser am Schluß so militanten, anfangs vor allem religiösen Massenbewegung hat sich ja seit jeher die nationaldemokratische Tradition und Selbstinterpretation der Tschechen stark identifiziert, eine Selbstidentifikation, die lange den Blick auf die simple Tatsache verstellt hat, daß Jan Hus und die nach ihm benannte Bewegung in allererster Linie religiöse Phänomene gewesen sind. Man weiß heute, daß es auch viele deutsche Hussiten gegeben hat, und zwar nicht nur in Böhmen, sondern auch im Deutschen Reich, in Franken, Thüringen und Sachsen. Bei einer solchen nüchternen Analyse des Hussitismus geht allerdings ein nationaler Mythos für das tschechische Bewußtsein verloren, ein Mythos, der für das nationale Erwachen der Tschechen im 19. Jahrhundert und noch im 20. Jahrhundert eine zentrale Rolle gespielt hat, übrigens auch in der tschechisch-marxistischen Historiographie nach 1948.

Bedeutete der Hussitismus für die Artikulation eines historisch beglaubigten demokratischen Nationalbewußtseins gleichsam ein positives Syndrom, so war die Epoche des „temno" – des „Dunkels" – zwischen der Schlacht am Weißen Berge 1620 und dem nationalen Wiedererwachen („obrozeni") am Beginn des 19. Jahrhunderts gewissermaßen ein negatives Syndrom im tschechischen Bewußtsein wie in der tschechischen Geschichtsschreibung, nämlich ein Symbol für Niederlage, rücksichtslose „Germanisierung" und religiöse Bedrückung durch die Habsburger. Wenn man bedenkt, wie schwer es vor und nach dem Ersten Weltkrieg der Goll-Schüler Josef Pekař hatte, von einem sowohl katholischen wie auch nationaltschechischen Standpunkt aus dem Zeitalter des Barock in Böhmen einigermaßen Gerechtigkeit widerfahren zu lassen, dann wird einem schon an diesem einen Beispiel klar, wie fest die einzelnen Blöcke des politisch-nationalen Selbstverständnisses der Tschechen und des Verständnisses ihrer Beziehungen zum deutschen Nachbarn miteinander verbunden waren: die demokratische tschechische Tradition aus dem Ideengut Herders und Palackýs, die nationaldemokratisch-antiklerikale Tradition aus dem Erbe des Hussitismus und die antihabsburgisch-liberale Tradition aus dem feststehenden Bilde einer nationalen Unterdrükkung durch den habsburgisch-deutschen Absolutismus während des „temno". Hier entstand bei den Tschechen eine fast ununterbrochene Bewußtseinskette von der permanenten Unterdrückung durch den großen Nachbarn im Westen, Norden und Süden. Die nationale, bürgerlich-demokratische Geschichtsschreibung, deren Credo man noch in dem bekannten exiltschechischen Sammelband von Miroslav Reckcigl, „The Czechoslovak Contribution to World Culture" von 1964 findet, hat in der Tat, sieht man von dem mutigen Josef Pekař ab, im allgemeinen das Barockzeitalter Böhmens negativ beurteilt, vornehmlich aus nationalen Gründen: Es war die Zeit der „habsburgischen Fremdherrschaft", die dem böhmischen Ständestaat allmählich aber sicher den Garaus machte und sich dann 1620, nach der Vernichtung des ständischen Heeres in der Schlacht am Weißen Berge westlich Prag, als habsburgischer Absolutismus im Zeichen der siegreichen Gegenreformation durchsetzte. Utraquismus und Reformation, Adelsfreiheit und tschechische literarische Kultur, zuletzt noch durch Humanismus und Renaissance zu bedeutender Höhe gelangt, gingen damals zugrunde, und die internationale, europäische Einheitskultur des Barock überschwemmte nunmehr die Böhmischen Länder, brach mit den einheimischen politischen und kulturellen Traditionen, öffnete gleichzeitig Tür und Tor einem verstärkten deutschen Einfluß und versenkte das tschechische Volk gleichsam in einen Tiefschlaf aller seiner Lebenskräfte, aus dem es erst im 19. Jahrhundert wieder erwachte. Weltgültiges Symbol einer nunmehr durch Habsburg unterdrückten und ausgerotteten humanistischen Kultur war der bereits erwähnte Jan Amos Komenský, der letzte Bischof der mährischen Brüdergemeinde, der als Emigrant nach langen Irrfahrten in den freien Niederlanden ein Asyl gefunden hatte. Hier böhmische Freiheit und tschechischer Humanismus – dort habsburgische Unterdrückung, Entnationalisierung, gewaltsame Rekatholisierung, so ungefähr könnte man, grob vereinfacht, das Bild des „temno" skizzieren, das bis heute im tschechischen National- und Geschichtsbewußtsein für das 17. und 18. Jahrhundert der Böhmischen Länder prägend geblieben ist.

Stimmt dieses Bild? Ja und nein – jedenfalls verlief die wirkliche Entwicklung wesentlich differenzierter und dafür weniger schroff dialektisch, antithetisch, als es die „Temno"-Ideologie darstellt. Zweifellos hat der habsburgische Absolutismus, stark geworden durch die Doppelherrschaft im Reich und in den spanischen Erbländern, sowie durch die Abwehrfunktion gegen das mächtige Osmanenreich im Südosten, auch in den Böhmischen Ländern ein Programm durchzusetzen vermocht, das der Absolutismus überall in Europa – als die damals „fortschrittlichste" Staatsform – zu verwirklichen trachtete: staatlichen Zentralismus, Zurückdrängung der adeligen Ständeherrschaft, einheitliches Wirtschafts- und Münzsystem, Aufbau eines nur von Beamten getragenen Verwaltungsapparates und eines stehenden, königstreuen Heeres. Überall in Europa, wo sich der Adel aufgrund seiner alten Freiheitsrechte und Privilegien diesen absolutistischen Zielen entgegenstellte, kam es zu schweren Kämpfen, die den jeweiligen Staat bis in seine Grundfesten erschütterten; insofern sind die großen Frondeaufstände der französischen Aristokratie gegen die absolutistische Politik Richelieus und Mazarins typologisch durchaus vergleichbar mit den böhmischen Adelsaufständen gegen Habsburg, die in der Schlacht am Weißen Berge 1620 ihr Ende fanden. Auch das Moment des konfessionellen Widerstandes ist ihnen gemeinsam. Nur England erlebte bekanntlich eine gegenläufige Entwicklung, dort siegten die sozial sich nach unten öffnenden adeligen Stände über den Absolutismus: An der Wiege des modernen englischen Parlamentarismus stand die siegreiche Adelspartei, die dem Königtum erfolgreich Schach bieten konnte. Unter diesem sowohl strukturgeschichtlichen wie gesamteuropäischen Aspekt löst sich zwar das behauptete „Dunkel" über den Böhmischen Ländern seit 1620 nicht in reines Wohlgefallen auf, denn der Absolutismus hat im Zuge der Gegenreformation bekanntlich überall hart und oft erbarmungslos durchgegriffen – man denke an das Schicksal der Hugenotten –, aber die absolutistischen, habsburgischen Unifizierungstendenzen verlieren doch weitgehend jenen antitschechischen und prodeutschen Charakter, den sie in einer anachronistischen nationaltschechischen Geschichtsideologie haben mußten. Neuere Forschungen über die tschechische Predigtliteratur des Barockzeitalters haben das Ihre dazu beigetragen, die traumatische Bedeutung der „Temno"-Ideologie für das tschechische Bewußtsein allmählich zu beseitigen. Zahlreiche neuere, archivalisch reich belegte Untersuchungen über böhmische Bauernaufstände und damit zusammenhängend über die reformistische Bauernpolitik des Absolutismus hellen nunmehr auch von der Seite der Sozialgeschichte das düstere Bild des „temno" auf und beseitigen damit zugleich für diese Epoche das dunkle Odium einer permanent germanisierenden Unterdrückung der Tschechen durch ein habsburgisch-deutsches Establishment. Hier beginnt eine kritische Geschichtswissenschaft endlich historische Alpträume aufzulösen.

In ein gewisses Dilemma geriet die tschechische Historiographie der letzten Jahrzehnte, vor allem soweit sie prononciert marxistisch war, bei dem nächsten zentralen Thema der böhmischen Geschichte und des tschechisch-deutschen Zusammenlebens, nämlich bei der Revolution von 1848. Das heile Bild einer revolutionären demokratischen Nation, wie es noch 1931 František Roubík und andere zeichnen konnten, ist inzwischen durch sorgfältige Spezialstudien fragwürdig geworden. Wie weit die bitterböse Kritik von Karl Marx an den konterrevolutionären Tschechen dazu beigetragen haben mag, bleibe dahingestellt. Auf jeden Fall zeigt sich heute, daß die Deutschen aus den Böhmischen Ländern, ebenso wie die Wiener und Niederösterreicher, als die Hauptvertreter der industrialisierten Landesteile der Donaumonarchie, im allgemeinen wesentlich liberaler, demokratischer, ja radikaler waren als die Führer der tschechischen Politik. Letztere schwenkten sogar in der kritischen Phase der Revolution um nationaler Vorteile willen ins konservative Lager über. Mit anderen Worten: das Klischee von der generell demokratischen und revolutionären tschechischen Nation und ihrem Widerstand gegen die habsburgisch-deutsche Reaktion war gerade in diesem Falle so falsch wie nur irgend möglich. Zahlreiche tschechische Monographien der letzten Jahrzehnte haben hier trotz ihrer ideologisch eindeutigen Fixierung einen grundsätzlichen Wandel in der Auffassung angebahnt. In der Tat gingen die politisch-ideologischen Fronten, etwa beim anstehenden Problem der Bauernbefreiung, trotz des Nationalismus quer durch Tschechen und Deutsche, und in wesentlichen Punkten gibt es heute Übereinstimmung in der Gewichtung, Bewertung und generellen Einordnung der böhmischen Revolution von 1848 in beiden „nationalen Lagern".

Es entbehrt ferner nicht einer historischen Ironie, daß gerade durch marxistische tschechische Spezialuntersuchungen über die Anfänge der Arbeiterbewegung in den Böhmischen Ländern das immer noch lebendige nationaldemokratische Klischee von nur erobernden und unterdrükkenden Deutschen am nachhaltigsten in Frage gestellt, ja, zerstört worden ist. Da in den deutschen Randgebieten infolge des hohen Industrialisierungsgrades – schon 1907 waren in den deutschen Gebieten bereits 44% der Berufstätigen in der Industrie tätig! – die Arbeiterbewegung seit den sechziger Jahren des 19. Jahrhunderts ihren Ausgang und stürmischen Aufschwung genommen hatte, war die Erforschung der gesamtböhmischen Arbeiterbewegung überhaupt nur möglich, wenn man den führenden Anteil der Deutschen mit erforschte. Dabei blieb allerdings die nationale Frage, das alte Problem des Verhältnisses zwischen Tschechen und Deutschen, nicht ausgeklammert; es entwickelte sich bekanntlich bis 1918, bis zur Gründung der Tschechoslowakischen Republik und auch während ihres Bestehens innerhalb der sozialistischen Parteigruppierungen eine bedenkliche Sprengkraft. Entscheidend war aber jetzt, daß das deutsch-tschechische Verhältnis nicht mehr ausschließlich im traditionellen Rahmen nationalen Blockdenkens gesehen und wissenschaftlich behandelt werden konnte. Tschechen und Deutsche im – wenn ich mich so ausdrücken darf – „sozialistischen Sektor der Gesamtgesellschaft der Donaumonarchie und der Ersten Republik" mußten sich gleicherweise befragen lassen, ob und inwiefern sie sich im Zeichen einer grundsätzlich internationalistischen Ideologie vom Nationalismus als dem bislang allgemeingültigen Credo emanzipiert hatten oder nicht. Neuere gründliche Studien über die böhmische Arbeiterbewegung oder über die ideologische Entwicklung der tschechischen Sozialisten innerhalb der österreichischen Gesamtpartei unter Viktor Adler brachten die starken Gemeinsamkeiten beider Völker auf diesem Felde eindeutig zutage, wohingegen die 1963 auf deutscher Seite geschriebene Arbeit von Hans Mommsen stärker die nationalistische Hypothek der tschechischen Sozialdemokratie herausstellte. Immerhin, daß in diesem Bereich der nationale Antagonismus nicht mehr der Hauptaspekt wissenschaftlicher Analyse war, bedeutete einen großen Fortschritt. Dabei soll allerdings nicht verschwiegen werden, daß in manchen tschechischen, vom Klassenstandpunkt aus geschriebenen Arbeiten eine Art Schizophrenie gegenüber den Deutschen feststellbar ist, eine gelegentlich krampfhafte Unterscheidung von guten Deutschen – Marx, Engels, Lassalle und die Arbeiterschaft überhaupt – und schlechten Deutschen außerhalb dieses sozialen Sektors, wodurch der alte nationalistische Antagonismus in den neuen Bezugsrahmen des Klassenkampfes zumindest teilweise transponiert worden ist, eine Lösung, die alles andere als befriedigend sein kann.

Mit der Gründung der Tschechoslowakischen Republik im Jahre 1918/19 erhielt das deutsch-tschechische Verhältnis sowohl in der politischen Realität wie in den historiographischen Darstellungen eine neue Qualität. Der offiziellen tschechoslowakischen Terminologie, die von „unseren Deutschen" („naše Němci") sprach, stand ein sich rasch bildendes und antagonistisch konzipiertes sudetendeutsches Sonderbewußtsein gegenüber. Dem entsprach auf tschechischer Seite ein Geschichtsbewußtsein, in dem die Deutschen der Böhmischen Länder und nunmehr auch der Slowakei bestenfalls als ein Randphänomen, schlechterenfalls als „Sand im Getriebe" einer autogenen tschechoslowakischen Staatsentwicklung auftauchten, eine Auffassung, die sehr repräsentativ in dem Jubiläumswerk von Jan Malypetr, František Soukup und Jan Kapras von 1936 über die „Idee des tschechoslowakischen Staates" zutage tritt. In der 1937 erschienenen deutschen Version dieses Werkes wurde zwar dem Problem „unserer Deutschen" einiger Raum gewidmet, doch kam diesem nachträglichen Bemühen eher eine Alibifunktion zu; es war kaum mehr als staatsideologische „Kosmetik", kein grundsätzlicher Wandel einer quasi sakrosankten tschechoslowakischen Staatsdoktrin. Die in jeder Hinsicht in die Defensive gedrängten Sudetendeutschen bemühten sich ihrerseits – von Ausnahmen abgesehen – vornehmlich um den Nachweis deutscher Leistungsanteile am Aufbau der Kultur der Böhmischen Länder und der Slowakei, eine in sich geschlossene Gegenkonzeption vermochten sie jedoch nicht zu entwickeln, wollten dies wohl auch gar nicht. Erwähnt werden muß aber eine historisch-publizistische Arbeit aus dem Kreise um den tschechoslowakischen Gründerpräsidenten Thomaš G. Masaryk, die gleichsam ein sachliches Fazit der bisherigen tschechisch-deutschen Beziehungen zog. Der Verfasser, Emanuel Rádl, ein einsamer Rufer in der Wüstenei des neu entflammten Nationalitätenkampfes, Philosophieprofessor an der tschechischen Karls-Universität in Prag, suchte 1928 eine Lösung des nationalen Gegensatzes, indem er einen Weg von der Staatsvergottung weg zu einer humanitären Funktion menschlicher Gemeinschaften wies, für deren Erfüllung auch der Staat nur Mittel zum höheren Zweck sein könne. Was Emanuel Rádl – ein nobler Repräsentant der Prager jüdischen Intelligenz, der nach beiden nationalen Seiten hin zu vermitteln und Verständnis zu wecken suchte – damals schrieb, ist zum Großteil heute noch gültig, es stellt einen mit leidenschaftlicher Wahrheitsliebe vorgetragenen Appell dar, Auswege aus der Sackgasse nationaler Konfrontation zu finden. Die Katastrophe des Zweiten Weltkrieges verhinderte, daß ausgleichende Stellungnahmen dieser Art sich im öffentlichen Bewußtsein auszuwirken vermochten.

Die Vertreibung der Deutschen im Jahre 1945 hat dem Problem des deutsch-tschechischen Verhältnisses mit einem Male ganz andere Dimensionen gegeben; vor allem fiel das Sudetendeutschtum als Faktor der Innenpolitik fast völlig weg. Dennoch: Deutsche und Tschechen bleiben nach wie vor Nachbarn, heute wie morgen. Deshalb sei am Schluß ein Büchlein erwähnt, das 1968, während des Prager Frühlings, als Gemeinschaftsarbeit junger Historiker unter der Leitung des damals noch in Prag wirkenden, später emigrierten Mediävisten František Graus erschien und eine erstaunliche Selbstbesinnung der tschechischen Historiker im Zeichen eines – leider nur vermeintlichen – neuen Anfangs darstellt. Das Bändchen enthält acht Essays zur böhmischen Geschichte und trägt den sprechenden Titel „Naše živá i mrtvá minulost“ – „Unsere lebendige und tote Vergangenheit“. Obwohl vom deutsch-tschechischen Verhältnis im engeren Sinne nur selten unmittelbar die Rede ist, geht es doch immer wieder gerade auch um diesen zentralen Punkt: etwa, wenn der übersteigerte Wertbegriff der „Nation“ – bislang ein unbestrittenes Credo der tschechischen wie der älteren deutschen Historiographie – grundsätzlich in Frage gestellt wird, wenn immer wieder gefordert wird, die böhmische Geschichte aus der Isolierung und damit aus der antideutschen Konzeption herauszunehmen und in den Gesamtzusammenhang der europäischen Kulturentwicklung zu stellen. Da ist von Entmythologisierung der böhmischen Geschichte die Rede, wobei unter anderem der bereits erwähnte nationale, von Herder über Palacký ins allgemeine Bewußtsein gedrungene Mythos gemeint ist, die alten Slawen seien gute, harmonisch lebende Naturmenschen gewesen, die später vom westlichen, sprich deutschen Feudalismus unterdrückt worden seien. Das mittelalterliche Böhmen erscheint dagegen in dieser neuen Konzeption bis zum 11. Jahrhundert durch die deutsche Mission bestimmt und zwar als „empfangendes Land". Das hat im Kontext der europäischen Entwicklung nichts Degradierendes, denn auch Deutschland hat vom Westen und Süden in langen Zeiten viele kulturelle Werte empfangen. Beim Thema Hussitismus kommt mit Recht endlich die stark motivierende religiöse Komponente zu Wort, die über dem nationalen und sozialökonomischen Aspekt allzulange übersehen worden ist. Die Epoche nach dem „Weißen Berge" wird zutreffend in den Gesamtzusammenhang des europäischen Widerstandes der Stände gegen den Frühabsolutismus gestellt, womit von selbst der Aspekt der gewaltsamen „Germanisation" zumindest als sekundär erscheint. Viele Themen, die schon in den vorausgegangenen Darlegungen gleichsam „leitmotivisch" verfolgt wurden, erfahren also in diesem Bändchen eine erstaunliche Weiterführung, ja, man ist versucht, von einem Durchbruch der tschechischen Geschichtswissenschaft ins Europäische zu sprechen. Damit wird auch der allzusehr strapazierte Begriff des deutsch-tschechischen Gegensatzes im echt hegelschen Sinne „aufgehoben", d. h. beseitigt, als berechtigtes Teilmoment bewahrt und zugleich in umfassendere, nämlich europäische Zusammenhänge emporgehoben.

Bemerkenswert bleibt aber auch der geistige Wandel der Autoren. Alle acht Historiker dieser kleinen, 209 Seiten umfassenden Publikation begannen in den fünfziger Jahren als sozusagen lupenreine, dogmatisch-marxistische Wissenschaftler, und das aus voller Überzeugung, wie man hinzufügen muß. Es ist ein wahrhaft faszinierendes Phänomen, wie die jahrzehntelange intensive Beschäftigung mit den originalen Quellen, mit der spröden, durch ideologische Leitlinien kaum zu bändigenden geschichtlichen Wirklichkeit diese jungen Forscher gleichsam wider Willen und wider feste Absicht zu einer ständigen Revision ihrer eher dogmatischen Ausgangspunkte und damit zu einer wachsenden, gleichsam asymptotischen Annäherung an die historische Wahrheit zwang. Hier erwies sich die intensive Beschäftigung, das Eindringen in die Geschichte als eine kritische, entdogmatisierende Kraft, es kam zu einem permanenten, geistigen Revisionismus in Richtung Wahrheit, ja, man könnte mit Kant von wahrer Aufklärung sprechen, nämlich vom „Ausgang des Menschen aus seiner selbstverschuldeten Unmündigkeit".

Es versteht sich von selbst, daß es hier nicht um ein begönnerndes Schulterklopfen gehen kann, denn auch die deutsche Geschichtsschreibung ist vor dieselbe Aufgabe gestellt, besonders die Historiographie der Sudetendeutschen, in der sich böhmische „Wahlverwandtschaft" und menschlich verständliche antitschechische Traumata oft auf schwierige Weise begegnen und manchmal auch widersprüchlich durchdringen. Aber auch hier ist schon längst ein entscheidender Wandel eingetreten, seit im Münchner „Collegium Carolinum", der Forschungsstelle für die Böhmischen Länder, zwischen 1967 und 1974 das von Karl Bosl angeregte und herausgegebene vierbändige „Handbuch der Geschichte der Böhmischen Länder" erscheinen konnte, ein wissenschaftliches Standardwerk, dessen Mitarbeiter in der Mehrzahl jüngere Historiker sudetendeutscher Herkunft sind. Diese bislang beste und umfangreichste Darstellung der böhmischen und tschechoslowakischen wie der sudetendeutschen Geschichte verbindet die genuin böhmischen und slowakischen Forschungsprobleme mit dem notwendigen breiten europäischen Horizont, ohne den jede Geschichte dieses europäischen Herzlandes beschränkt, provinziell und auf das fatale „Leitmotiv" des tschechisch-deutschen Gegensatzes fixiert bleiben muß. So scheint es ein gutes Omen, daß auf beiden Seiten der alten, nationalen Grenzlinien eine neue Generation von Wissenschaftlern von unterschiedlichen ideologischen Ausgangspunkten her in wichtigen Fragen der böhmischen Vergangenheit zu übereinstimmenden Ergebnissen kommen konnte, ohne dabei einer oberflächlichen Harmonisierung tief in der Geschichte begründeter Gegensätze das Wort reden zu müssen. Auch das vorliegende mediävistische Buch möchte in diesem Sinne verstanden werden, nämlich als kleiner Beitrag zur geistigen Befriedung einer alten Krisenzone europäischer Geschichte, als ein Abschied von berüchtigten böhmischen „Fensterstürzen" alter und neuer Zeit als den ominösen Ouvertüren gesamteuropäischer Katastrophen. Bleibt zu hoffen, daß Hegels berühmtes pessimistisches Wort über das Verhältnis von Geist und Tat, Geschehen und geschriebener Geschichte von der Wirklichkeit unserer Zeit Lügen gestraft wird: Es muß nicht Dämmerung einbrechen, wenn die Eule der Minerva ihren Flug beginnt.

Literaturhinweise

Bei den bewußt knapp gehaltenen Literaturangaben wurde darauf geachtet, daß einerseits die maßgeblichen tschechischen Arbeiten zitiert sind, andererseits aber dem deutschen Leser der Einstieg in die Fachdiskussion durch reichliche Nennung deutschsprachiger Autoren erleichtert wird. Deshalb sind auch bei tschechischen Autoren in besonderem Maße diejenigen Arbeiten angeführt, von denen eine Übersetzung in westliche Sprachen (Deutsch, Englisch, Französisch) vorliegt. Der Verfasser hofft dennoch, nach dem derzeitigen Forschungsstand eine ausgewogene, von ideologischen Ressentiments möglichst freie Darstellung vorzulegen, die ein „Gruß nach vorn" sein möchte.

Grundlegend für Quellen und Literatur die neueste umfassende deutschsprachige Darstellung:

Handbuch der Geschichte der Böhmischen Länder, hrg. v. Karl Bosl, 4 Bde., Stuttgart 1967/74 bes. Bd. I (Die Böhmischen Länder von der archaischen Zeit bis zum Ausgang der hussitischen Revolution, darin bes. die Beiträge von *Gerhard Mildenberger,* Vor- und Frühgeschichte der böhmischen Länder, S. 21–161, und *Karl Richter,* Die böhmischen Länder im Früh- und Hochmittelalter, S. 165–347).

Allgemeine Darstellungen, Sammelwerke

Adolf Bachmann, Geschichte Böhmens, 2 Bde. (bis 1526), Gotha 1899/1905

Winfried Baumann, Die Literatur des Mittelalters in Böhmen, München 1978

Henrik Birnbaum, Studien zur Frühkultur der Slawen, München 1981

Konrad Bittner, Deutsche und Tschechen. Zur Geistesgeschichte des böhmischen Raumes. Von den Anfängen bis zur hussitischen Kirchenerneuerung, Brünn – Prag – Leipzig 1936

Bohemia sacra. Das Christentum in Böhmen 973–1973, hrg. v. Ferdinand Seibt, Düsseldorf 1974

Karl Bosl, Böhmen und seine Nachbarn. Gesellschaft, Politik und Kultur in Mitteleuropa, München – Wien 1976

Berthold Bretholz, Geschichte Mährens, Bd. 1 u. 2, Brünn 1893/95

Ders., Geschichte Böhmens und Mährens bis zum Aussterben der Přemysliden, München – Leipzig 1912

Ders., Geschichte Böhmens und Mährens, 4 Bde., Reichenberg 1921/24

Československá vlastivěda. Díl. II: Dějiny 1 (Tschechoslowakische Vaterlandskunde. Teil II: Geschichte) Von der Besiedlung bis 1781, Prag 1963

Československá vlastivěda. Díl III: Lidová kultura (Tschechoslowakische Vaterlandskunde. Teil III: Volkskultur), Prag 1968

Die Deutschen in Böhmen und Mähren, hrg. v. Helmut Preidel, Gräfelfing ²1952

Beda Dudik, Mährens allgemeine Geschichte, 12 Bde., Brünn 1860–1888

Zdeněk Fiala, Čechy v době předhusitské (Böhmen in vorhussitischer Zeit), Prag 1965

Ders., Přemyslovské Čechy. Český stát a společnost v letech 995–1310 (Das přemyslidische Böhmen. Böhmischer Staat und Gesellschaft von 995–1310), Prag 1965

Jan Filip, Pravěké Československo (Die vorgeschichtliche Tschechoslowakei), Prag 1948

Alfred Fischel, Das tschechische Volk, 2 Bde., Breslau 1928

Emil Franzel, Sudetendeutsche Geschichte. Eine volkstümliche Darstellung, Augsburg ²1962

Anton Ludwig Frind, Geschichte der Bischöfe und Erzbischöfe von Prag, Prag 1873

František Graus, Dějiny venkovského lidu v Čechách v době předhusitské (Geschichte des Landvolkes in Böhmen in vorhussitischer Zeit), 2 Bde., Prag 1953/57

František Graus, Herbert Ludat, Siedlung und Verfassung Böhmens in der Frühzeit, Wiesbaden 1967

Manfred Hellmann, Neue Kräfte in Osteuropa u. Die politisch-kirchliche Grundlegung der Osthälfte Europas in: *Theodor Schieffer (Hrg.),* Europa im Wandel von der Antike zum Mittelalter (= Hdb. d. europ. Geschichte Bd. I), Stuttgart 1976, S. 357–370, bes. S. 362ff. (Die Slawen) u. S. 859–938, bes. S. 868ff. u. 875ff. (Böhmen, Mähren)

Erwin Herrmann, Slawisch-germanische Beziehungen im südostdeutschen Raum von der Spätantike bis zum Ungarnsturm. Ein Quellenbuch mit Erläuterungen, München 1965

Rudolf Hilf, Deutsche und Tschechen. Bedeutung und Wandlung einer Nachbarschaft in Mitteleuropa, Opladen 1973

Ferdinand Hrejsa, Dějiny křesťanství v Československu (Geschichte des Christentums in der Tschechoslowakei), 5 Bde., Prag 1947/48, bes. Bd. 1, 2 u. 3

Václav Husa, Geschichte der Tschechoslowakei, Prag 1961

Josef Jakubec, Arne Novák, Geschichte der tschechischen Literatur, Prag ²1913

Josef Jakubec, Dějiny literatury české (Geschichte der tschechischen Literatur), Prag ²1929

Herbert Jankuhn (Hrg.), Beiträge zur Erforschung der römischen Kaiserzeit im östlichen Mitteleuropa, in: Zeitschrift f. Ostforschung 24 (1975) H. 3, S. 385–519

Jan Kapras, Právní dějiny zemí koruny české (Rechtsgeschichte der Länder der böhmischen Krone), 3 Bde., Prag 1913/20

Ders., Stát (Staat) Bd. 5 in Československá vlastivěda a. a. O., Prag 1931

František Kavka, Přehled dějin Československa v epoše feudalismu (Übersicht der Geschichte der Tschechoslowakei in der Epoche des Feudalismus), 4 Bde., Prag 1955; 4. Bd. von *František Kutnar,* Prag 1963

Heinrich Kunstmann, Denkmäler der alttschechischen Literatur von ihren Anfängen bis zur Hussitenbewegung, Berlin 1955

Kamil Krofta, Dějiny československé, Prag 1946

Ders., Dějiny selského stavu (Geschichte des Bauernstandes), hrg. v. E. Janoušek, Prag [3]1949

Julius Lippert, Socialgeschichte Böhmens in vorhussitischer Zeit ausschließlich aus Quellen, 2 Bde., Prag – Wien – Leipzig 1896/98

Gerhard Mildenberger (Hrg.), Das östliche Mitteleuropa im 5. und 6. Jahrhundert, in: Zeitschrift f. Ostforschung 28 (1979) H. 3, S. 385–548

Jan Mukařovský (Hrg.), Dějiny české literatury (Geschichte der tschechischen Literatur), 3 Bde., Prag 1959/61

Zdeněk Nejedlý, Dějiny národa českého (Geschichte des tschechischen Volkes), 2 Bde., I Prag [1]1949, [2]1953; II 1955

Vaclav Novotný, České dějiny (Böhmische Geschichte) Teil I, 1–4 (bis 1271), Prag 1912/37

František Palacký, Dějiny národu českého v Čechách – a na Moravě (Geschichte des tschechischen Volkes in Böhmen und Mähren (bis 1526), 5 Bde., 1. Aufl. 1848/67 (zahlreiche Neuauflagen)

Ders., Geschichte von Böhmen, 5 Bde., Prag 1836–1867

Josef Poulík (Hrg.), K problémům prehistorie na Moravě (Zu den Problemen der Vorgeschichte Mährens), Prag 1963

Helmut Preidel, Die vor- und frühgeschichtlichen Siedlungsräume in Böhmen und Mähren, München 1953

Ders., Slawische Altertumskunde des östlichen Mitteleuropa im 9. und 10. Jahrhundert, 3 Bde., Gräfelfing 1961/66

Friedrich Prinz, Mediävistische Probleme im deutsch-tschechischen Dialog. Aspekte und Forschungsfortschritte der letzten 30 Jahre. Zum 100. Todestag von František Palacký, in: Zeitschrift f. Ostforschung 25 (1976), H. 2, S. 248–275

Ders., Europäische Aspekte der Geschichte Böhmens in: Zeitschrift f. Ostforschung 30 (1981), H. 3, S. 1–18

Přehled československých dějin (Übersicht d. tschechoslowakischen Geschichte), 3 Bde., Prag 1958/60

Přehled dějin Československa (Übersicht d. Geschichte d. Tschechoslowakei) I, 1 (do r. 1526), Prag 1980

Emanuel Rádl, Der Kampf zwischen Tschechen und Deutschen, Reichenberg 1928

Miroslav Rechcigl jr. (Hrg.), Czechoslovakia. Past and Present, 2 Bde., Den Haag – Paris 1968

Ludwig Schlesinger, Geschichte Böhmens, Prag – Leipzig [1]1869, [2]1870

Walter Schlesinger, Der Osten, in: *Bruno Gebhardt*, Hdb. d. deutschen Geschichte II, Stuttgart [9]1970, S. 667–764, bes. S. 700ff.

Ders., (Hrg.), Die deutsche Ostsiedlung des Mittelalters als Problem der europäischen Geschichte, Sigmaringen 1975

Alois Schmaus, Alttschechische Literatur, Bd. 1, Versdichtung: Textauswahl, Anmerkungen und Glossar, Wiesbaden 1961

Ernst Schwarz, Die Ortsnamen der Sudetenländer als Geschichtsquelle, München [1]1931, [2]1961

Ders., Sudetendeutsche Sprachräume, München [1]1935, [2]1962

Ders., Volkstumsgeschichte der Sudetenländer 1. Teil: Böhmen, 2. Teil: Mähren – Schlesien, München 1965/66

Georg Schwaiger, Josef Staber (Hrg.), Regensburg und Böhmen. Festschrift zur Tausendjahrfeier des Regierungsantritts Bischof Wolfgangs von Regensburg und der Errichtung des Bistums Prag. (= Beiträge z. Geschichte des Bistums Regensburg Bd. 6), Regensburg 1972 (mit wichtigen Beiträgen zu den bayerisch-böhmischen Beziehungen)

Josef V. Šimák, Středověká kolonisace v českých zemích (Die mittelalterliche Kolonisation in den Böhmischen Ländern) = České dějiny I, 5, Prag 1939

Georg Stadtmüller, Geschichte Südosteuropas, München [1]1950, [2]1976

Das Sudetendeutschtum. Sein Wesen und Werden im Wandel der Jahrhunderte, hrg. v. Gustav Pirchan, Wilhelm Weizsäcker, Heinz Zatschek, Brünn – Wien [1]1937, [2]1939

Josef Šusta, Dvě knihy českých dějin I. Poslední Přemyslovci a jejích dědictví 1300–1308 (Zwei Bücher böhmischer Geschichte I. Die letzten Přemysliden und ihr Erbe 1300–1308), Prag 1917

Ders., České dějiny Teil II (bis 1355), Prag 1935/48

Karl Swoboda (Hrg.), Gotik in Böhmen, München 1969

Rudolf Turek, Böhmen im Morgengrauen der Geschichte. Von den Anfängen der slawischen Besiedlung bis zum Eintritt in die europäische Kulturgemeinschaft (6. bis Ende des 10. Jahrhunderts), Wiesbaden 1974

Karl u. Mathilde Uhlirz, Handbuch der Geschichte Österreich-Ungarns. 1. Bd. – 1526, Graz – Wien – Köln [2]1963

Jan Vilikovský, Latinská poesie v středověkých Čechách (Die lateinische Poesie im mittelalterlichen Böhmen), Preßburg 1930

Adam Wandruszka, Peter Urbanitsch (Hrg.), Die Habsburgermonarchie 1848–1918, Bd. III: Die Völker des Reiches, Wien 1980

Wilhelm Wegener, Böhmen, Mähren und das Reich im Hochmittelalter, Köln 1959

Wilhelm Weizsäcker, Quellenbuch zur Geschichte der Sudetenländer, München 1960

Eduard Winter, Tausend Jahre Geisteskampf im Sudetenraum, Salzburg – Leipzig [1]1938, [2]1955

Rudolf Wolkan, Geschichte der deutschen Literatur in Böhmen und in den Sudetenländern, Augsburg 1925

Erich Zöllner, Geschichte Österreichs. Von den Anfängen bis zur Gegenwart, München [5]1974

Bibliographien und Lexika

Jaroslav Goll, Josef Šusta, Posledních padesát let české práce dějepisné (Die letzten 50 Jahre tschechischer Geschichtsschreibung), Prag 1926

Základy bibliografie, Prag 1965

Česká bibliografie. Sborník statí a materiálů, Prag 1959ff.

Bibliografie československé historie, Prag 1957/66

Josef Macek, Václav Husa, B. Varsik, 25 ans d'historiographie tchécoslovaque 1936–1960, Prag 1960

Ferdinand Seibt, Bohemica – Probleme und Literatur seit 1945 (Historische Zeitschrift Sonderheft 4), München 1970, vgl. dazu *Friedrich Prinz,* in Zeitschrift f. bayerische Landesgeschichte 40 (1977), S. 992–994

Constantin von Wurzbach, Biographisches Lexikon des Kaiserthums Österreich, 60 Bde., Wien 1856/1923

Biographisches Lexikon zur Geschichte der Böhmischen Länder, hrg. v. Heribert Sturm, München – Wien 1980ff.

Sudetendeutsche Lebensbilder, hrg. v. Erich Gierach, 3 Bde., Reichenberg 1926/34

Lebensbilder zur Geschichte der böhmischen Länder, 4 Bde., hrg. v. Karl Bosl, Ferdinand Seibt, München 1974/81

Ortslexikon der Böhmischen Länder 1910–1965, hrg. v. Heribert Sturm, München – Wien 1977ff.

Ottův Slovník naučný (Ottos Reallexikon), 28 Bde., Prag 1889/1909 u. Dodatky (Ergänzungen), 12 Bde., Prag 1930/43

Masarykův Slovník naučný (Masaryk-Reallexikon), 7 Bde., Prag 1925/33

Příruční slovník naučný (Handreallexikon), Prag 1962ff.

Atlanten

Emil Meynen u.a. (Hrg.), Sudetendeutscher Atlas, München 1954

Atlas dějin ČSSR (Geschichtsatlas der ČSSR), Prag 1965

Atlas zur Geschichte der deutschen Ostsiedlung, Bearbeitet v. W. Krallert, W. Kuhn u. E. Schwarz, Bielefeld – Berlin – Hannover 1958

Geographische und ethnische Grundtatsachen

Hans Hassinger, Die Tschechoslowakei. Ein geographisches, politisches und wirtschaftliches Handbuch. Wien – Leipzig – München, 1925

Fritz Machatschek, Landeskunde der Sudeten- und Westkarpatenländer, Stuttgart 1927

Ders., Die Tschechoslowakei, Stuttgart 1928

František Roubík, Příručka vlastivědné práce (Handbuch d. heimatkundlichen Arbeiten), Prag ²1947

Franz Firbas, Spät- und nacheiszeitliche Waldgeschichte Mitteleuropas nördlich der Alpen, 2 Bde., Jena 1949/52

Otto Schlüter, Die Siedlungsräume Mitteleuropas in frühgeschichtlicher Zeit, 2 Bde., Frankfurt-Remagen 1952/53

M. Blažek, Ökonomische Geographie der Tschechoslowakischen Republik (Ost-)Berlin 1959

J. Demek, M. Střída u.a., Geography of Czechoslovakia, Prag 1971

Karl A. Sedlmeyer, Landeskunde der Tschecho-Slowakei, Frankfurt a.M. 1973

Tschechoslowakei (Länderberichte Osteuropa III), hrg. v. Collegium Carolinum München, München – Wien 1977

Weitere Lit. in *Hdb.* I, S. 9f.

Vor- und Frühgeschichte

Literaturangaben b. *Gerhard Mildenberger* in: Hdb. I, S. 19ff.
Lubor Niederle, Slovanské starožitnosti (Slawische Altertümer), 3 Bde., Prag 1902–1926
Joseph Schránil, Die Vorgeschichte Böhmens und Mährens, Berlin – Leipzig 1928
Jan Filip, Pravěké Československo (Die vorgeschichtliche Tschechoslowakei), Prag 1948
Helmut Preidel, Die vor- und frühgeschichtlichen Siedlungsräume in Böhmen und Mähren, München 1953
Evžen u. Jiří Neustupný, Czechoslovakia before the Slavs, London 1961
Jürgen Driehaus, Die Gliederung des böhmischen und mährischen Jungneolithikums als forschungsgeschichtliches Problem, in: Germania 37 (1959), S. 53–65
Alena Houšťová, Die Trichterbecherkultur in Mähren, Prag 1960
Edward Sangmeister, La civilisation du vase campaniforme, in: Les civilisations atlantiques du néolithique à l'âge du fer, Rennes 1963, S. 25–55
Jaroslav Böhm, Základy hallstattské periody v Čechách (Die Grundlagen der Hallstattzeit in Böhmen), Prag 1937
Ders., Naše nejstarší města (Unsere ältesten Städte), Prag 1946
Emanuel Šimek, Keltové a Germáni v našich zemích (Kelten und Germanen in unseren Ländern), Brünn 1934
Leonhard Franz, Kelten und Germanen in Böhmen, Brünn – Prag – Leipzig – Wien 1937
Jan Filip, Keltové ve střední Evropě (Die Kelten in Mitteleuropa), Prag 1956;
Ders., Die keltische Zivilisation und ihr Erbe, Prag 1961

Die Römerzeit

Literatur b. *Gerhard Mildenberger,* Hdb. I, S. 106ff. u. *Herbert Jankuhn (Hrg.),* Beiträge zur Erforschung der römischen Kaiserzeit im östlichen Mitteleuropa, in: Zeitschrift f. Ostforschung 24 (1973), S. 385–503, hier bes. *Ralf Köhler,* Die Erforschung der römischen Kaiserzeit in Böhmen und Mähren seit 1945, S. 390–401
Eduard Beninger, Hans Freising, Die germanischen Bodenfunde in Mähren, Reichenberg 1933
Helmut Preidel, Die Markomannen und Bayern, in: *Hans Reinerth (Hrg.),* Vorgeschichte der deutschen Stämme Bd. 2, Leipzig – Berlin 1940, S. 561–668
Werner Mähling, Die Bodenbacher Gruppe. Zur Frage der latène-zeitlichen elbgermanischen Landnahme in Nordböhmen, in: Abh. d. Deutschen Akademie d. Wiss. in Prag, phil.-hist. Kl. 15, Prag 1944
Bedřich Svoboda, Čechy a římské Imperium (Böhmen und das Römische Imperium), in: Sborník Národního Musea v Praze 2 (1948), S. 5–253
Hans-Jürgen Eggers, Der römische Import im freien Germanien, Hamburg 1951
Karla Motyková-Šneidrová, Die Anfänge der römischen Kaiserzeit in Böhmen, Prag 1963

Dies., Weiterentwicklung und Ausklang der älteren römischen Kaiserzeit in Böhmen, Prag 1967

Josef Dobiáš, Das tschechoslowakische Gebiet zur Zeit des römischen Kaisertums, in: Historica 4 (1962), S. 23–38

Ders., Dějiny československého území před vystoupením Slovanů (Die Geschichte des tschechoslowakischen Gebietes vor dem Erscheinen der Slawen), Prag 1964

Radko M. Pernička, Die Keramik der älteren römischen Kaiserzeit in Mähren, Brünn 1966

Zur Metalltechnik vgl. bes. *Radomír Pleiner*, Základy slovanského železářského hutnictví v českých zemích (Die Grundlagen der slawischen Eisenverhüttung in den böhmischen Ländern), Prag 1958

Ders., Die Eisenverhüttung in der „Germania Magna" zur römischen Kaiserzeit, in: 45. Bericht d. Römisch-Germanischen Kommission 1964, S. 11–86

Radomír Pleiner, Eisenschmiede im frühmittelalterlichen Europa, in: Frühmittelalterliche Studien 9 (1975), S. 79–92

Ivan Peškař, Fibeln aus der römischen Kaiserzeit in Mähren, Prag 1972

Maria Lamiová-Schmiedlová, Spony z doby rímskej na Slovensku (Fibeln aus der Römerzeit in der Slowakei), Preßburg 1961

Vojtech Ondrouch, Bohaté hroby z doby rímskej na Slovensku (Reiche Gräber aus der Römerzeit in der Slowakei), Preßburg 1957

Völkerwanderung und slawische Landnahme

Ludwig Schmidt, Geschichte der deutschen Stämme bis zum Ausgang der Völkerwanderung. Die Ostgermanen, München 1934, bes. S. 565–626

Ernst Klebel, Langobarden, Bajuwaren, Slawen, in: *Ders.*, Probleme der bayerischen Verfassungsgeschichte, München 1957, S. 1–89

Bedřich Svoboda, Čechy v době stěhování národů (Böhmen in der Völkerwanderungszeit), Prag 1965

Joachim Werner, Die Langobarden in Pannonien, München 1962, bes. S. 49–114, S. 131–147. Abweichend von J. Werner und G. Mildenberger, die für eine frühe Einwanderung der Langobarden nach Mähren (Ende 4. Jahrhundert) plädieren, äußert sich *Jaroslav Tejral*, Pozdní doba římská a stěhování národů na Moravě (Die späte Römerzeit und die Völkerwanderung in Mähren), in: Archeologické studijní materiály 10 (Heft 1 u. 2), Prag 1966, S. 183–196. (In diesem Sammelband sind auch weitere wichtige Arbeiten zur Kaiserzeit und Völkerwanderungsepoche)

Herbert Mitscha-Märheim, Dunkler Jahrhunderte goldene Spuren, Wien 1963

Böhmen und Mähren im Frühmittelalter

Literatur b. *Gerhard Mildenberger* Hdb. I, S. 136ff. u. *Karl Richter*, ebenda, S. 170ff. Unentbehrlich für das Faktographische *Ernst Dümmler*, Geschichte des ostfränkischen Reiches, 3 Bde., Leipzig ²1887/88, ND Hildesheim 1960

Manfred Hellmann, Grundfragen slawischer Verfassungsgeschichte des frühen Mittelalters, in: Jahrbücher f. Geschichte Osteuropas, NF 2 (1954/55), S. 387–404

Jan Eisner (Hrg.), Vznik a počátky Slovanů (Ursprung und Anfänge der Slawen), 5 Bde., Prag 1956/64

Jaroslav Böhm, Die frühgeschichtliche Periode in der Tschechoslowakei im Lichte neuer Bodenfunde, in: Studien aus Alteuropa, Bd. 2, Köln – Graz 1965, S. 268–277

Witold Hensel, Die Slawen im früheren Mittelalter. Ihre materielle Kultur (deutsche Ausgabe von Siegfried Epperlein), (Ost-)Berlin 1965

František Graus, Herbert Ludat, Siedlung und Verfassung Böhmens in der Frühzeit, Wiesbaden 1967

Herbert Ludat, An Elbe und Oder um das Jahr 1000, Köln – Wien 1971

Joachim Herrmann, Die Slawen und Deutschland. Geschichte und Kultur der slawischen Stämme westlich von Oder und Neiße vom 6.–12. Jahrhundert, Berlin 1972

Zur ältesten slawischen Keramik („Prager Typ") vgl. *Jan Filip,* Enzyklopäisches Hdb. z. Ur-Frühgeschichte Europas, 2 Bde., Prag – Stuttgart 1966/69, II, S. 1079f.

Zum Problem der *slawischen Urheimat,* das im Text nicht näher diskutiert wird, vgl. u. a. *Wolfgang P. Schmid,* Urheimat und Ausbreitung der Slawen, in: *Gerhard Mildenberger (Hrg.).* Das östliche Mitteleuropa, a. a. O., S. 405–415, der nach sprachgeschichtlichen Argumenten die galizischen Karpaten als „Ausstrahlungszentrum" der Slawen annimmt. Gegenüber *Joachim Werner,* Zur Herkunft und Ausbreitung der Anten und Slawenen, in: Actes du VIIIe Congrès International des Sciences Préhistoriques et Protohistoriques I, Belgrad 1971, S. 243–252, der die slawische Kultur des 6./7. Jahrhunderts von Fundgruppen des oberen Dnjeprgebietes ableiten möchte, erhebt mit Recht methodische Bedenken *Kazimierz Godłowski,* Die Frage der slawischen Einwanderung im östlichen Mitteleuropa, in: *Gerhard Mildenberger (Hrg.),* Das östliche Mitteleuropa a. a. O., S. 416–447. Godłowski nimmt mit schlüssigen Argumenten und in Analogie etwa zur germanischen Wanderung eine Entstehung des Slawentums im Prozeß seiner Ausdehnung zwischen den östlichen Karpaten und Pripjet-Dnjeprgebiet während des 5. Jahrhunderts an.

Zur Rolle der Awaren für die slawische Westwanderung zuletzt *Wolfgang H. Fritze,* Zur Bedeutung der Awaren für die slawische Ausdehnungsbewegung im frühen Mittelalter, in: *Gerhard Mildenberger (Hrg.),* Das östliche Mitteleuropa a. a. O., S. 498–545. Danach ergibt sich für das awarisch-slawische Verhältnis ein regional zu differenzierender Zustand zwischen Unterwerfung und Bündnis mit den Awaren oder einem Ausweichen slawischer Stämme nach Westen. (Die bei *Fredegar,* Chron. IV 58, ed. Bruno Krusch MGH SS rer. Merov. II, S. 144 so plastisch geschilderte sklawische Abhängigkeit der Slawen vom awarischen Reitervolk darf auf keinen Fall verallgemeinert werden.) Vgl. auch dort, S. 504f., zur einseitigen, wenn auch bestechend geschlossenen ethnosoziologischen These *Jan Peiskers.* Allgemein abgelehnt wurde mit Recht *Helmut Preidels* Hypothese, die Germanen hätten durch „Slawenjagden" in Böhmen und Mähren eine slawische Unterschicht geschaffen, die sich dann verselbständigte. Vgl. aber den brauchbaren Überblick: *Ders.*, Die älteste slawische Besiedlung Böhmens, in: Bohemia 21 (1980), S. 1–14

Lubor Niederle, Slovanské starožitnosti (Slawische Altertümer) I–IX, Prag 1902–1925

Vladimír Šmilauer, Osídlení Čech ve světle místních jmen (Die Besiedlung Böhmens im Lichte der Ortsnamen), Prag 1960 u. *Ernst Schwarz,* Ortsnamen a. a. O.

Zdeněk Váňa, Einführung in die Frühgeschichte der Slawen, Neumünster 1970

Zu „Francus" als Nationsbegriff *Eugen Ewig,* Volkstum und Volksbewußtsein im Frankenreich des 7. Jahrhunderts, in: Settimane V (Caratteri del secolo VII in Occidente), Spoleto 1958, S. 587–648

Zur Herrschaft Samos vgl. *Gerard Labuda,* Pierswsze pánstwo słowiánskie. Pánstwo Samona (Das erste slawische Staatswesen. Das Samo-Reich), Posen 1949; *Wolfgang H. Fritze,* Awaren a. a. O., S. 505 ff.

Rudolf Turek, Die frühmittelalterlichen Stämmegebiete in Böhmen, Prag 1957

Ders., Stav výzkumu staročeských hradišť (Der Stand der Erforschung der altböhmischen Burgwälle), in: Slavia Antiqua 2 (1949/50), S. 386–421

Ders., Böhmen, S. 139 ff.

František Graus, Die Nationenbildung bei den Westslawen im Mittelalter, Sigmaringen 1980

Wolfgang H. Fritze, Frühzeit zwischen Ostsee und Donau, hrg. v. Ludolf Kuchenbuch u. Winfried Schich, Berlin 1982, bes. II S. 209–296: Corona regni Bohemiae

Zu Großmähren

Josef Poulík, Staroslovanská Morava (Das altslawische Mähren), Prag 1948

Ders., The latest archaeological discoveries from the Moravian Empire, in: Historica 1 (Prag 1959), S. 7–70

Franz Grivec, Konstantin und Method, Lehrer der Slawen, Wiesbaden 1960

Das Großmährische Reich, Tausendjährige Staats- und Kulturtradition, Prag 1963

Lubomír Havlík, Velká Morava a středoevropští Slované (Großmähren und die mitteleuropäischen Slawen), Prag 1964

Manfred Hellmann (Hrg.), Cyrillo-Methodiana. Zur Frühgeschichte des Christentums bei den Slawen, Köln – Graz 1964

Das Großmährische Reich. Tagung der wissenschaftlichen Konferenz des Archäolog. Instituts der čechoslowakischen Akademie d. Wissenschaften, Brünn – Nitra, Prag 1966, darin bes. die Beiträge von *František Graus u. Václav Vaněček*

Großmähren – Slawenreich zwischen Byzantinern und Franken, Bonn 1966 (Ausstellungskatalog m. wiss. Beiträgen)

Karl Bosl, Das Großmährische Reich in der politischen Welt des 9. Jahrhunderts, Sitzungsber. d. Bayer. Akademie d. Wissenschaften, phil.-hist. Kl. München 1966

František Graus, Die Entwicklung der Legenden der sog. Slavenapostel Konstantin und Method in Böhmen und Mähren, in: Jahrbücher f. Geschichte Osteuropas NF 19 (1971), S. 161–211

Michael Mitterauer, Karolingische Markgrafen im Südosten. Fränkische Reichsaristokratie und bayerischer Stammesadel im österreichischen Raum (Archiv f. österr. Geschichte 123. Bd.), Wien 1963

Der Aufstieg der Přemysliden

Václav Chaloupecký, Počátky státu českého a polského (Die Anfänge des böhmischen und polnischen Staates), Prag 1937

Václav Vaněček, Základy právního postavení českéhom státu 12.–15. století (Grundlagen der Rechtsstellung des böhmischen Staates vom 12.–15. Jahrhundert), 3 Bde., Prag 1933/39

Ders., Počátký práva a státu v Československu (Die Anfänge von Recht und Staat in der Tschechoslowakei), Prag 1946

Ders., Stát Přemyslovců a středověká říše (Der Přemyslidenstaat und das mittelalterliche Reich, Prag 1945

Wilhelm Wegener, Böhmen-Mähren und das Reich im Hochmittelalter. Untersuchungen zur staatsrechtlichen Stellung Böhmens und Mährens im Deutschen Reich des Mittelalters, Köln – Graz 1959; dazu: *Friedrich Prinz,* Die Stellung Böhmens im mittelalterlichen deutschen Reich, in: Zeitschrift f. bayerische Landesgeschichte 28 (1965) S. 99–113; weitere Lit. zu diesem Problem b. *Karl Richter,* Hdb. I, S. 262f.

Alfred Fischel, Mährens staatsrechtliches Verhältnis zum deutschen Reich und zu Böhmen im Mittelalter, in: Studien z. österreichischen Reichsgeschichte, Wien 1906, S. 1–136

Wilhelm Wegener, Die Přemysliden-Stammtafel des nationalen böhmischen Herzogshauses ca. 850–1306, Göttingen [2]1957

Zur böhmischen Herkunftssage zuletzt *František Graus,* Lebendige Vergangenheit. Überlieferung im Mittelalter und in den Vorstellungen vom Mittelalter, Köln – Wien 1975, S. 89ff. (Čech und Libussa)

Zur kirchlichen Entwicklung

August Naegele, Kirchengeschichte Böhmens I, 1 u. 2, Wien – Leipzig 1915/18

Franz Machilek, Reformorden und Ordensformen in den böhmischen Ländern, in: Bohemia Sacra a. a. O., S. 63–80; dort auch zur Kirchengeschichte Böhmens insgesamt

Zur Stellung der böhmischen Herrscher gegenüber der Kirche vgl. *František Graus,* Die Entstehung der mittelalterlichen Staaten in Mitteleuropa, in: Historica 10 (Prag 1965), S. 5–65

Franz Zagiba (Hrg.), Geschichte der Ost- und Westkirche in ihren wechselseitigen Beziehungen. Acta Congressus historiae Slavicae Salisburgensis in memoriam SS. Cyrilli et Methodii anno 1963 celebrati, Wiesbaden 1967

Ders., Das Geistesleben der Slawen im frühen Mittelalter. Die Anfänge des slawischen Schrifttums auf dem Gebiet des östlichen Mitteleuropa vom 8. bis 10. Jahrhundert, Wien – Köln – Graz 1971

František Graus, Böhmen zwischen Bayern und Sachsen. Zur böhmischen Kirchengeschichte des 10. Jahrhunderts, in Historica 17 (Prag 1969), S. 5–42

Ders., Die Entwicklung der Legenden der sogenannten Slavenapostel Konstantin und Method in Böhmen und Mähren, in: Jahrbücher f. Geschichte Osteuropas NF 19 (1971), S. 161–211

Peter Hilsch, Der Bischof von Prag und das Reich in sächsischer Zeit, in: DA 28 (1972), S. 1–41

Jaroslav Kadlec, Auf dem Wege zum Prager Bistum, in: Geschichte der Ost- und Westkirche in ihren wechselseitigen Beziehungen, hrg. v. *Franz Zagiba*, Wiesbaden 1967, S. 29–45

Mathilde Uhlirz, Die älteste Lebensbeschreibung des heiligen Adalbert, Göttingen 1957; zu Adalbert und der Rolle von San Alessio in Rom vgl. auch *Karl Bosl*, Böhmen, S. 125 ff.

Karl Richter, Adalbert Bischof von Prag, in: Lebensbilder 1, S. 9–26

Zum hl. Wenzel

Josef Pekař, Die Wenzels- und Ludmilla-Legenden und die Echtheit Christians, Prag 1906

František Stejskal, Svatý Václav. Jeho život a úcta (Der hl. Wenzel. Sein Leben und seine Verehrung), Prag 1925

Václav Novotný, Český kníže Václav Svatý (Der böhmische Herzog Wenzel der Heilige), Prag 1929

Svatováclavský sborník (St. Wenzel-Sammelschrift), 2 Bde., Prag 1934/39

Wilhelm Wostry, Drei St. Wenzel-Studien, in: Jahrbuch d. Vereins f. Geschichte d. Deutschen in Böhmen 3 (1930/33), S. 290–371

Ders., Die Ursprünge der Primisliden, in: Prager Festgabe f. Theodor Mayer, hrg. v. Rudolf Schreiber, Salzburg 1953, S. 156–253

Ferdinand Seibt, Der heilige Herzog Wenzel, in: Lebensbilder 4, S. 9–21

Zur ideologischen Bedeutung des Wenzelskultes *František Graus*, Lebendige Vergangenheit a. a. O., S. 159–179

Frühe Herrschaftszentren

Miroslav Štepánek, Opevněná sidliště 9.–12. století ve střední Evropě (Befestigte Siedlungen des 9.–12. Jahrhunderts in Mitteleuropa), Prag 1966

Rudolf Turek, Slavníkova Libice (Der Slawnikensitz Libice), Prag 1946

Zdeněk Fiala, Die Anfänge Prags. Eine Quellenanalyse zur Ortsterminologie bis zum Jahre 1235, in: Osteuropastudien d. Hochschulen d. Landes Hessen, Wiesbaden 1967, S. 1–40

Ivan Borkovský, Die Prager Burg zur Zeit der Přemyslidenfürsten, Prag 1972

Barbara Sasse, Die Sozialstruktur Böhmens in der Frühzeit. Historisch-archäologische Untersuchungen zum 9.–12. Jahrhundert, Berlin 1982

Geschichtsschreibung und Anfänge der Literatur

Oldřich Králík, Kristian a Kosmas, in: Česká literatura 7 (1959), S. 61–84

Dušan Třeštík, Kosmova kronika. Studie k počátkům českého dějepisectví a politického myšlení (Die Chronik des Kosmas. Studien zum Anfang der tschechischen Geschichtsschreibung und des politischen Denkens), Prag 1968; vgl. zur Diskussion über die Brauchbarkeit von Cosmas für die Frühgeschichte die Literaturhinweise b. *Ferdinand Seibt*, Bohemica S. 52f.

Josef Hemmerle, Cosmas von Prag, in: Lebensbilder 4, S. 23–48

Winfried Baumann, Die Literatur des Mittelalters in Böhmen, a.a.O., S. 16–54 (Wenzelslegenden, Kyrill und Method, Adalbert, Cosmas-Chronik)

Vladimir Karbusicky, Anfänge der historischen Überlieferung in Böhmen, Köln – Wien 1980

Höhepunkt und Wende přemyslidischer Macht

Zu Břetislav I.: *Václav Novotný*, České dějiny I, 1, S. 736ff. u. I, 2, S. 9ff.; *A. Bachmann*, Geschichte Böhmens I, S. 214–241

Václav Vaněček, Základy právního postavení klášterů a klášterního velkostatku ve starém českém státě 12.–15. století (Die Grundlagen der rechtlichen Stellung der Klöster und des klösterlichen Großgrundbesitzes im alten böhmischen Staat des 12.–15. Jahrhunderts), 3 Bde., Prag 1937

Zu dem Prokop-Kloster *Sazawa* als kirchenslawisches Zentrum vgl. *Oldřich Králík*, Sázavské písemnictví XI. století (Das Schrifttum von Sazawa im 11. Jahrhundert), in: Rozpravy ČSAV 71 (1961) u. *Josef Hrabák*, Česká literatura S. 50ff.

Zu Wladislaw II. (= König W. I.) vgl. *Václav Novotný*, České dějiny I, 2 S. 753–1009; *Adolf Bachmann*, Geschichte Böhmens I, S. 306–348. Zum Widerstand der mährischen Teilfürstentümer und zu B. Heinrich Zdik: *Berthold Bretholz*, Geschichte Mährens I, 2, S. 262–296 u. *Ders.*, Geschichte Böhmens und Mährens, S. 217–271

Zu Přemysl Ottokar II.:

Václav Novotný, Rozmach české moci za Přemysla Otakara II (Der Aufschwung Böhmens unter Přemysl Ottokar II.), Prag 1937

Ders., Beiträge zur Geschichte Ottokars II., in: MIÖG 31 (1910)

Ottokar Lorenz, Geschichte Ottokars II. von Böhmen und seiner Zeit, Wien 1866

Bedřich Mendl, Les derniers Přemyslides. La fin d'une dynastie slave, in: Revue historique 179 (1937), S. 34–62

Josef Šusta, Dvě knihy českých dějin. Poslední Přemyslovci a jejich dědictví [1300–1308] (Zwei Bücher böhmischer Geschichte. Die letzten Přemysliden und ihr Erbe), Prag 1917

Jindřich Šebánek, Saša Dušková, Das Urkundenwesen König Ottokars II. von Böhmen, in: Archiv f. Diplomatik 14 (1968)

Ferdinand Seibt, Die böhmische Nachbarschaft in der österreichischen Historiographie des 13. und 14. Jahrhunderts, in: Zeitschrift f. Ostforschung 14 (1965), S. 1–26

František Graus, Přemysl Otakar II. Sein Ruhm und sein Nachleben. Ein Beitrag zur Geschichte politischer Propaganda und Chronistik, in: MIÖG 79 (1971), S. 57–110

Kurt Peball, Die Schlacht bei Dürnkrut am 26. August 1278, in: Militärhistorische Schriftenreihe 10, Wien 1968

Wilhelm Wegener, Die Herzöge von Troppau und Leobschütz, Jägerndorf und Ratibor des Stammes der Přemysliden, Göttingen 1959

Ferdinand Seibt, Land und Herrschaft in Böhmen, in: HZ 200 (1965), S. 284–315

František Graus, A propos de l'évolution de la noblesse en Bohème du IXe au XIIIe siècle, in: L'Europe au IXe–XIe siècle, Warschau 1968

Ders., Adel, Land und Herrscher in Böhmen vom 10. bis 13. Jahrhundert, in: Nachrichten d. Gießener Hochschulgesellschaft 35 (1976), S. 131–153. Zur Staatssymbolik vgl. bes. *Roderich Schmidt,* Die Einsetzung der böhmischen Herzöge auf den Thron zu Prag, in: Aspekte der Nationenbildung im Mittelalter, hrg. v. Helmut Beumann u. Werner Schröder, Sigmaringen 1978, S. 439–463

Peter Hilsch, Die Bischöfe von Prag in der frühen Stauferzeit. Ihre Stellung zwischen Reichs- und Landesgewalt von Daniel I. (1148–1167) bis Heinrich (1182–1197), München 1969

Zu den tschechischen oder deutschen Ursprüngen der Witigonen – Rosenberger vgl. *Václav Novotný,* České dějiny I, 4, S. 427ff., anders *Heinz Zatschek,* Die Witigonen und die Besiedlung Südböhmens, in: Deutsches Archiv f. Landes- und Volksforschung 1 (1937), S. 110ff.

Zu den aus ideologischen Gründen zwischen Tschechen und Deutschen sehr umstrittenen Fragen der *Ostkolonisation* und des *Landesausbaus* vgl. die reichen Literaturangaben b. *Karl Richter,* Die böhmischen Länder, S. 306–314 u. die entsprechenden Anmerkungen im S. 314ff. folgenden Textteil; ferner die für heute gültige Zusammenfassung des europäischen Forschungsstandes in *Walter Schlesinger (Hrg.),* Die deutsche Ostsiedlung a. a. O., dort bes. die Beiträge von W. Schlesinger und F. Graus

Karl Lechner, Besiedlungs- und Herrschaftsgeschichte, in: *E. Stepan,* Das Waldviertel 7. Bd. (Geschichte), Wien 1937

Jiří Kejř, Burgus und burgensis in den Böhmischen Ländern, in: Die Stadt in der europäischen Geschichte = Festschrift Edith Ennen, Bonn 1972

Zum Sobieslaum für die Prager deutsche Gemeinde: *Wilhelm Weizsäcker,* Die älteste Urkunde der Prager Deutschen. Zur Kritik des Sobieslawschen Privilegs, in: Zeitschrift f. sudetendeutsche Geschichte 1 (1937), S. 161–182; *Jiří Kejř,* K privilegiu knížete Soběslava II. pro pražské Němce (Zum Privileg Sobieslaws II für die Prager Deutschen), in: Právněhistorické studie 14 (1969), S. 241–258

Nachspiel und Übergang

Zu König Johann:

Josef Šusta, Král cizinec (König Fremdling), in: České dějiny II, 2, Prag 1939; *Ders.,* Karel IV Otec a syn (Karl IV. Vater und Sohn), ebenda II, 3, Prag 1946; *Franz Meltzer,* Die Ostraumpolitik König Johanns von Böhmen, Jena 1940; zusammenfassend zuletzt *Ferdinand Seibt,* in: Hdb. I, S. 249ff. (m. Lit.)

Gesellschaft und Kultur Böhmens vom 12. bis zum 14. Jahrhundert

Immer noch grundlegend *Julius Lippert,* Socialgeschichte Böhmens a. a. O.; *František Graus,* Dějiny venkovského lidu a. a. O.

Zu den böhmischen *Münzprägungen* vgl. die Lit. b. *Rudolf Turek*, Böhmen a. a. O., S. 223 f.

Joachim Prochno, Terra Bohemiae, regnum Bohemiae, corona Bohemiae, in: Prager Festgabe f. Theodor Mayer a. a. O., S. 91–111

Josef Loserth, Der Herzog Spitihniew und die angebliche Vertreibung der Deutschen aus Böhmen, in: MIÖG 4 (1883), S. 177f. u. *Václav Novotný*, České dějiny I, 2, S. 83–88

František Graus, Die Bildung eines Nationalbewußtseins im mittelalterlichen Böhmen. Die vorhussitische Zeit, in: Historica 13, Prag 1966, S. 5–49

Bohuslav Havránek, Jiří Daňhelka, Zdeněk Kristen, Nejstarší česká rýmovaná kronika tak řečeného Dalimila (Die älteste tschechische Reimchronik des sog. Dalimil), Prag ²1958

Josef Hrabák, Starší česká literatura. Úvod do studia (Die ältere tschechische Literatur. Eine Einführung ins Studium), Prag 1964; *Walter Schamschula*, Die tschechische Sprache und das Christentum, in: Bohemia sacra, S. 371–381; ebenda auch *Josef Bujnoch*, Kirche und lateinische Literatur im Mittelalter, S. 357–370 u. bes. *Winfried Baumann*, Literatur, a. a. O.

Ivan Hlaváček, Kirchen, Klöster und Bibliotheken bis zum 17. Jahrhundert, in: Bohemia Sacra a. a. O., S. 396–405

Alexander Patschovsky, Die Anfänge einer ständigen Inquisition in Böhmen (Beiträge z. Geschichte und Quellenkunde des Mittelalters Bd. 3), München 1975

Oskar Schürer, Prag. Kultur-Kunst-Geschichte, Brünn ³1939

Josef Janáček (Hrg.), Dějiny Prahy (Geschichte Prags), Prag 1964

Erich Bachmann (Hrg.), Romanik in Böhmen, München 1977 (mit Beiträgen von Erich Bachmann, Jiří Mašín, Hermann Fillitz)

Rückblicke und Ausblicke

Richard G. Plaschka, Von Palacký bis Pekař. Geschichtswissenschaft und Nationalbewußtsein bei den Tschechen, Graz – Köln 1955

Eugen Lemberg, Voraussetzungen und Probleme des tschechischen Geschichtsbewußtseins in Ostmitteleuropa, hrg. v. Ernst Birke u. Eugen Lemberg, Marburg/Lahn 1961, S. 94–103

Friedrich Prinz, František Palacký als Historiograph der böhmischen Stände, in: Probleme der böhmischen Geschichte, München 1964, S. 84–94

Mojmír Otruba (Hrg.), Rukopisy královédvorský a zelenhorský. Dnešní stav poznání (Die Königinhofer und Grünberger Handschrift. Der heutige Stand der Kenntnisse), Prag 1969

Friedrich Prinz, Mediävistische Probleme im deutsch-tschechischen Dialog. Aspekte und Forschungsfortschritte der letzten 30 Jahre, in: Zeitschrift f. Ostforschung 25 (1976), S. 248–275

Ders., Europäische Aspekte der Geschichte Böhmens, in: Zeitschrift f. Ostforschung 30 (1981), S. 1–18

František Graus (Hrg.), Naše živá i mrtvá minulost. 8 esejí o českých dějnách (Unsere lebendige und tote Vergangenheit. 8 Essays zur böhmischen Geschichte), Prag 1968, dazu

Friedrich Prinz, Bemerkungen zu einem bemerkenswerten Büchlein: Naše živá i mrtvá minulost, in: Bohemia-Jahrbuch 15 (1974), S. 446–452

Walter Schlesinger (Hrg.), Deutsche Ostsiedlung a.a.O. u. *Wilhelm Rausch (Hrg.)*, Die Städte Mitteleuropas im 12. und 13. Jahrhundert, Linz 1963, darin bes. *František Kavka*, Beitrag über Böhmen, S. 137–153

Zur generellen Problematik des deutsch-tschechischen Verhältnisses

Johann Wolfgang Brügel, Tschechen und Deutsche, München 1967

Rudolf Hilf, Deutsche und Tschechen, Opladen 1973

Eugen Lemberg, Deutsch-tschechische Nachbarschaft, München 1964

Hermann Münch, Böhmische Tragödie, Braunschweig 1949

Josef Pekař, Der Sinn der tschechischen Geschichte, Brünn 1937

Friedrich Prinz, Die böhmischen Länder von 1848 bis 1914, in Hdb. III, S. 1–235, bes. 91 ff.

Ders., Das kulturelle Leben (1867–1939) vom österreichisch-ungarischen Ausgleich bis zum Ende der Ersten Tschechoslowakischen Republik, in Hdb. IV, S. 152–299, bes. S. 188 ff.

Emanuel Radl, Der Kampf zwischen Tschechen und Deutschen, Reichenberg 1928

Hans Raupach, Der tschechische Frühnationalismus, Essen [1]1939, Darmstadt [2]1969 (mit einem Nachwort zum Neudruck)

Ferdinand Seibt, Deutschland und die Tschechen, München 1974

Christian Willars, Die böhmische Zitadelle, Wien 1965

Das ‚Verzeichnis der Herrscher, Bischöfe und Erzbischöfe in den böhmischen Ländern' wurde entnommen aus:

Karl Bosl (Hrsg.), Handbuch der Geschichte der böhmischen Länder. Bd. I. Stuttgart 1967. (Mit freundlicher Genehmigung des Verlags Anton Hiersemann, Stuttgart.)

Die Karte wurde entnommen aus:

Ferdinand Seibt, Deutschland und die Tschechen. München 1974. (Mit freundlicher Genehmigung des Paul List Verlags, München.)

Verzeichnis der Herrscher, Bischöfe und Erzbischöfe in den böhmischen Ländern

1. Die Fürsten Großmährens

Mojmir	830–846
Rastislav	846–870
Swatopluk	871–894
Mojmir II. und Swatopluk II.	894–900 oder 907

2. Die Herrscher aus dem Haus der Přemysliden

a) Die Přemyslidenherzöge

Bořiwoj	ca. 850–894
Spytihniew I.	ca. 895 bis ca. 905 oder 915
Wratislaw	ca. 905/915–921
Wenzel der Heilige	921–929 oder 935
Boleslaw I.	929 oder 935–967 oder 972
Boleslaw II.	967 oder 973–999
Boleslaw III.	999–1002; 1003
Wladiwoj	1002–1003
Boleslaw der Kühne, Herzog von Polen (Sohn einer Přemyslidin)	1003–1004
Jaromír	1003, 1004–1012, 1033–1034
Udalrich	1012–1033, 1034
Břetislaw I.	1034–1055
Spytihniew II.	1055–1061
Wratislaw II. (I.)	1061–1092; König 1085–1092
Konrad I. Otto	1092
Břetislaw II.	1092–1100
Bořiwoj II.	1100–1107; 1117–1121
Swatopluk	1107–1109
Wladislaw I.	1109–1117; 1121–1125
Sobieslaw I. Udalrich	1125–1140
Wladislaw II. (I.)	1140–1172; König 1158–1172
Friedrich	1172–1173; 1178
Sobieslaw II.	1173–1178
Konrad II. Otto	1189–1191

Wenzel (II.)	1191
Přemysl Ottokar I.	1192–1193; 1197; König 1198–1230
Heinrich Břetislaw, Bischof von Prag	1193–1197
Wladislaw Heinrich	1197

b) Die Přemyslidenkönige

Přemysl Ottokar I.	1198/1205–1230
Wenzel I.	1230–1253
Přemysl Ottokar II.	1253–1278
Wenzel II.	1278–1305
Wenzel III.	1305–1306

c) Die Přemysliden in Mähren

Fürsten von Olmütz

Wratislaw	1054–1056, 1058–1061
Otto I. der Schöne	1061–1087
Boleslaw	1087–1090
Swatopluk	1090–1107
Otto II. der Schwarze	1107–1110, 1113–1125
Wladislaw	1110–1113
Wenzel	1126–1130
Sobieslaw	1125–1126, 1130–1135, 1137–1140
Lupold	1135–1137
Otto III.	1140–1160
Wladislaw	1160–1164
Friedrich	1164(?)–1173
Ulrich	1174–1176
Wenzel	1176–1179
Konrad Otto	1181(?)–1189
Wladimir und Břetislaw	1189–1191
Wladimir	1194–1200

Fürsten von Brünn

Otto der Schöne	1055–1061
Konrad I.	1061–1092
Ulrich	1092–1097, 1100–1115
Bořiwoj	1097–1100
Sobieslaw	1115–1123
Otto II.	1123–1125

Wratislaw II.	1125–1156
Wenzel	1174–1176
Konrad Otto	1176–1189
Spytihniew	1189–1191; 1194–1197
Wladislaw	1191–1194

Fürsten von Znaim

Konrad I.	1054–1092
Lutold	1092–1097, 1100–1112
Bořiwoj	1097–1100
Ulrich	1113–1115
Sobieslaw	1115–1123
Konrad II.	1123–ca. 1161
Konrad Otto	1174–1191
Wladislaw III.	1191–1194
Břetislaw Heinrich	1194–1197

Markgrafen von Mähren

Konrad Otto	1182–1191
Wladislaw Heinrich	1197–1222
Wladislaw	1224–1227
Přemysl Otokar (I.)	1228–1239
Wladislaw	1246–1247
Přemysl Otokar (II.)	1247–1278

3. Die Bischöfe von Prag 973–1343

Thietmar	973–982
Adalbert/Voitech	982–997
Thiddag/Theodat	998–1017
Eccard/Helicardus	1017–1023
Hyzo/Izzo	1023–1030
Severus	1030–1067
Gebhard/Jaromír	1068–1090
Cosmas	1090–1098
Hermann	1099–1122
Meinhard	1122–1134
Johann I.	1134–1139
Silvester	1139–1140
Otto	1140–1148
Daniel I.	1148–1167
Gotpold	1168
Friedrich	1168–1179
Valentin	1180–1182
Heinrich Břetislaw	1182–1197

Daniel II.	1197–1214
Andreas	1215–1224
Pilgrim	1224–1225
Budislaus	1225–1226
Johann II.	1226–1236
Bernhard	1236–1240
Nikolaus	1241–1258
Johann III.	1258–1278
Tobias v. Bechin	1279–1296
Gregor Zajic v. Waldek	1296–1301
Johann IV. v. Draschitz	1301–1343

4. Die Bischöfe von Olmütz bis 1471

Johann I.	1063–1085
Wezel	nach 1088
Andreas I.	1092–1096
Heinrich I.	1096–1098
Petrus I.	ca. 1099–1104
Johann II.	1104–1126
Heinrich II. Zdik	1126–1150
Johann III.	1150–1157
Johann IV.	1157–1172
Dietleb	ca. 1172–1181
Pilgrim	1182–ca. 1184
Kaim	1186–1194
Engelbert	1194–1199
Johann V. Bavor	ca. 1199–1201
Robert	1202–1240
Wilhelm	1240–1245
Konrad v. Friedberg	1240–1247
Bruno v. Schaumburg	1245–1281
Dietrich de Novo Foro	1281–1302
Johann VI. v. Waldstein	1302–1311

Karte: Die böhmischen Länder im mitteleuropäischen Raum

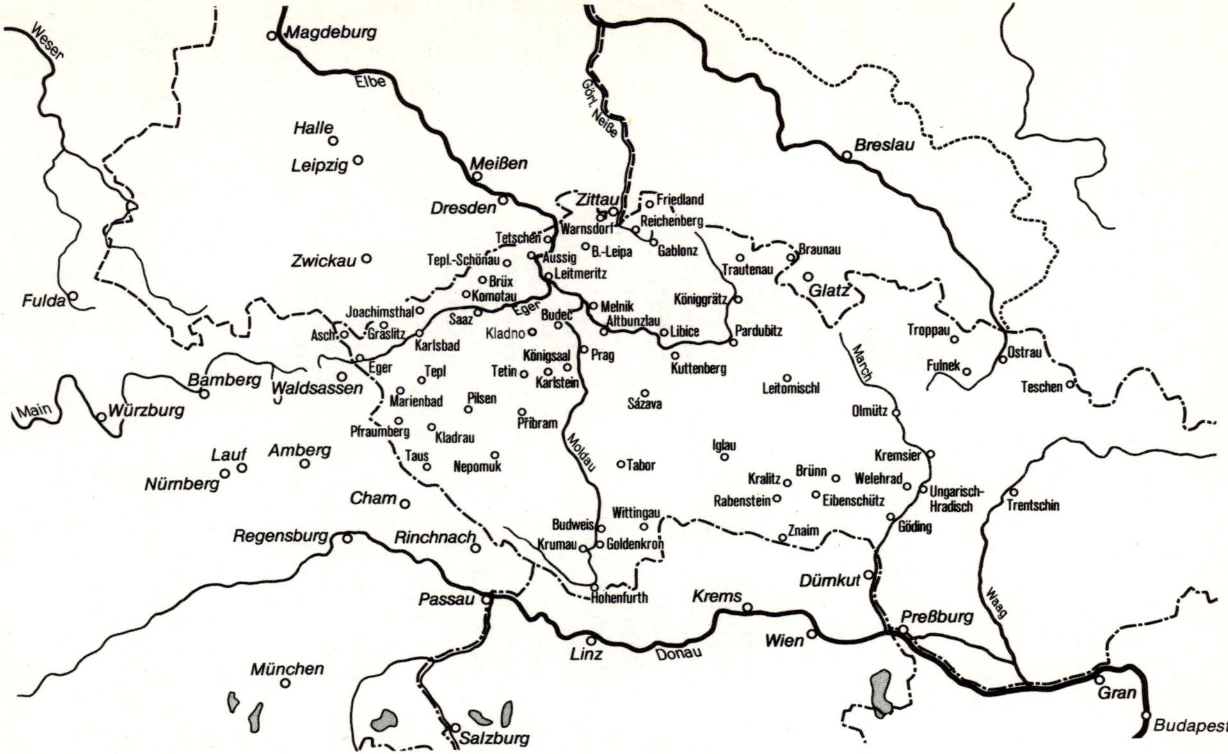

Die Karte verwendet allgemein deutsche Ortsnamen.

Namenregister